U0564660

启真馆 出品

新文科译丛

中国科学院大学人文学院学科建设经费资助出版

在时间中思考

柏格森哲学导论

[美]苏珊·格拉克 著

冯翔 孙小淳 译

ZHEJIANG UNIVERSITY PRESS
浙江大学出版社
·杭州·

图书在版编目（CIP）数据

　　在时间中思考：柏格森哲学导论／（美）苏珊·格
拉克著；冯翔，孙小淳译．-- 杭州：浙江大学出版社，
2024.7
　　（新文科译丛）
　　书名原文：THINKING IN TIME：AN INTRODUCTION TO
HENRI BERGSON
　　ISBN 978-7-308-24883-9

　　Ⅰ．①在… Ⅱ．①苏… ②冯… ③孙… Ⅲ．①柏格森
(Bergson，Henri 1859-1941) -哲学思想-研究 Ⅳ．
① B565.51

　　中国国家版本馆 CIP 数据核字 (2024) 第 103205 号

在时间中思考：柏格森哲学导论

[美] 苏珊·格拉克　著　冯　翔　孙小淳　译

责任编辑	伏健强
责任校对	张培洁
装帧设计	武建和
出版发行	浙江大学出版社
	（杭州天目山路 148 号　邮政编码 310007）
	（网址：http://www.zjupress.com）
排　版	北京楠竹文化发展有限公司
印　刷	北京天宇万达印刷有限公司
开　本	635mm×965mm　1/16
印　张	16.25
字　数	242千
版 印 次	2024年7月第 1 版　2024年7月第 1 次印刷
书　号	ISBN 978-7-308-24883-9
定　价	75.00元

版权所有　侵权必究　印装差错　负责调换
浙江大学出版社市场运营中心联系方式：（0571）88925591；http://zjdxcbs.tmall.com

纪念我的朋友斯科特·布赖森（Scott Bryson）

译者序

在 20 世纪上半叶的法国哲学家中，柏格森无疑是非常重要的一位。柏格森的哲学思想具有超越时代的特征，就他所处的年代而言，柏格森的思想应该属于现代哲学，但他的很多思想又超越了现代哲学。他的文章流畅优美，写作风格富于诗性，具有很高的文学价值，并因此获得 1927 年的诺贝尔文学奖。

诺贝尔奖的颁奖词重点强调了柏格森的代表作《创造进化论》（*L'évolution créatrice* / *Creative Evolution*）。但在本书中，作者格拉克并没有对《创造进化论》做专门的探讨，而是对他早期的两本著作《论意识的直接材料》（已有两个中文译本）与《物质与记忆》（已有两个中文译本，肖聿译本译作《材料与记忆》）进行详尽的解读和诠释。

格拉克解释了她为什么选取这两种文献："它们提供了对柏格森思想最好的介绍。"本书中重点探讨的第二部专著《物质与记忆》是柏格森最晦涩难懂的著作，也是哲学史上最晦涩难懂的著作之一，且受到较多误解。柏格森在这本书中悬置了身体和心灵的传统形而上学二元论探讨，并不对称地转为探讨物质与记忆的关系，例如他对以空间来划分主体与客体这个在西方哲学两千年历史中占统治地位的传统做法进行了质疑和颠覆，也力图以他的生命时间（即"绵延"）哲学来重构这个最重要的哲学主题。

国内学术界已经对柏格森进行了较为广泛的研究，成果包括几部专著和众多论文，在这些文献中，专著《差异与绵延：柏格森哲学及其当代命运》（王理平著，北京：人民出版社，2007 年）对译者的翻译和研究的影响最大。尽管国内的柏格森研究已有一定基础，但鉴于法国哲学以及柏格森哲学的不可翻译性（尤其是一些哲学术语，即使是从法语译成英语，有时候也会造成实际含义的差异），以法语为母语的学者对柏格森的理解和诠释有可能优于国内学者，从本书的翻译过程来看，我也深刻地感受到这一点是确定无疑的。所以，本书的翻译对于国内的柏格森研究可能会有一定的帮助。

20 世纪上半叶，柏格森曾名噪一时。他于 1896 年被评选为法兰西公学院（Collège de France）的院士，担任古希腊和古罗马哲学系主任。从《创造进化论》出版（1907 年）开始，柏格森的名气达到巅峰，只要柏格森在法兰西公学院授课，课堂上就挤满了学生。在巴黎先贤祠大厅的中央有两堵墙，每堵墙上镌刻着一个为法国文化及人类思想带来极大荣誉的法国人的名字。一个是安东尼·德·圣-埃克苏佩里（Antoine de Saint-Exupéry，作家，《小王子》的作者，据称该书在全世界的销量仅次于《圣经》），另一个就是亨利·柏格森[1]。可惜的是，先贤祠并没有接纳柏格森的遗骨。柏格森在二战期间去世以后，他的著作在相当长的时间内被迅速遗忘和忽视了。例如：在 20 世纪中期之后，法国已经很少有学者谈论柏格森了；劳特里奇出版社 1997 年出版的十卷本、篇幅长达五千页的《劳特里奇哲学史》（*Routledge History of Philosophy*）竟只字不提柏格森，但如果据此说柏格森是"速朽的"，则可能有点武断。德勒兹在 20 世纪下半叶借鉴了柏格森哲学的主要概念和理念，建构了自己的差异哲学，并提出"回到柏格森"的宣言，使得柏格森的哲学在一定程度上得到了复活。译者相信，在 21 世纪，柏格森的哲学遗产将会得到进一步挖掘，他的哲学有可能对 21 世纪的哲学研究产生深远影响。

在柏格森哲学流行的年代，最著名的批评者应该是英国哲学家罗素，罗素斥责柏格森为"反理性主义者"，"不是哲学家，而是二流的文学家"，认定柏格森的许多哲学命题既没有严格的定义，也无法得到证成（实际上也不可能证伪）。

不过，查看罗素在《西方哲学史》中关于柏格森的论述之后，译者的感受是，罗素所代表的分析哲学与柏格森代表的欧陆哲学本来就有一定的不可通约性。这种说法也许不合适，若使用库恩的术语，可将分析哲学和欧陆哲学理解为"处于两个不同的世界"或"两个范式"，但译

---

1 译者注：Henri Bergson，Henri 在法语读音中更接近于"昂利"，但 Henri（Henry）属于英语和法语共有的姓氏，法国的国王 Henri 也通常译作"亨利"，所以本书还是保持习惯译法。

者对大量的文献进行研究之后，有一种非常鲜明的感受，就是如果从分析哲学的角度出发，罗素对柏格森的批判也有一定的合理性，但欧陆哲学本身是接纳甚至推崇具有鲜明文学风格的哲学著作的，而这却是分析哲学非常排斥的哲学论述风格（因为有些散文式的诗性写作完全无法转换为分析哲学中的命题）。当然，原因可能是罗素根本就不屑于对柏格森进行严谨的研究。译者序对此会做一定程度的澄清，但关于这个问题的研究已有大部头的著作[2]，由于篇幅有限，译者序在下文只做一点简要的介绍。

罗素对柏格森的评论也不乏精彩和合理之处。例如，罗素说："当然，柏格森哲学的很大一部分，可能是它最受欢迎的部分，并不依赖于论证，也不能被论证打乱。他的富于想象的世界图景可被视为一种诗性的努力，基本上都是无法证明或反驳的。莎士比亚说，生命不过是一个行走的影子；雪莱说，生命就像一个多色玻璃的圆屋顶；柏格森说，生命是一发炮弹，爆炸后的各块碎片又是一些炮弹（有时也可以理解为，生命是一发炮弹，爆炸后的各块碎片也是生命）。如果你更喜欢柏格森的形象，它也同样合理。"[3] 因为柏格森著作中的语言是富于诗性和文学色彩的，大部分论断都无法转换成分析哲学中的命题，而罗素是现代分析哲学的奠基人之一，故而相当反感柏格森哲学的风格。罗素说：

> 在以上的概述中，我基本上尽力只讲柏格森的各种见解，而不提他为了支持这些见解而举出的理由。对于柏格森比对于大多数哲学家容易做到这一点，因为通常他并不给自己的意见提出理由，而是依赖这些意见固有的魅力和一手极好的文笔的动人力量。他像做广告的人一样，依赖鲜明生动、变化多端的说法，依赖对许多隐晦事实的表面解释。尤其是类推和比喻，在他向读者介绍他的意见时

2　Alessandra Campo and Simone Gozzano eds，*Einstein vs. Bergson: An Enduring Quarrel on Time*，Berlin/Boston: De Gruyter, 2022.

3　Russel B. *History of Western Philosophy*. London and New York: Routledge. 1996, p.722. 罗素：《西方哲学史》，马元德译，收入《罗素文集》，第 8 卷，北京：商务印书馆，2012 年，第 430 页。译者注：这段译文参考了马元德的译文，但做了一定的修改。

所用的整个方法中占很大一部分。他的著作中见得到的生命比喻的
数目，超过我所知的任何诗人的作品中的数目。[4]

有趣的是，关于柏格森的争议对于分析哲学的发展也有着极大
的影响。长达 402 页的分析哲学史著作《柏格森主义与分析哲学史》
（*Bergsonism and the History of Analytic Philosophy*）[5]是 2022 年出版的一部
论文集，对罗素及其分析哲学与柏格森的分歧之处进行了极为详尽的分
析，很有参考价值。由于篇幅有限，此处仅能对本书的精彩之处做一点
概括：柏格森主义侧重的是对直觉、内心感受、意识层面的活动进行论
述。罗素这样评价柏格森的论述风格："从柏格森的著作中见到的生命
比喻的数目，超过我所知的任何诗人的作品中的数目。"应该说，罗素
的评论是比较客观的，但欧陆哲学中的非理性哲学在写作风格上确实就
是反分析哲学的。非理性哲学的另一个代表尼采的多部著作甚至可以看
作格言集或散文。不过这并不能否认非理性哲学的价值：非理性哲学是
一种生命哲学，弘扬生命的价值（柏格森侧重的是"绵延"和"生命冲
力"，尼采侧重的是"权力意志"）。由于非理性哲学涉及的更多是内心
的感受，确实难以转换为形式哲学，所以受到分析哲学的排斥。

另外，本文对本书涉及的几个关键问题做一定的介绍，也许对读者
更好地理解本书所探讨的内容有帮助。

其中之一是 virtual（virtuel）的译法。virtual 在现代数字科学中可译
作"虚拟"，但作为哲学概念，译作"虚拟"并不合适，读者也很难看
懂。英文 virtual 是从法文 virtuel 直译过来的，但法文 virtuel 可能与英文
virtual 有一些微妙的差异，法文 virtuel 的基本义项为"潜在的、有可能
的"，英语则是"基本上为真的"。

本书原先准备按照国内几本有代表性的柏格森研究著作的习惯译
为"潜在"，但在与作者格拉克的邮件联系中，格拉克明确表达不愿意
将 virtual 翻译为"潜在"。她在邮件中写道，"I'm reluctant to translate

4　罗素：《西方哲学史》，马元德译，第 417–418 页。
5　Andreas Vrahimis eds，*Bergsonism and the History of Analytic Philosophy*，Cham: Palgrave
Macmillan，2022.

virtual, in Bergson's sense, as potential, since he has an important critique of the notion of possibility. Often it is memory or the past that is virtual, in that it is still real but is not present. Also, it might depend on specific instances and how Bergson is using the word in each case"。按照格拉克的说法，由于柏格森对"可能性"或"潜在性"概念（the notion of possibility）进行了重要的批判，格拉克不愿意将柏格森意义上的 virtual 翻译为 potential；格拉克说：记忆或过去通常是 virtual，因为它依然是真实的，但不在场（not present）。翻译尊重作者的观点，所以本书中 virtual 在绝大多数情况下被译为"隐真"，在某些场合中会将 virtual 所蕴含的"不在场"的含义标注出来。唯一的例外是随着现代数字技术的发展而形成的"虚拟现实"（virtual reality，VR），本书依旧沿承"虚拟现实"的译名。

然后，谈谈本书中一些具体翻译问题。

本书在翻译中曾参考了柏格森著作的几个中文译本。《论意识的直接材料》主要参考吴士栋的译本（《时间与自由意志》，北京：商务印书馆，1958 年）。作者格拉克在"关于译本的说明"部分已经说了《时间与自由意志》是《论意识的直接材料》的一个不幸的英译版"，而吴士栋的译本则是根据 1913 年朴格森（F. L. Pogson）的英译版转译而成。一般来说，通过英译版转译的法语著作，中译版的翻译质量是明显低于直接从柏格森的法语原版翻译过来的中译本的，但所幸，格拉克在此书的英文引用部分又重新翻译了一遍，并在关键之处附上了法语原文，这使得译者在翻译过程中增加了一些信心。

《物质与记忆》则参考了两个中译本：第一，柏格森著，肖聿译，《材料与记忆》，北京：北京联合出版公司，2013 年。2. 柏格森著，姚晶晶译，《物质与记忆》，北京：北京时代华文书局，2018 年。但可惜这两个版本都是从英文版转译，而且两本书都没有列出英译版的作者、出版社等版本信息。所以，译者呼吁国内学术界抓紧进行柏格森的多本著作的翻译工作，尤其是柏格森的著作以从柏格森的法语原版直接翻译为中文版为佳，但现在柏格森的大部分著作都是英译版转译为中文版，这不能不说是一个遗憾。由于格拉克在直接引用本书时常省略一些内容，加上无上下文，所以读起来很费解，译者在翻译过程中参考了

Naney Margaret Paul 和 W. Scott Palmer 于 1988 年翻译出版的 *Matter and memory* 以及柏格森的法语原文。

最后，本书最后两章还谈及了德勒兹、德里达、巴耶塔、布朗肖等比柏格森晚几十年的众多法国哲学家，也谈及了普利高津（1977年诺贝尔化学奖得主）以及人工智能等数字科学技术的发展及其影响，内容极为丰富，对译者的知识结构、英语和法语的要求很高。由于译者的学识和法语水平有限，本书译文中的错讹之处在所难免，欢迎读者批评指正。

前　言

在《什么叫思想？》中，海德格尔提醒我们，介绍哲学家的思想，如我在这里所为，对其仅做陈述（presentation）或描述（description）是断不可能的，因为叙述实际上也是诠释（interpretation），而阐述（exposition）也必然是一种解读。

我对柏格森的阐述从哪里开始？从我精心挑选的这两部著作开始：《论意识的直接材料》[1]（*Essai sur les données immédiates de la conscience*）与《物质与记忆》（*Matière et mémoire*）。我关注这两部作品，不是因为它们是柏格森最著名的书，而是因为它们提供了对他思想的最好介绍。这两本书对绵延（duration）和记忆的概念做出了严格的定义，这两个概念在他的所有著作中都是至关重要的概念，这两本书也最清楚地揭示了他思想的要义。然而，我们读柏格森的书，最终与其说是为了学习有用的概念，不如说是为了学习一种思考过程：在时间中思考。这种思考过程具有非凡的批判性力量。正如海德格尔在《什么叫思想？》中所指出的那样，我们要理解思想，就必须先忘掉传统意义上的思想是什么。柏格森能够帮助我们做到这一点。

重新学习如何阅读（Réapprendre à lire），这是马拉美现代主义的格言。我们今天要理解柏格森，也需要重新学习如何解读他的作品。这不是另找一个标准话语以容纳一套常规的思维习惯或看法的问题。对柏格森思想进行任何一种概述都不会有特别的用处，最重要的是去理解他的写作实践和思考过程。这就是为什么我将本书的两个中心章节都用来解读《论意识的直接材料》和《物质与记忆》。在解读柏格森的作品的过程中，我们要不断挑战过去的假设和思考习惯，在这个意义上来说，解

1　英文版的书名为《时间和自由意志》（*Time and Free Will*）。译者注：英译者在征得柏格森的许可后根据著作内容对法文版的书名进行了修改，但本书作者觉得这个英文版书名有误导读者之嫌，认为这个英译名很不合适。

读柏格森的作品就是在重新学习如何思考，在时间中思考。

　　本书的前两章将柏格森的思想置于其历史背景中，目的是为读者提供概念工具，帮助读者更好地理解他的文本。第一章简要介绍柏格森的职业生涯，以及随着柏格森思想的传播而出现的各种柏格森主义（Bergsonisms），同时也简要概述柏格森的其他作品。柏格森是前卫（avant la lettre）的跨学科思想家。第二章探讨与他的思想相关的知识问题和立场，讨论决定论和人文主义的问题，两者都源于诸如实验心理学和社会学等新兴社会科学领域的发展趋势，并因这些趋势而得到强化。这章还相当详细地论述了柏格森一生中见证过的物理科学的进步。这些进步从根本上改变了我们思考世界的方式，也使我们可以理解，为什么时间问题对现代性至关重要。柏格森早年受过严格的数学教育，他对现代物理学的发展也有着浓厚的兴趣。这一背景对于我们领会柏格森思想的严谨性，解释今天我们依然对他的思想怀有特殊兴趣是必不可少的。

　　本书的中心部分，第三章和第四章，将带领我们直接来到"柏格森的思考过程"。第三章阐述了《论意识的直接材料》的论证过程，而第四章则阐述了《物质与记忆》的论证过程。这样做时，我都尊重柏格森的原文的顺序，并提供主要的引文。仔细阅读这些文本非常重要，为的是通过研究以找到（following）[2] 柏格森所说的"关键作品（preeminently strategic）的曲折（zig-zag）写作道路"，但想实现这个目的，是没有捷径可走的，必须付出大量的时间精力。

　　第五章和第六章则关注现在英美哲学环境中对柏格森哲学的接纳状况。我在本书中没有论述法国哲学界接纳柏格森哲学的历史过程（这将是另一项工作）。相反地，我在本书中努力向读者展现柏格森思想向我们这些当代人传播的各种途径，以及我们今天为什么还要去解读柏格森思想。第五章分析当下正在发生的向柏格森思想回归的现象，探讨了德勒兹对柏格森思想在当代接受状况的影响，并在这方面探讨了结构主义

2　译者注：直译应是"追随、重温"，但如果没有找到这条写作道路，就无法追随和重温，故采用意译。

和后结构主义的问题。第五章也可以作为一篇指南，让我们了解柏格森思想在哲学、文化研究以及新媒体研究领域中的当代影响。第六章则探讨与柏格森思想方方面面相关的当代问题，这些问题涉及虚拟现实、人工智能和混沌理论（其中关于决定论、时间的可逆性与非可逆性的问题还是热点问题）。所有这些引出了关于自由与决定论，以及人类和非人类的界定问题。这些问题可以使我们了解柏格森关于自愿（voluntary）与自动（automatic）的区分、生命与非生命的区分，以及柏格森对质的差异、情动（affect）[3]和具身化（embodiment）的分析。

关于当下柏格森思想回归，我与许多评论者不同，不是通过德勒兹来认识柏格森的，至少不是有意识的。我是偶然间接触到柏格森的，却出乎预料地发现了德勒兹的基本看法：柏格森提供可以替代黑格尔的另一种选择。解读柏格森开辟了处理各种理论问题的新方法，尤其是关于时间和表象的问题，这是我长期从事哲学解构工作时遗留下来的问题。解读柏格森进一步影响了我对现代主义的重新思考。

近年来，我们已经习惯了有着强烈的自我意识和厚重的修辞，而且通常是悲剧性语气的哲学语言。解读柏格森则别开生面，他的思考鞭辟入里，却无辞藻堆砌。如此解读大有好处：柏格森的论著教导读者放弃根深蒂固的知识习惯，以不同的方式思考——在时间中思考。

我从加州大学伯克利分校获得了支持这个项目的人文研究资助（Humanities Research Fellowship），对此深表谢意。感谢基思·安塞尔·皮尔逊（Keith Ansell Pearson）仔细阅读了本书稿，并提供了有益的建议，使其增色。我还要感谢达琳·珀斯利（Darlene Pursely）和詹姆斯·迈耶（James Meyer），感谢他们在本书写作过程中阅读了许多段落；感谢阿曼多·马纳罗（Armando Manalo）和珍妮弗·吉普森（Jennifer Gipson）帮助编排书稿。我还要感谢贝恩哈德·肯德勒

3　译者注：在哲学领域中，affect 源自拉丁语 affectus，在大部分情况下指激情（passions）、情绪（moods）、感受（feelings）、情感（emotions）等的总和，是西方哲学史上反复出现的概念，本书中统一译为"情动"。作为柏格森主义的主要继承人，德勒兹对这个概念进行了广泛而深刻的探讨，由于篇幅有限，在此无法对德勒兹的"情动"概念进行深入探讨，读者如果有兴趣的话，可以自己去查文献。

（Bernhard Kendler）对此项目的关注，同时也感谢康奈尔大学出版社的多位编辑，尤其是赫尔曼·拉帕波特（Herman Rapaport）和特蕾莎·耶肖诺夫斯基（Teresa Jesionowski）。我感谢他们为本书付出的努力及认真负责的态度。他们的帮助弥足珍贵。最后也是最重要的是，我要感谢斯蒂芬·沙诺夫（Stephen Sharnoff）对我坚贞不渝的爱和支持。

苏珊·格拉克
加利福尼亚，伯克利

本书作者关于译本的说明

《论意识的直接材料》的法语版在 1888 年首次出版，英译版为《时间与自由意志》，《物质与记忆》的法语版在 1896 年首次出版，本书对上述两种文献的直接引用部分都是我自己翻译的，但在引用时给出了这两部著作已出版的英译本和法语版的页码[1]，法语版由法国大学出版社（Presses Universitaires de France，下文简称 PUF）出版。翻译中的各种问题都需要反复思考，而《时间与自由意志》是《论意识的直接材料》的一个不幸的英译版。

我在书中将把《论意识的直接材料》简写为 *Essai*[2]。而且我期待读者通过研读本书的论证，会逐渐理解我为什么要批评这个英译版。

翻译的另一个问题涉及 esprit 这个法语词。当然，它可以翻译为英语中的 mind（即心灵），不过这给这个法语词（既可以指心灵，也可以指灵魂或精神，而这两个词很少涉及智力）赋予了过多的智力价值。只要有可能，我宁愿把这个法语词留在原文中。

考虑到英语单词 duration（持续时间）往往会让人回溯起一段已经消逝了的时间（有开始时间和结束时间的一段时间），因此，durée（即绵延）这个法语词的英译也存在着困难[3]。在柏格森的思想中，durée 不是指"持续时间"。出于这个原因，我也尽可能多地在原文中直接用这个法语词。

有时，我会在不引用原文的情况下总结柏格森论证的步骤。在这种情况下，通常会提供柏格森相应论证的出处（即法语版和英译版的页码），指导读者进一步阅读。有时我会在柏格森提供的事例中加入一些当代的事例。当我的思想介入论证，或当我试图直接表达柏格森的文本

1　译者注：法语版的页码在前，英译版的页码在后。

2　译者注：中译本没有使用简称，而是全名，即《论意识的直接材料》。

3　译者注：中文译名"绵延"则不存在这种歧义。

时，读者应该可以清楚地发现这一点。

文中引用《论意识的直接材料》（PUF, 1997）时，将简称为 *EDI*。我在引用这部著作时，将提供我自己翻译的英文，而且译文都是根据这个法语版本译出的。在所有情况下，这部著作得到授权的英译版中的对应页码（在方括号内）将紧跟在法语版的页码后面，英译版为 *Time and Free Will: An Essay on the Immediate Data of Consciousness*, trans.F.L.Pogson (New York: Dover Publications, 2001)。

关于《物质与记忆》（PUF, 1985），正文在引用时简称为 *MM*。我在引用这部著作时，将提供我自己翻译的英文，而且译文都是根据这个法语版本译出的。在所有情况下，这部著作得到授权的英译版中的对应页码（在方括号内）将紧跟在法语版的页码后面，英译版为：*Matter and Memory*, trans.N.M.Paul and W.S.Palmer (New York: Zone Books, 1988)。

目　录

第一章　柏格森与各种柏格森主义 ················· 1

第二章　从机械论的确定性走向不确定论的焦虑 ·········16

第三章　《论意识的直接材料》(《时间与自由意志》) ·········44

第四章　《物质与记忆：关于身心关系的论著》 ········· 109

第五章　当代接受柏格森的渠道 ········· 175

第六章　当代话题 ················· 200

结　论 ····················· 215

参考文献 ···················· 218

索　引 ····················· 233

第一章　柏格森与各种柏格森主义

不把时间当回事的时代已经过去了。

——保罗·瓦莱里，"精神危机"（La crise de l'esprit）

时间是一个古老的问题，但现在已成为一个突出的现代问题。瓦尔特·本雅明（Walter Benjamin）用一种新的时间视界来描述现代体验（experience）：出神的视域（horizon of distraction）和震惊体验（experience of shock）。[1] 保罗·瓦莱里（Paul Valéry）从时间危机的角度对现代性进行诊断。[2] 最近，保罗·维利里奥（Paul Virilio）从速度危机的角度分析了后现代世界。[3]

在 20 世纪初，柏格森敦促我们对时间进行具体的思考。他让我们去思考运动的真实行为，思考正在发生的事情（ce qui se fait），让我们从质变的角度来解释运动，而不是将运动理解为在事实（即运动）后测量并在空间中描绘的变化。

当我们把时间看成一条线或一个圆时，时间就停止了运动。我们在无意中把时间变成了空间。"我们的普通逻辑，"柏格森写道，"是一种回顾式的逻辑。这种逻辑不可避免地将当前的实在事物……追溯回过去……照此逻辑，如是者必定一直如是。它不承认事物会冒出来，不承认有些东西是创造出来的，而且也不承认时间有其效应。它把新形式 2 或新性质看成只是一个对旧事物的重新安排，从而没有绝对意义上的

1　在《启迪》（*Illuminations*）一书中，本雅明将电影描述为一种媒介，在这种媒介中，震惊的感知"已被确立为一种形式原则"，而接受发生在"一种分心的状态"。特别参见："The Work of Art in the Age of Mechanical Reproduction"，"On Some Motifs in Baudelaire"（本雅明提到了柏格森和瓦莱里），and "The Storyteller"，*Illuminations*, ed. Hannah Arendt, trans. Harry Zohn.

2　Paul Valéry, "La crise de l'esprit," in *Œuvres complètes*, 1，p.1045.

3　Paul Virilio, *L'art du moteur* and *Cybermonde: La politique du pire* (translated as *Politics of the Very Worst*).

新。……当然这不是要放弃或者颠覆这种逻辑，但我们必须扩展它，使它更有柔韧性，并使它适应一种绵延，在其中进化具有创造力。"[4]

柏格森认为时间就是力量。这就是他所说的"真实绵延"（Real Duration）的具体含义。他论证道，对于时间的效力以及时间在全新的事物出现时所显示的创造力，西方哲学早已无视了。海德格尔对此可能会这样说：这就是被遗忘的，也是"未被思考的"。[5] 但柏格森的论述更为强烈。他认为我们的静态时间概念是用来对付"真实"的异质性的。他提出，论述的思维本身就是一种生物性的适应，它掩盖了真实，并出于实用主义的缘故而以某种方式将世界呈现给我们。它向我们展示了一个静止的世界以便我们去掌控，将我们的思想影射到一个空间网格中。柏格森说，就像投出一张网，收集并组织那异质而变动不居的真实，这样我们就能更好地使用和控制它。

当我们试图从认识上考量真正的运动时，会发生什么？我们会发现我们的思维并不适合做这个工作。柏格森写道："在时间中思考"与语言是永远不可通约的，因为语言通过其迭代结构（iterative structure）摧毁了绵延。我们在不同的瞬间重复用同一个词来命名各种各样的事物，但实际上永远都没有任何事物以完全相同的方式重复。柏格森是一位直觉哲学家，因为他致力于抓住那些言语的思想（discursive thought）和数学符号所删除掉的东西：时间发生时所展现出的创造力以及现实的复杂性。[6]

然而，数学和物理哲学对柏格森形成自己的思想产生了极为深远的影响。他透露，"正是我的数学研究激发了我对绵延的兴趣……起初，

4　引自 Keith Ansell Pearson, *Philosophy and the Adventure of the Virtual: Bergson and the Time of Life*, p.85, from Bergson's "L'intuition philosophique".

5　"现在是时候，是最恰当的时候最终去通过时间的本性来思考时间以及它的起源，因此我们可以达到一个关键处，在这个关键处，我们开始看到所有的形而上学都遗漏了对一个根本问题的思考，这个问题就是时间自己的依据和基础。"见：Heidegger, *What Is Called Thinking?* trans. J. Glenn Gray, p.100. 关于"哲学家对'存在'的健忘性"，参见：*An Introduction to Metaphysics*, trans. Ralph Manheim. 海德格尔的"它给出"（es gibt，也译作"有"）概念与柏格森晚年的著作《关于时间与存在》（*On Time and Being*）中的"绵延"概念最为接近。《关于时间与存在》的英文版由 Joan Stambaugh 译出。

6　F.C.T. Moore 在下列著作中如此表述：*Bergson: Thinking Backwards*, p.64.

这仅仅是我对力学方程中字母 t（即运动时间）的数值的一种困惑。[7] 现代物理学的许多进展，有不少发生在柏格森的有生之年，这使得他对时间的具体思考工作更加迫切。

正如著名物理学家路易·德布罗意（Louis de Broglie）所写的那样，在物质的波动力学模型（德布罗意在 1924 年证实了这个模型）中，"时间的效力变得显而易见，记忆作为物质存在的一个必需的组成部分的理念也变得不再那么矛盾了"。[8] 当波取代粒子"成为物质宇宙的最终组成部分"后，我们的时间概念必然会改变。时间不能再被按照粒子理论来抽象地解释为"物质的一个偶然事件"。时间进入了物质的本质。时间是有形的和运动的，"嵌入特定的事物层次或区域的物质，而其间的每一种时间都可以展现出自己的速度或绵延"。时间已经成为实在物和有形物。这正是柏格森通过对真实时间的绵延的详细阐述而要求我们深入思考的问题。[9]

柏格森认定，在时间中思考必须打破许多条框。这使我们认识到对空间的迷恋规定着西方哲学的方向，限制着我们的思考。这也让我们能跳出"生成"和"否定"的辩证论述框架思考，而黑格尔将这种框架定义为意识或精神（l'esprit）的力量。[10]

在法国的思想环境中，黑格尔哲学在二战之前的时代中席卷了巴黎的思想世界，在二战时，各种政治和文化事件都显现出法西斯主义与共产主义鲜明的意识形态对立。自从艾瑞克·怀尔（Eric Weil）和亚历山大·科耶夫（Alexandre Kojève）在 20 世纪 30 年代将黑格尔的思想引进到法国，取代了 20 世纪 20 年代在法国占支配地位的柏

7　Bergson: *Thinking Backwards*, p.59.

8　引自：Andrew C. Papanicolaou, "Aspects of Henri Bergson's Psycho-Physical Theory", in *Bergson and Modern Thought*, ed. Andrew C. Papanicolaou and Pete A. Y. Gunter, p.84.

9　Ibid., pp.84, 85.

10　Yirmiyahu Yovel, ed. with commentary, *Preface to the Phenomenology of Spirit* by G.W.F. Hegel. 另见：Georges Bataille, "Hegel, la mort ou le sacrifice", *Deucalion 5*. 已有英语版："Hegel: *Death and Sacrifice*", in *The Bataille Reader*, ed. Fred Botting and Scott Wilson, 以及可参见对黑格尔在法国的接纳状况进行过论述和演讲的德贡布的文献："One word summarizes this new status of consciousness, negativity," *Le même et l'autre*, p.36.（本书作者译。）已有英语版：*Modern French Philosophy*, trans. L. Scott-Fox and J. M. Harding.

格森思想：不同模式的各种思想——认识论的、本体论的、语义学的、谱系学的（genealogical）、符号学的（semiological）与结构主义的（deconstructive）对黑格尔哲学的反驳已经成了一个问题。黑格尔的框架甚至给辩论赋予了某种结构，辩论不仅涉及黑格尔的"超越"概念（dépassement），而且也涉及在 20 世纪下半叶的人文主义与反人文主义之间的激烈辩论。樊尚·德贡布（Vincent Descombes）写道，"在 1945 年，所有的现代思想都来自黑格尔"，然而"到了 1968 年，所有的现代思想（马克思、弗洛伊德等）都对黑格尔怀有敌意。两代人的差异存在于符号的倒置（inversion of the sign）中，这是他们（即两代人）与黑格尔的关系的主要特征。没有发生改变的只有定位（repérage）本身"。[11] 符号的倒置当然是辩证法上的一个立场。

　　在 20 世纪末的法国理论中，海德格尔关于存在（与时间）"未被思考"的洞见已经与诸如巴塔耶（Georges Bataille）、布朗肖（Maurice Blanchot），有时是福柯（Michel Foucault）*，以及德里达（Jacques Derrida）这些人物的一种后黑格尔式的思维模式结合在一起。[12] 在后结构主义者的环境中，各种问题的构造是以符号学的术语来进行阐释的。正如我们知道的那样，即使是精神分析，也通过拉康（Jacques Lacan）的工作开始与语言的操作联系在一起。福柯在很大程度上将历史转变成为"语言构型"（discursive formations）。在文化研究的分析中，这种语义学的或语言学的框架开始成为占统治地位的模型。[13] 在过去的几十年

11　Descombes, *Le même et l'autre*, p.24. 译者注：l'esprit 这个词在英译本中一般翻译成心灵（mind），但根据作者的译本说明，保持法语原文处宜译作"精神""灵魂"。

*　译者注：福柯是在 20 世纪人文社会科学领域最具有影响力的学者，在"谷歌学术"提供的各位学者的全部文献的被引用次数总和中，他在人文学科领域中保持第一，总引用次数高达 1176838 次（2022 年 7 月 3 日数据），h-index 高达 300 次，即福柯有 300 种文献被引用过 300 次，当然，福柯一生写的文献的数量可能不到 300 种，但在"谷歌学术"的统计中，一种文献的不同译本也被算进文献数量中。在这项排名中，第二名为法国社会学家布尔迪厄（941185 次，h-index 为 286 次，2022 年 7 月 3 日数据），第三名为奥地利精神分析学家弗洛伊德（588405 次，h-index 为 284 次。2022 年 6 月 22 日数据，2022 年 7 月 3 日未显示数据）。

12　我特别想到的是福柯和德里达关于巴塔耶的论著；参见：Michel Foucault, "Préface à la transgression"，和 Jacques Derrida, "De l'économie restreinte à l'économie générale", in *L'écriture et la différence*。整本书已有英文版：*Writing and Difference*, trans. Alan Bass.

13　参见马苏米（Brian Massumi）在 *Parables of the Virtual: Movement, Affect, Sensation* 中的非常有趣的分析。

中，这已经成为占统治地位的思考框架了。

柏格森使我们能回到那些与时间性（temporality）、情动（affect）、行动能力（agency，译者注：在哲学中，agency 是行动者在给定环境中行动的能力，例如，moral agency 应理解为"道德行动能力"）与肉身化（embodiment）这些概念有联系的问题中，这些概念具有显著的结构主义与后结构主义特点。正如一位评论者所说的那样，柏格森使哲学回归到"意义"或"编码"这些术语流行之前的那种哲学中。[14] 阅读柏格森使我们能够再次使用真实的具体性（concreteness of the real）、情动、行动能力乃至某种意义上的"体验"（experience）概念，而不需要牺牲那种驱动对表象（representation）和"意识的统一主体"进行批判的视角。在柏格森看来，主体主要是行动的主体，并不是当前意识或知识的主体，而这就是差别所在。

这就是我们阅读柏格森的第一部重要著作《论意识的直接材料》时所遇到的问题。柏格森对绵延的第一种研究进路是探索内在体验——对 性质和情动的感觉——他主张这些是无法进行测量的事物。他将人类神经系统定义为不确定性的中心，并由此探究其含义，即我们有能力具有这样的经验，摆脱对事物进行划分并测量的空间逻辑的束缚。他给予情动以形而上学的重要性，并强调自主性（free agency）。他通过绵延的概念来做到这一点。正如我们将在下文看到的，他从经验（例如，等待糖溶解在水中的经验）中推导出绵延概念，并将其扩展到与黎曼数学和一种多样性概念相关，而这种概念不能被还原成数字。

柏格森诉诸时间对自由进行论证，反驳决定论者的思考方式。他建立了直接经验的视域（horizon of immediate experience）——前语言的和定性的。[15] 在《论意识的直接材料》中，柏格森诉诸实验心理学，以找出哲学无法思考的事物，同时进入临床心理学的内部挑战其话语权。

14　*Brian Massumi, Parables of the Virtual.*, p.7.

15　柏格森对梅洛－庞蒂的重要影响不应被低估。梅洛－庞蒂和萨特都曾经沉浸于柏格森的思想中，虽然这两人随后都远离了柏格森主义。参见：Maurice Merleau-Ponty, *L'union de l'âme et du corps chez Malebranche, Biran et Bergson.* 已有英语版：*The Incarnate Subject: Malebranche, Biran, and Bergson on the Union of Body and Soul*, trans. Andrew G. Bjelland, Patrick Burke, 以及 Paul B. Milan, and Jean-Paul Sartre, *Imagination.*

《论意识的直接材料》建立了绵延的真实情况。这使得柏格森可以在《物质与记忆》中研究精神的存在。他提出，如果精神真实存在，我们可以用实验在记忆中定位精神。[16]《物质与记忆》提出了一种理论，认为对于所要认识的事物，知觉是与其接触，记忆则是其内容。柏格森令人非常惊奇地写道："记忆是意识和物质之间的接触点。"[17]

柏格森挑战认知科学的基本假设，即大脑产生表象（representations）并储存记忆。他坚持主张，心智活动无法还原到神经-化学水平。在这部著作中，柏格森依照行动来定义知觉，将纯粹记忆的"隐真"理论化，并证实过去的时间是存在的。[18]

6　　《物质与记忆》研究了身心互动关系。柏格森打破了身体和心灵的传统形而上学二元论，把重心偏移到物质和记忆。这使他能够与实验心理学的临床研究，尤其是对失语症的研究进行对话。[19] 对记忆的强调使身心问题的研究转向，新方向与时间而不是空间相关。这挑战了关于大脑是心理功能发生的位置以及沉思性凝视（contemplative gaze）在感知中的重要性等传统假设。意识像记忆那样运转。通过对知觉和记忆之间关系的细致分析，柏格森完善了他对绵延和自由之间存在的动态关系的分析。

柏格森最著名的著作是《创造进化论》，在此我们不会对其详细讨论，但《论意识的直接材料》和《物质与记忆》可以为我们对其进行研究做好铺垫。这部著作又回到了柏格森在《论意识的直接材料》中已经引入的绵延问题。然而，在对进化的研究中，柏格森不再仅仅在主观经验的角度上来思考绵延。《创造进化论》将《论意识的直接材料》中呈现的意识模型（它与记忆相关联）扩展到整个世界。绵延成为存在的同义词，而生命是永恒的变化和新奇的发明。"生命体是一种经久不衰的

16　他写道，正是"在记忆现象中"，"我们可以声称我们能够以最可意识到的（palpable）形式来抓住灵魂（esprit）"。参见：*Matière et mémoire*, p.77.（本书作者译。）

17　Ibid.

18　柏格森将绵延的范围延伸到意识之外的物质本身。《创造进化论》（*L'évolution créatrice, Creative Evolution*）将绵延理论化为建设性的力量，将时间理论化为皮尔森所说的"生命时间"（the time of life）。参见：Pearson, *Philosophy and the Adventure of the Virtual*.

19　正如摩尔（F. C. T. Moore）指出的那样，柏格森非常熟悉弗洛伊德和让-马丹·沙尔科（Jean-Martin Charcot）作品中关于失忆症和失语症的论述：*Bergson: Thinking Backwards*, p.5 n.4.

事物。"[20] 绵延 "意味着发明、形式的创造以及对全新事物的精心制造"。[21] 在这部著作中，柏格森回顾了古典认识论与绵延经验相关的局限性，并研究了哲学与生物学之间的关系。柏格森没有应用从物理科学处借来的概念框架来解释进化，而是让创造进化论的思考（即进化被视为新的形式和真实的发明）告诉我们对认识论的理解。柏格森没有将思想的概念视作先验的（a priori）范畴，*并试图根据这个不变的框架来思考世界，而是建议将我们自己的智力置于进化的运动中，换句话说，建议我们从与进化适应模式相关的方面探究知识问题。知识（我们可以知道什么以及我们如何知道）被视为进化变化的结果。为了正确地思考进化，认识 7 论问题必须与生命问题一起考虑。绵延成为 "我们存在的基础，……绵延也是我们发现自己与之交流的那些事物的实体"。[22]

　　这是一种革命性的姿态，因为它把认识论和生物学（或生命和知识）之间的等级次序颠倒了过来，把理智重新定位为生命过程的有限部分。理智（即理性主义或工具理性）被视为心灵为使行动有用而做的特别调整。柏格森认为：科学的客观性可以使我们掌控非生命体，但它不能把存在视为一个整体，不能与生命或真实进行接触。这将是哲学和直觉的领域。通过将理智界定为工具知识的一种模式，柏格森将其相对化，从而破解了理智对普遍性和高度权威的虚妄自信。

　　柏格森认为，创造（或进化运动）既不是机械论的，也不是目的论的，他将生命视为成长和变化的随机过程与创造新形式的永久分化的积极运动。他称之为 "生命活力"（élan vital），并提出 "生命活力" 不是理性知识的概念，而是作为一种图像，使我们可以从物理科学和静态形而上学的机械论的框架内走出来并思考。"生命活力" 是将时间过程视为绵延的图像，即将时间视为力量，"推动生命沿着时间之路前进" 的

20　*L'évolution créatrice*, p.15.（本书作者译。）

21　Ibid., p.11.

*　译者注：先验的范畴是康德的一个核心观念。

22　Ibid., p.39. 对于巴塔耶的《色情》（*L'érotisme*）中的 "神圣思想"，连续性和交流这两个概念开始变得很重要，这本书已有英文版：*Erotism: Death and Sensuality*, trans. Mary Dalwood. 也就是 *L'expérience intérieure,* 英文版为：*Inner Experience*, trans. Leslie Ann Boldt.

力量。[23] 柏格森提出：进化不是发生在生命中的某种事情，它是生命本身，是一种永远进行的随机分化运动。

柏格森最广受阅读（尤其是在文学和艺术界）的作品之一，是关于笑的短文，他在职业生涯中很早就开始了写作，但在一些年后才出版。在 1900 年出版的《笑：关于喜剧的意义》（*Le rire: Essai sur la signification du comique, Laughter: An Essay on the meaning of the Comic*，下文简称《笑》）中，柏格森分析了笑（或喜剧），把它与广泛的文化现象联系起来考察，包括歌舞杂耍表演（vaudeville）、古典戏剧、漫画、服装和化装舞会，同时也分析了语言的喜剧效果。

8　　　简而言之，柏格森的理论认为，当机械论侵入生命领域时，喜剧就发生了。它涉及类似于类别错误的表演。当机械行为取代了生命的行为时，当自动操作被植入有生命的世界时，我们发现它很滑稽。我们可能会想到查理·卓别林的电影，或者露西尔·鲍尔（Lucille Ball）试图应对巧克力工厂的装配线。然而，只有熟悉柏格森著作的主体并欣赏其思想的严谨和严肃的读者，才会认识到柏格森在《笑》中看似随意的分析术语实际上来自《论意识的直接材料》和《物质与记忆》。只有这样，人们才会在另一个层面上理解笑话。《论意识的直接材料》反对将机械思维模式应用于生物。《笑》不仅揭示了这种态度的可笑本质，而且把这种态度变成了喜剧的精髓！

在《笑》的结尾，柏格森反思了虚荣心，就像他之前的诸如巴尔扎克、福楼拜和普鲁斯特这样的文学大家一样，他认为虚荣是喜剧的最高形式。笑具有一种社交功能。笑通过恐吓和羞辱来惩戒反社会行为。如此看来，笑与艺术形成对比，因为在柏格森看来，艺术启发一种与真实直接接触的方式。

柏格森在他的最后一部主要著作《道德与宗教的两种来源》中探讨了社会和伦理问题，该著作研究个人的道德义务感。这是第一次世界大战以及这次大战以道德义务的名义所造成的生命牺牲所带来的问题。柏

23　Bergson, *L'évolution créatrice*, p.104.（本书作者译）"生命活力"是一个受热力学定律启发的图景。

格森从创造进化论的角度来探讨这个问题。对赫伯特·斯宾塞（Herbert
Spencer）来说，演化论暗示着利己主义（egoism），但是查尔斯·达尔
文（Charles Darwin）则认为利他主义行为与进化论的观点是一致的。利
他主义行为不仅标志着更高的发展模式，而且有益于集体的生存。柏格
森的研究面对这些问题，并与埃米尔·涂尔干（Émile Durkheim）展开
了隐藏式的对话，讨论封闭社会和开放社会之间的差异。这位著名的社
会学家不仅是柏格森在巴黎高等师范学院的同学和对手，而且在索邦大
学论战（Sorbonne Dispute）中成为柏格森正式的反方观点对手。[24]

　　在这项研究中，柏格森明确了诉诸神秘体验的社会价值，这似乎证 9
明了那些一直批评柏格森只是一个神秘主义者的人是正确的。然而，这
部著作的书名以及封闭社会和开放社会概念的基础，来自科学而非神秘
的话语。封闭社会和开放社会使我们想起萨迪·卡诺（Sacli Carnot）热
力学理论中的封闭系统和开放系统之间的对立。这本书是柏格森所有著
作中最具挑战性且读者最少的著作之一。[25] 他于 1941 年（去世前九年）
完成了这部著作。

　　亨利·柏格森于 1859 年出生于巴黎，是一位波兰音乐家的儿子。
四岁时，他的家人搬到了瑞士，据说他们住在哲学家大道（Boulevard
des Philosophes）。柏格森一家于 1866 年返回巴黎。四年后，全家移居
英国，留下亨利在巴黎继续从事科学和数学研究。

　　在法兰西第三共和国初期，柏格森与让·饶勒斯（Jean Jaurès）和
埃米尔·涂尔干一起就读于巴黎高等师范学院。[26] 19 世纪 80 年代初期，
他在克莱蒙－费朗（Clermont-Ferrand，法国南部城市）的一所中学任
教，在此期间，他出版了卢克莱修（Lucretius）的一部精选文集。他还
写了第一部重要著作《论意识的直接材料》，这部著作由他的毕业论文

24　参见我的：*Literary Polemics*, chap. 7. 关于索邦大学论战的详细探讨，参见：R. C. Grogin, *The
Bergsonian Controversy in France.*

25　参见：Bergson, *Les deux sources de la morale et de la religion,* edited by Arnaud Bouaniche, Frédéric
Keck, and Frédéric Worms, and for an excellent commentary, Frédéric Worms, *Bergson ou les deux sens de
la vie,* 特别是第三章和第四章。

26　Philippe Soulez and Frédéric Worms, *Bergson: Biographie,* 1.

以及一篇论述亚里士多德位置概念的文章组成。[27]

　　柏格森在 1889 年返回巴黎任教，首先在大路易高中（Lycée Louis le Grand）任教，随后在亨利四世高中（Lycée Henri IV）任教。几年后，他与马塞尔·普鲁斯特的二表妹结婚。普鲁斯特在婚礼上担任伴郎。柏格森于 1896 年出版了《物质与记忆》。同年，他成为法兰西公学院*的院士，担任古希腊和古罗马哲学系系主任。

　　柏格森于 1900 年出版了《笑》，同年成为乌尔姆街（即法国高等师范学院）的讲师（maître de conférence）。1901 年，他被推选为法国伦理学与政治学科学院（Académie des Sciences Morales et Politiques）的院士。1902 年，他获得了荣誉军团勋章（Legion of Honor）。1907 年，他出版了《创造进化论》，这部著作最终获得了广泛的声誉。从那时起，只要他在法兰西公学院授课，课堂上便挤满了学生。柏格森于 1909 年在牛津大学获得名誉博士学位。1914 年被评选为法兰西学术院院士。由于他非凡的国际声望，他在第一次世界大战期间担任外交官员，先在西班牙，后在 1918 年去美国任职。[28] 他于 1927 年获得诺贝尔文学奖，并于 1941 年在德国占领巴黎期间去世，享年 82 岁。作为一名犹太人，他在战争期间没有皈依基督教，出于声援纳粹和贝当政权的受害者，他自己在官方登记的身份为犹太人。他的最后一部作品《道德与宗教的两种来源》于 1932 年出版。1967 年，柏格森的名字上了法国巴黎先贤祠的碑文。

　　总而言之，从柏格森的生平来看，他是在法国体制内成功的典范。然而，他的哲学家生涯却是在法国公立大学体制的边缘上发展起来的。

10

27　柏格森用拉丁文写就的论文《亚里士多德的位置概念》（"Quid Aristoteles de loco senserit"）的法语版本在《柏格森纪念文集》（*Mélanges*）中出版，英语版《亚里士多德的位置概念》（"Aristotle's Concept of Place"）的出处为：trans. J. K. Ryan in *Studies in Philosophy and History of Philosophy*, 5，pp.13–72. 在亚里士多德的哲学中，由于"位置"概念等同于从一个位置到另一个位置的运动，所以"位置"概念是与时间理论联系在一起的。

*　译者注：国内的"法兰西学院"是一个混乱的译名，这个词往往同时对应于法国的三个学术机构：法兰西学会（Institut de France），法国的学术权威机构（接近于中国科学院，但没有机构实体）；法兰西学术院（Académie française），法兰西学会下属的五个学院之一，负责法语研究；法兰西公学院（Collège de France），法国独立于正规教育体制外的市民学院。本书据此做出了明确区分。

28　参见：Philippe Soulez, *Bergson politique.*

他从未被索邦大学（前身为 12 世纪创建的巴黎大学）聘用。[29] 他在法兰西公学院任教，这是一所思想标准很高的机构，然而，该机构要求与其教学相关的所有讲座都向公众开放。柏格森就在这种背景下取得了巨大的成功，这多半归功于他的思想的魅力。但他没有相应水平的研究生可以严格地诠释他的思想。因此，柏格森的哲学——总体上是开放且不成体系的——很容易被狂热的崇拜者断章取义地引用，甚至曲解。

柏格森的思想在传播中发展成各种柏格森主义，即对柏格森思想的各种挪用，这涉及意识形态、美学、政治、精神和制度上的诸多问题。柏格森的思想，根据挪用者的思想要求或实际需要，被零零碎碎地加以采用，并进行重塑。德国社会学家格奥尔格·齐美尔（Georg Simmel）是 一位柏格森主义者，无政府主义的革命者乔治·索雷尔（Georges Sorel）也是一位柏格森主义者。此外，还有各种天主教现代主义者、意大利未来派者（futurists）、法国象征主义者、立体派艺术家（cubists）和形形色色的文学现代主义者，他们都是柏格森主义者。[30]

柏格森的影响超越了法语的范围。艾略特（T. S. Eliot）等人参加了他的讲座，并将他的思想的各个方面引入了英国现代主义语境。柏格森在美国也受到热烈欢迎。威廉·詹姆斯（William James）的著作曾得到柏格森的欣赏和引用，促进了柏格森思想在美国和英国的传播。詹姆斯在做希尔伯特讲座（1909 年在牛津发表，随后出版为《多重宇宙》[*A Pluralistic Universe*]）时敦促他的听众直接阅读柏格森的著作，他写道："在你阅读的每一页上，新视域都隐约可见。"[31]詹姆斯确信，认真阅读柏格森之后，读者们"就再也无法回到他们对心灵的旧的看法了"。[32]

29　事实上，柏格森后来在被称为"索邦大学论战"（Sorbonne Dispute）的运动中反对理性主义者涂尔干。参见我的：*Literary Polemics,* p.196; 详细的探讨，参见：R. C. Grogin, *The Bergsonian Controversy in France.*

30　Mark Antliff, *Inventing Bergson: Cultural Politics and the Parisian Avant-Garde,* A. E. Pilkington, *Bergson and His Influence: A Reassessment,* and Romeo Arbour, *Bergson et les lettres françaises.*

31　引自：Tom Quirk, *Bergson and American Culture: The Worlds of Willa Cather and Wallace Stevens,* p.45.

32　Ibid.

正是因为柏格森是一位进化论思想家，他才在美国惹人喜爱。正如洛夫乔伊（A. O. Lovejoy）在 1913 年的一次演讲中所说，柏格森复兴了"作为严肃的哲学原理……的激进进化论（radical evolutionism）。他已经给我们展现了在一个本质上是活着的世界……在这个世界中……未来包含了难以想象的新的创造的可能性，包含了所有的存在物的真实和累积的丰富多彩"。[33]

简而言之，柏格森在美国是因爱默生和惠特曼的精神而受欢迎的。[34]"在美国，没有哪个哲学家像柏格森在 1913 年访问美国时那样激起如此大的狂热或争议。即使是詹姆斯本人的哲学也没有如此广泛传播和流行。"[35] 许多美国艺术家找到了将柏格森的思想融入他们自己的美学的方法，在这里仅举少数几个的例子，例如薇拉·凯瑟（Willa Cather）、亚瑟·达夫（Arthur Dove）、阿尔弗雷德·施蒂格利茨（Alfred Stieglitz）、威廉·福克纳（William Faulkner）和格特鲁德·斯泰因（Gertrude Stein）。当然，从思想的角度来看，柏格森主义的这种流行也需要付出相当大的代价："在大众的心目中，柏格森主义几乎可以被改造为人们想要的任何东西。"[36]

在法国语境中，柏格森成为象征主义的哲学家。[37] 对于所有不满于主导官方大学课程的新康德主义哲学的人来说，柏格森是替代者。正如弗朗索瓦·莫里亚克（François Mauriac）所说，他是"我们倾听的哲学家"。[38] 从 1900 年到 1914 年，据说他对法国青年的影响是非凡的。对于一些人来说，这引起了相当大的担心。[39] 从雅克·马里坦（Jacques Maritain）到乔治·索雷尔，似乎每个人都有自己定制（custom-made）的柏格森主义。正如一位评论家所言，"自 1900 年以来，法国的绝大多

33　Tom Quirk, *Bergson and American Culture*.

34　Ibid., p.79.

35　Ibid., p.53.

36　Ibid., p.54.

37　参见我的：*Literary Polemics*, p.159.

38　*Literary Polemics*, p.158.

39　比奈报告是 1908 年进行的一项关于学校哲学教学的调查报告，得出的结论是"柏格森的思想优于所有其他的教师以及所有学生"（引自 *Literary Polemics*, p.195）。

数现实状况都沉浸在柏格森主义构成的各种氛围中"。[40] 到第一次世界大战初期，柏格森已成为一位被人们狂热崇拜的偶像。

毫不奇怪的是，在柏格森取得广泛的成功以后，恶意攻击也接踵而来。在对这位著名哲学家的严厉批评中，朱利安·班达（Julian Benda）将柏格森的思想描述为"民主的哲学"（philosophy of democracy）。这并不是一种恭维。"柏格森主义，"班达补充道，"也许是唯一被庸俗者真正理解的哲学。"[41] 柏格森不仅受到班达的尖刻攻击，还受到极右翼代表（夏尔·莫拉斯［Charles Maurras］和皮埃尔·拉塞尔［Pierre Lasserre］）、左翼代表（乔治·波利策［George Politzer］和乔治·卢卡奇［Georg Lukács］）甚至天主教会的尖刻攻击，天主教会于 1914年将他的作品列入《禁书索引》（*Index*）。伯特兰·罗素是柏格森反对者中最有权威的一个，他指责柏格森是埋性思维的死敌。他以一种非常居高临下的语气将柏格森的思想比作"汹涌的直觉之海"。[42] 他的结论是，柏格森根本就不是一位哲学家，而只是一位平庸的诗人。

在 20 世纪 30 年代，柏格森的哲学为思想界对黑格尔日益增长的兴趣所取代，自从科耶夫在演讲中睿智地展现了黑格尔思想以后，黑格尔思想开始流行，流行程度和柏格森曾经的流行程度相似。这一时期马克思主义被看重，使黑格尔思想被广为接受，黑格尔思想逐渐开始填补因为柏格森的影响力下降而出现的空白。罗素对柏格森的反理性主义指控在法国大学中盛行，直到最近，柏格森在那里仍然是不被看好的（mal vu）哲学家。在官方大学背景下，柏格森没有门徒，所以也没人来严格抵制思想界对各种柏格森主义的胡乱挪用，柏格森哲学从此或多或少地在思想界消失了。

一件事情加速了柏格森哲学权威性的消失，似乎证实了罗素对他

40　引自：*Literary Polemics*, p.195.
41　引自：*Literary Polemics*, p.197. 然而，即使是班达也承认，柏格森主义不仅是一种思想时尚，而且还是"热烈欢迎与灵魂相关的全部领域（包括宗教、文学、道德规范、绘画、音乐）的一种运动"（引自 *Literary Polemics*, p.195）。
42　Bertrand Russell, *The Philosophy of Bergson*, p.36.

13 的判断。在 20 世纪 20 年代，柏格森与爱因斯坦就相对论预设的时间
概念产生了公开分歧。爱因斯坦的声望在那个时候达到了顶峰。柏格森
的立场受到了非常多的误解，他随后试图停止发行为回应爱因斯坦而
写的书，即 1922 年出版的《绵延与同时性》（*Durée et simultanéité*，英
文版 1965 年出版，名为 *Duration and Simultaneity* ）。直到今天，这些问
题仍然存在争议。有些人认为柏格森只是误解了相对论。其他人则认为
柏格森的做法实际上极其微妙，虽然柏格森接受了相对论的基本前提
及其对经典物理学的批判，但他实际上察觉到了爱因斯坦的思想中有
补救经典世界观的倾向。[43] 然而，爱因斯坦当时似乎击败了柏格森，柏
格森被指责为拒绝接受新的相对论物理学，而这只是因为他不了解相
对论。

在某种程度上，这次事件在公开羞辱柏格森时开启了一条性别路
径，之后不同的人对柏格森的批判一直引用了这条路径：柏格森主义
是女性化的，不仅与（法国真正的）笛卡儿哲学的阳刚之气（virility）
对比是这样，在这种背景下，与科学的硬真理相比也是这样。1927
年，柏格森获得诺贝尔文学奖时，罗素将柏格森描绘成一个诗人的说
法似乎得到了官方认可。从教学岗位上退休后，柏格森开始从公众视
野中消失，这时他致力于最后一部作品《道德与宗教的两种来源》的
写作。

柏格森主义的泛滥模糊了柏格森思想的轮廓，并给这位哲学家的思
想带来了不适当的、有冲突的（conflictual）意识形态负担。就此而言，
可以说，我们对柏格森说得太多了，但又说得太少了。说得太多了，是
因为其他哲学家对他思想的各种挪用；说得太少了，是因为柏格森的思

43　关于柏格森思想与爱因斯坦思想的争论，见：*Philosophy and the Adventure of the Virtual*, pp.
55–65; Robin Durie, "The Strange Nature of the Instant," in *Time and the Instant: Essays in the Physics
and Philosophy of Time*, ed. Robin Durie; Ilya Prigogine and Isabelle Stengers, *Entre le temps et l'éternité;*
Ilya Prigogine, "Irreversibility and Space-Time Structure," in *Physics and the Ultimate Significance of
Time*, ed. David Ray Griffin; Timothy S. Murphy, "Beneath Relativity: Bergson and Bohm on Absolute
Time," in *The New Bergson*, ed. John Mullarkey; and Jimena Canales, "Einstein, Bergson, and the
Experiment That Failed: Intellectual Cooperation at the League of Nations" .

想本身近几十年来并没有得到仔细研究。[44] 我们已经忘记了为柏格森的研究提供信息的话语，也忘记了如何在后黑格尔框架之外思考。在下一章中，我们将更详细地考察柏格森思想产生过程中所处的文化和思想世界。

44　直到最近，情况一直是这样。在法国，弗雷德里克·沃尔姆斯（Frédéric Worms）重新探讨了柏格森的学术成就。在英国，基思·安塞尔·皮尔森（Keith Ansell Pearson）、约翰·穆拉基（John Mullarkey）等学者也认真研读了他的著作。

第二章　从机械论的确定性走向不确定论的焦虑

　　柏格森开始写作的时代很像我们的时代。19世纪90年代，与柏格森同时代的著名诗人和评论家保罗·瓦莱里将其描述为"一个完全由科学塑造的时代，处在不断的技术变革之中，一切都逃离不了创新的愿望"。[1] 今天我们把这一时代称为第二次科学革命时代。我们自己所处的时代则属于第三次工业革命时代。[2]

　　今天，太空探测器、手机、数字图像、无线通信、激光手术，以及弗兰克·盖里（Frank Gehry）在毕尔巴鄂（Bilbao）的建筑中使用的那种合成材料，已经改变了我们日常生活的节奏和面貌。与此相似的是，在法兰西第三共和国时期，由于火车、蒸汽机、自行车（到1900年，仅在法国就有500万辆）、有轨电车和1902年问世的以汽油为动力的汽车的发明，法国的交通运输系统得到了极大的扩张和快速发展。人们可以向世界上许多国家写信（现在通过国际邮政系统连接起来），可以用电报交流，也可以用电话交谈。新的建筑材料——铁、钢、铜、锡和钢筋混凝土——正在改变着人口比以往任何时候都多的城市的面貌。埃菲尔铁塔引起了一场审美争议。现在可以在电灯下用打字机写字了；纸张变得随处可见。胶卷使摄影比以前容易得多；电影放映机（cinématographe）
15 开始播放电影。缝纫机和机枪也开始问世。疫苗现在也可以预防肺结核和霍乱。正如一位历史学家说的那样：

　　　　在19世纪90年代，人们用机器制造的菜碟食用机器生产的食物，并穿着机器制造的衣服。利润从机器大工业流向金融业和各种信贷基金，并最终流向更新更大的工厂，看上去与机械科学的精度

1　Paul Valéry, *Œuvres complètes*, 1, p.971（本书作者译），本书此后引用该文献时简写为 *OC*。
2　参见：Thomas Kuhn, *The Structure of Scientific Revolutions*, and Paul Virilio, *L'art du moteur* and *Cybermonde: La politique du pire*.

与效率保持着同步。在 1870 年之前的 19 世纪，资本主义的机制当然已经拥有"科学的"基础，产生了特定的实际应用。自此以后，它仅仅只是像运动力学与大规模生产那样在进行一个完善（与拓宽）的进程。[3]

简而言之，"大型商业的点石成金术（Midas touch）已经成真。从大机器（与垄断）那里已经可以得到前所未有的利润"。[4]

在描述 19 世纪 90 年代的现代世界时，瓦莱里展现了现代世界的主要特征是超脱性（detachment）与充满能量的魅力两者的混合，但在 20 世纪 30 年代，他的语气发生了改变。1933 年，在他对现代生活的令人眩晕的改变以及人们在这种改变中的生活感受的论述中，则带有矛盾和焦虑的色彩：

> 从未有过如此深刻而迅速的转变……我们所处的这个世界，甚至我们立即知道的最遥远的事件以及关于物质、时间和空间三者的理念与控制力，我们对它们的设想和利用与我们之前的所有时代都完全不同。在这么短的时间里，在人类的世界中，产生的创新数量之多和重要性之大，几乎使人们无法将五十年前的事物与现在的事物相提并论。我们发现了全新的力量，发明了全新的手段，并养成了与此前完全不同的、无法预见的习惯。我们否定了之前的价值观，分离了以前认定有联系的那些理念，失去了以往在我们看来不可动摇的感情……而要表达事物的全新状态，我们可用的观念却老朽不堪（*des notions immémoriales*）。（*OC* 1015）

瓦莱里的语气已经改变。欧洲现在处于危机中，而且不仅仅是经济 16 层面的危机。欧洲也受到"精神危机"（crise de l'esprit），即一种精神或思想上的危机的困扰，这场危机是价值观的危机，是我们对于在世界中所处位置的自信的丧失。

---

3 Carleton J. H. Hayes, *A Generation of Materialism, 1871—1900*, pp.96–99.
4 Ibid., p.101.

19 世纪 90 年代到 20 世纪 30 年代间到底发生了什么？一些重要的历史事件——德雷福斯案件（Dreyfus Affair）、一场毁灭性的世界大战，现在又有希特勒上台，成为另一场世界大战的序曲。这些足够解释瓦莱里的声调中所包含的焦虑了。这位诗人还诊断出：

> 一场突出的科学危机，各门科学在维护旧的科学统一理想并对世界进行解释方面看起来已经陷入困境。世界正在解构，单一的世界图景的希望成为泡影。无限小的世界看上去与由它产生的大尺度的世界完全不同。在这里，物体的属性甚至不再存在，更不用说……决定论或因果性的危机。（*OC* 1037）

的确，亚原子（subatomic）的新物理学已经让公认的宇宙力学模型成为问题。在 19 世纪 90 年代，我们有信心将宇宙与一台平稳运转的机器相提并论，这台机器"是这样的有序与紧密，在构造上又是如此简单，我们可以推算其过去，也可以预测其将来，而且在确定性上几乎与推算发电机或水车的过去与将来一样精确。在宇宙的运动中，没有任何不确定性，也没有任何奥秘"。[5]

在 20 世纪 30 年代，"这台机器"被摧毁。自命不凡的确定性已经给极度的不确定性让路。在物理学、化学与数学（代表性成就分别是量子力学、熵、统计学）的多个重大进步后，原有的秩序范式已经一蹶不振，瓦莱里将这种情况描绘为混沌无序的文化（culture of disorder and chaos）。如果这个年代能被描绘为"完全是由科学建构"的年代，那么这个年代也可以被视作被科学彻底解构的年代。

这就是瓦莱里在 1933 年传达的信息。有一点是不容置疑的，那就是新科学已经对有着极其确定性的旧科学来了个釜底抽薪。它已经将这种确定性的基础分解为纯粹的统计概率和认识论的不确定性。1927 年，海森伯用他的不确定性原理证明了微观物理学面临的新不确定性，这种不确定性不仅仅是测量工具不足的结果，它还铭刻在自然界本身之中。

---

[5] Carl Snyder, *The World Machine*, 引自：Hayes, *A Generation of Materialism*, p.108.

不确定性原理已通过实验证明并以数学术语表达。正如我们将看到的，瓦莱里在 1933 年诊断出的因果关系危机是由以量子力学为主体的新物理学的明显不可确定性引起的。

我试图将柏格森的思想置于这种节奏（cadence）之中：一方面，人类对科学的功效及其对物理世界的可见主宰（mastery）感到惊奇；另一方面，人类还有一种深刻的危机感，不仅因为欧洲意识到自己再次走向战争，而且因为这改变了世界的主宰，其基础似乎已经脱离了世界，并让世界陷入混乱。

因此，柏格森的生活和工作处在两个时刻之间。一个时刻自信地假设了一个有序的、机械的世界，而且这个世界会进一步屈服于我们对它的主宰。另一个时刻则给人一种不确定性的体验，这种体验不仅构成了物理世界的某种数学知识，而且也包括世界本身的主要特征，正如瓦莱里的文章所揭示的那样，随之而来的是价值观、语言和社会生活的不确定性。在这两个时刻之间，发生了巴什拉随后所谓的"认识论上的断裂"。[6]

从力学的确定性到不可确定性焦虑的转变标志着历史性的裂纹。柏格森的思想正是在这次突破的裂纹线（fault line）上产生的。他在这个断裂中前顾后盼，产生了自己的思想。正如瓦莱里所说，这个"突出的科学危机"不仅影响了我们的所知和不知，而且唤起了一种新的思考方式。这就是柏格森所提供的思考方式，这也就是为什么今天我们仍然对他的思想感兴趣。

事实上，这种混乱（dislocation）或认识论上的断裂（epistemological break）不容易以线性方式绘制出来。我们需要用柏格森的术语将这种混乱视为按不同的时间节律持续和收缩的过程。正如我们将看到的，即使是力学秩序的支持者在最隆重地庆祝这种持续的胜利的时候，机械秩序 18 的根基也已经开始塌陷。

用哲学术语来说，世界的力学模型以及对于这种模型的确定性立

6　Gaston Bachelard, *Formation of the Scientific Mind: A Contribution to a Psychoanalysis of Objective Knowledge*.

场，可以让我们追溯到笛卡儿，而笛卡儿也正是柏格森在《论意识的直接材料》中的主要对话者（interlocutors）之一。笛卡儿认为人类的思想是"由上帝构成的，以便当心理在数学上构想物质时享受对物质的完全确定性"。[7]正如一位评论家所说，对于笛卡儿来说，"物质和数学是为彼此而生的"。[8]笛卡儿设想了一种数学物理学（mathematical physics），据此可以通过几何原理来解释自然现象。物质被解释为具有空间广延的不同物体。物体的运动被测量为相对静止时候的位置发生的变化，因此这种运动可以被准确地测量。人体被比作一台机器："我认为身体只不过是一座雕像或一台机器。"[9]笛卡儿写道。这就引出了自动化（automatic）这一主题，而柏格森的作品始终离不开这个主题。柏格森的第一部著作《论意识的直接材料》将有力地挑战这种在 19 世纪 90 年代末仍有很大市场的笛卡儿式世界观。

机械论的世界观是由牛顿建立的，他将伽利略的实验方法系统化并发现了普遍的自然规律。牛顿那部名著的标题《自然哲学的数学原理》[10]重申了伽利略充满自信的格言："自然是用数学符号写成的。"[11]牛顿将从被观察的现象到普遍运动定律的推理过程合法化，而这些普遍定律是惯性、"作用力和反作用力相等"以及"加速度与力成正比"三大定律。在此基础上，一种机械论哲学开始占据主导地位，根据该哲学，"世界的现象是由物质各个部分的力学属性在物理上产生的，它们根据力学定律相互作用"。[12]柏格森在牛顿体系中发现了一种"奇异的无时间性"（strange timelessness），它与我们对时间的生活经验不相容。我们变老，我们经历（become）。[13]时间为我们而运动，而且只有一个运动方向。

19

7　Tom Sorell, *Descartes,* pp.3–4.

8　Ibid., p.4.

9　Descartes, "Traité de l'homme", in *Œuvres et lettres*, p.807.（本书作者译。）

10　Isaac Newton, *The Principia: Mathematical Principles of Natural Philosophy*, trans. Andrew Motte and Florian Cajori.

11　引自：Isabelle Stengers, *L'invention de la mécanique: Pouvoir et raison*, vol. 2 of *Cosmopolitiques*, p.83.（本书作者译。）

12　Robert Boyle, "About the Excellency and Grounds of the Mechanistic Hypothesis", in *The Works of the Honourable Robert Boyle*, 4, pp.68–69.

13　引自：David Ray Griffin in *Physics and the Ultimate Significance of Time: Bohm, Prigogine, and Process Philosophy*, p.11.

　　为了从柏格森的角度跟踪科学发展，我们可以先从牛顿开始跟踪到拉格朗日。拉格朗日将物理的力学翻译成一种正式、理性的语言。通过对力与加速度之间关系的分析，拉格朗日在用数学将物理学形式化的道路上更进一步。[14] 柏格森会争辩说，科学让我们以符号为中介来认识世界，这些符号固化了我们在时间流中所体验到的东西，毁坏了我们对实在的感觉。他继续论证，日常语言只会加强由数学形式语言建立的世界观，而且这些符号的表现模式都会干扰我们把握实在的时间性质的能力。它们摧毁了我们对绵延的感觉。

　　拉格朗日将抽象的"功"概念引入物理学，这是测量从一个物理系统到另一个物理系统的能量转化的原理。正如伊莎贝尔·斯唐热（Isabelle Stengers）和拉格朗日所写的那样，去了解"就是去建构，而拉格朗日的建构并没有按照在时间的过程中的空间变化来定义变化"，正如伽利略和牛顿所设想的那样；相反，变化"是根据物体运动耗费的'距离'来定义的，我们以后将从一个状态到另一个状态的'耗费的距离'称为'功'……就拉格朗日而言，时间演化本身将服从这种等价性逻辑"。[15]

　　拉格朗日的数学将力学转化为一种计算。这强化了将物理过程视为可逆过程的趋势（早在牛顿那里就存在着这种趋势）。在几何学术语中，如果我们描绘从左到右的运动，我们可以将其重新表述为从右到左传递。在代数层面，方程式是可互换的。然而，就物理过程在这样的形式化系统中被概念化为可逆过程的这一点而言，它们被思考成无时间性（timeless）。柏格森反对这种观点，肯定不可逆时间的动力本体论（dynamic ontology of irreversible time）。他的哲学立场符合我们的常识经验：没有人返老还童，尽管生物技术行业中的人们肯定正在为此努力。

　　将科学方法形式化为普遍计算，这促进了机械思维的模型和方法的扩展，超出了物理或自然科学的范围，并在 19 世纪下半叶促进了社会 20 科学的发展。事实上，柏格森接受教育并开始写作的时期恰逢社会科学出现和迅速建制化（institutionalization）：法国人仍然乐观地将科学称为

14　参见：Stengers, *Cosmopolitiques*, vol. 2, chap.3.
15　Ibid., p.63.

以前广为人知的"人文科学"（sciences humaines），甚至更乐观地称之为"人道主义的科学"（sciences humanitaires）。正是在这一时期，很多在学术生涯早期是哲学家的知识分子（intellectuals），最终转变为在一门新建立的实验社会科学领域中的专家。[16] 在柏格森任职期间，法兰西学院设立了实验心理学和社会学教席，埃米尔·涂尔干被任命为索邦大学社会学教授。

技术改变了现代生活的面貌，科学方法在短时间内不断发展，越来越具有权威性，科学方法被应用于数学与自然科学之外的其他研究领域中。物理科学的机械认识论被概括为理性主义思想的范式，其应用范围似乎是无限的。被称为实证主义之父的奥古斯特·孔德（Auguste Comte）试图将这些应用系统化。他在1839年出版的《实证哲学课程》（Cours de philosophie positive）中提出了六门纯科学（数学、天文学、物理学、化学、生理学和社会学）的结构，他认定"具体科学"（例如地质学）与纯科学大为不同，这些"具体科学"是从纯粹的科学中借用了它们的研究方法。[17]

实证哲学（或实证主义）是所有遵循科学方法，从观察中获取知识的方法的总称。奥古斯特·孔德提出了一种实证主义，他声称其目的是"通过建立人类发展（社会和智力上发展）的一般规律来完善并协调（co-ordinate）自然哲学"。我们可以从孔德的这份引以为豪的宣言中体会到这项事业的思想野心以及追求中得到的满足感，这份意言值得全文引用：

> 既然人类历史第一次被作为一个整体来进行系统的思考，而且
> 我们已经发现，人类也和所有其他现象一样，服从恒定的规律，因
> 此现代科学的准备工作在这时就全部完成了。所有的知识现在都被
> 纳入自然哲学的领域。长期以来一直仅在较简单的无机物质现象中

21

---

16 费希纳（临床心理学的创始人）和里博特（法兰西学院临床心理学主席）都是如此。

17 孔德提供了他的课程的示意图或概要图（tableau synoptique），阐述了数学、天文学、物理学、化学、生理学以及他所谓的"社会物理学"（physique sociale）之间的等级关系。参见：Auguste Comte, *A General View of Positivism*, trans. J. H. Bridges, p.36. 下文在引用这个版本时简称为"Comte"。

应用的实证主义精神现在已经度过了艰难的试用期。实证主义已经扩展到更重要、更复杂的思辨中去了，并使它们永远免受所有神学或形而上学的影响。因此，我们所有的真理概念都变成同质性的，并立即开始汇集于一个核心原理。一个坚实的客观基础得以建立，其目的是使人类的生活方式变得完全协调一致，而所有合理的哲学都倾向于这种协调一致。[18]

康德对独断论的形而上学（这种形而上学自称获得"绝对"的知识）的批判使关于现象的相对知识合法化。根据康德这位批判哲学家的说法，这种相对知识通过空间和时间的先验（a priori）条件先验地（transcendentally）建立。得益于康德，思想机制为知识提供了保障。新康德主义为实证主义这种独特的现代思想文化提供了一个认识论基础。当柏格森决定成为一名哲学家时，新康德主义是法国大学系统中的主导思想。正如书名所暗示的那样，柏格森的第一部重要哲学著作《论意识的直接材料》对康德进行了有力的批判。[19]

今天，我们深陷实证主义的意识形态之中，以至于几乎看不出这些是意识形态。定量化和测量方法主宰了越来越专业化的社会科学研究。然而，在 19 世纪的背景下，实证主义是一种进步的立场。它意味着知识的彻底世俗化，并带来了摆脱形而上学的教条主义迷雾的希望，也带来了摆脱宗教迷雾的希望。

这就是欧内斯特·勒南（Ernest Renan）在《科学的未来》中提出的观点。因为勒南的科学概念包括语言学和历史，所以比孔德的科学概念更广泛。对于勒南来说，所有这些知识分支代表的是"理性必须统治世

18　Auguste Comte, *A General View of Positivism.*, pp.35, 37–38.
19　康德正好反对柏格森的直接经验概念，这是因为他坚信所有经验都是由先验感性论（transcendental esthetic）中的先验条件来调节的。柏格森对直接材料（données immédiates）的诉诸是对康德的一个有力挑战。这就是将这部原著的法语版书名翻译成英语版的《时间与自由意志》是一个不幸选择的原因之一。在这个翻译过程中，柏格森对康德的颠覆之意在英文版书名中已经消失不见。译者注：esthetic（esthetic 也拼作 aesthetic）在一般情况下可译作"美学""审美"，但 esthetic 在康德哲学中应译为"感性论"，因为康德是从 esthetic 的拉丁语语源的意思使用这个词的。

22　界"的观点。[20] 对于勒南来说，"只有科学才能提供生命所必需的现实基础"。最广义的科学概念体现了勒南的现代精神 (*AS* 17)。[21]

　　勒南的愿景（与孔德的愿景一样）是"科学地组织人类"——"这是现代科学的定论"（*AS* 37），他高兴地宣布。这里的关键预设是从机械论世界观中借来的，源自牛顿哲学："自然就是理性，它是不变的。"（*AS* 37）他写道，实证理性主义是"男性和坚定的"（*AS* 48），而唯心论则意味着"软弱、谦逊、女性化的本能"（*AS* 51）。这些性别立场将与随后关于柏格森主义的争论联系在一起，柏格森主义将被视为唯灵论（spiritualism），并被一些批评者斥为"女性化的"。[22] 尽管意识形态上的敌人表面上是宗教和唯心论，但勒南最终将宗教的形象挪用到科学上，庄严而权威地得出结论："科学因此是一种宗教。"（*AS* 108）

　　在社会科学的这种现代理性主义者的实证主义文化中，发展最快的领域之一就是实验心理学。这个领域发生了巨大的变化，使其与该学科当今许多趋势保持一致。这一时期出现了行为主义和联想主义心理学，也建立了心理物理学模型和在心灵与大脑之间关系的理论，我们现在用认知科学的语言称其为"二重一元论"（dual aspect theory）。[23] 在实证主

23　义中，主观状态是根据物理状况来解释的。奥古斯特·孔德、费希纳、

20　Ernest Renan, *L'avenir de la science: Pensées de 1848,* p.26. 在后文中，我将对这一文献的引用（我自己翻译的引文）简称为 *AS*。

21　勒南写道，"现代精神是一种反思理智"，参见：*Avenir de la science*, p.6. 他也将科学文化视为"现代文化"，并将科学与超自然领域（supernatural）对立起来。参见：*Avenir de la science*, pp.47, 48. 康德将实证主义的支持者视为"人类中的先锋派"。参见：Auguste Comte, *Système de politique positive*, p.149.

22　参见我的：*Literary Polemics,* chap. 7.

23　关于联想主义的探讨，参见：Keith Ansell Pearson, *Philosophy and the Adventure of the Virtual: Bergson and the Time of Life,* p.181. 托马斯·内格尔将"二重一元论"定义为"源于斯宾诺莎的理论，即心理现象是一种状态的主观方面，而这种状态也可以进行物理描述"。参见：Thomas Nagel, *Other Minds: Critical Essays, 1969—1994,* p.105. 它暗示着身心之间的平行运作。内格尔在 *Other Minds* 中与塞尔（John Searle）的讨论提醒我们：柏格森的《物质与记忆》与我们的今天有很紧密的关系。在约翰·洛克的经验主义哲学传统中，他试图证明所有知识都来自感官知觉，在这种哲学传统中，心理物理模型（psycho-physical model）提出可以根据身体反应来测量心理状态。参见：John Locke, *An Essay Concerning Human Understanding.* 这一传统（洛克、密尔、贝恩〔Alexander Bain〕等）以哲学反思为导向，对知觉和心灵的各种机能的功能进行反思；生理学实验科学的发展（尤其在 19 世纪由于克劳德·伯纳德〔Claude Bernard〕的研究工作得以发展迅速）对这种经验主义视角的各种衍生理论有各种影响。

依波利特·丹纳（Hippolyte Taine）和 泰奥杜尔·里博特（Théodule Ribot）的工作为实验心理学和认知科学开辟了道路。

1837 年，孔德发表了一篇论文，名为《关于智力和道德或大脑的功能的实证研究的普遍思考》（"Considerations générales sur l'étude positive des fonctions intellectuelles et morales ou cérébrales"［"General considerations concerning the positive study of intellectual and moral, or cerebral, functions"]）。[24] 这个论文名称的显著特征是"道德或大脑"这种表达，其中隐含的两者之间的等价性。在这种情况下，心理学事实上变成了一种道德生理学（physiologie morale），而人类心理学转变为"仅仅是动物生理学的一个延伸"。[25] 孔德的心理学宣布了"一种物理学理论的形成，它包含解剖学观点和生理学观点的结合"。[26] 正如我们将要看到的那样，这是柏格森在《论意识的直接材料》和《物质与记忆》中将明确挑战的立场。

实验心理学领域发展迅速。到 1861 年，布罗卡（Broca）已经证明失语症可能与特定位置的脑损伤有关。[27] 卡尔·韦尼克（Carl Wernicke）24 迅速将这项工作扩展到与其他大脑位置相关的其他类型的失语症。受到

24　*Cours de philosophie positive*, p.530.

25　Ibid., p.534. 孔德坚持说："真正与他们所在的那个世纪保持同步的每个人都知道……生理学家今天对精神现象的看法与他们对其他动物现象的看法完全相同。" *Système de politique positive*, p.148.

26　Ibid., p.149.

27　弗洛伊德当然也受到这些发展的影响。弗雷德里克·沃尔姆斯写道：柏格森"与弗洛伊德共享一个认识论领域"，*Introduction à Matière et mémoire,* p.182（本书作者译）。弗洛伊德的"科学心理学计划"（Project for a Scientific Psychology，1895 年）根据神经元相互作用描述精神活动，就是在这种他与柏格森共享的语境中出现的。弗洛伊德还写了一本关于失语症的专著，其中他肯定"精神活动（psychical）是一个与生理活动平行的过程"，*Standard Edition,* 14，p.207。根据托马斯·内格尔的说法，弗洛伊德是一个"老谋深算（sophisticated）的唯物主义者"，他"相信即使是有意识的心理过程也是大脑中的物理事件，尽管我们目前对它们的物理特征几乎一无所知"。他补充说："弗洛伊德坚信作为大脑的一种功能的心灵是生物发展的产物，其结构受易进化的影响，任何阅读他作品的读者都应该明白这一点。"参见：*Other Minds,* pp.27, 37. 关于以还原论方式强调这种视角的研究，请参见：Frank Sulloway, *Freud the Biologist of the Mind: Beyond the Psychoanalytic Legend.* 内格尔承认，过分强调弗洛伊德思想的这一方面会导致一种还原论的解读。最近法国对弗洛伊德的解读拒绝了这种还原论。有关弗洛伊德和柏格森之间联系的微妙分析，请参见：Frédéric Worms, "Le rire et sa relation au mot d'esprit: Notes sur la lecture de Bergson et Freud", *Freud et le rire,* ed. A. W. Szafran and A. Nyseholc, pp.195–223.

这些发展的鼓舞，丹纳呼吁现在将科学心理学方法直接应用于人类灵魂。他宣称：

> 科学最终与人接近，开始探讨人的问题；它已经超越由星星、石头和植物组成的可见和可触知的世界，之前它是屈尊其中，现在它要挑战灵魂问题，因为配备了精确而具有穿透力的仪器，其测量之精，探究之广，已经由它们三百年的经验所证明。[28]

丹纳坚持认为，现在可以将"所有生物"纳入"必然性的钢钳"的范围。[29]

丹纳写道，心理学已经成为"一门关于事实的科学；人们可以准确而详细地描述一种感觉、一种想法、一种记忆、一种预感，与描述一种振动或一种身体运动一样"。[30]丹纳在这里暗指古斯塔夫·费希纳于1860年出版的一部开创性的实验心理学著作（德语版）。学术界公认费希纳发明了心理测量学的理论和技术，从而为现代神经科学奠定了基础。在1860年出版的《心理物理学的元素》（*The Elements of Psychophysics*）中，费希纳比较了心灵的测量与物理学和天文学中的测量。[31]他提供了一个数学公式，指出"物理刺激的相对增量与人体感觉的增量成正比"。[32]对柏格森而言，重要的一点是费希纳准备测量精神状态本身（其强度），而不仅仅是测量激发身体内在反应的物理刺激量。这就是科学试图触及灵魂的地方。

25　　费希纳的心理测量学将成为柏格森在《论意识的直接材料》中批判

28　引自：A. E. Pilkington, *Bergson and His Influence, a Reassessment*, p.219.

29　Ibid.

30　Taine, *De l'intelligence*, (Paris: Hachette, 1870), 1, p.4. （本书作者译。）

31　Gustav Fechner, *Elements of Psychophysics*, trans. Helmut Adler, pp.55–56. 费希纳也写道："心理测量的建立是外部心理物理学的问题，其最直接的应用也属于这个领域。然而，进一步的应用和推论必然会影响内在心理物理学（inner psychophysics）的领域，从而为这些测量方法带来更深层次的意义。知觉对刺激的数量依赖最终可以被解读为知觉对直接作为知觉基础的身体活动的依赖——简而言之，这是心理生理过程。对于这种解读，有必要确定内部运动对刺激的相对依赖性。这将是有可能的：以精确的方式来进行所有这些研究，且这些研究从长远来看可以实现定量测量。"

32　Ibid., p.54.

的主要目标。柏格森并不质疑费希纳研究的准确性，甚至不质疑这种研究在某些有限领域的有效性。但柏格森确实挑战了费希纳的临床和理论项目的哲学含义，并质疑其基本假设之一，即心理事件本身是可以被测量的。换句话说，面对社会科学新采用并应用于人类灵魂内部运转的科学方法中的严格决定论，他对费希纳的工作对自由或不确定性问题的影响进行了挑战。对于柏格森来说，费希纳的心理测量学有可能将人简化为身体，沿着笛卡儿的人体机器（human machine）的路线进行机械论解释。

　　费希纳在 19 世纪进行的那种研究如今在认知科学和有关人工智能的研究中得到了大量使用。[33] 我们开始听到关于机器的思考能力超越人类的思考能力的说法。关于后人类或机器主义（machinism，指人类社会充满了机器或极其依赖机器）的话语已经出现。[34] 然而在柏格森时代，实证主义是人文主义的话语模式，是将科学尽可能应用到其他学科的计划中。勒南在《科学的未来》（*L'avenir de la Science*）中写道：“我们必须将科学推至极限。”（*AS* 31）对于勒南来说，这将是人文主义的终极目标。他写道：“我相信未来的宗教将是纯粹的人文主义，即对人类的一切的崇拜。”（*AS* 101）人文主义是人类完全统治世界的梦想。勒南期待着“物质世界将完全受人类支配”（*AS* 80）的那一天的到来。当然，我们现在应该快达到这个目标了！

　　勒南的人文主义是一种进步的话语。“过去一切都被认为是存在物，”勒南写道，“现在一切都被认为是处于一种生成的过程中（in the process of becoming）。”（*AS* 183）我们的决定论者榜样在这里怎么会听

33　如果你在线查看 http://neuro.caltech.edu/，会找到 Shimojo Psychophysics Lab 的网站，并看到费希纳（在一个多世纪前）开始的研究项目，现在依旧在积极推进，这个项目涉及感觉阈值（sensory thresholds）、检测理论（detection theory）与信息处理（information processing）的研究。关于当代与“心理事件”（mental events）的哲学地位相关的辩论，请参见 Vincent Descombes, *La denrée mentale,* pp.105–119，以及本书随后关于人工智能的章节。Descombes 的书已有英语版，书名为 *The Mind's Provisions: A Critique of Cognitivism*, trans. Stephen Allan Schwartz。另外也可以参见 Jean-Noël Missa, *L'esprit-cerveau: La philosophie de l'esprit à la lumière des neurosciences*，从现代认知科学的视角批判了柏格森。

34　比如可参见 Friedrich A. Kittler, *Gramophone, Film, Typewriter*, trans. G. Winthrop-Young and M. Wutz; Paul Virilio, *L'art du moteur*, and *The Politics of the Very Worst*。

起来如此像柏格森？因为在实证主义的混合物中还需要添加另一个元素：生物学和进化论的观点。

赫伯特·斯宾塞将机械原理应用于生命过程本身，使孔德的实证主义体系前进了一步。他的进化论是一个关于生命本身和生命形式的进步故事。在斯宾塞的努力下，进化与新的社会学科学相遇，矛盾的是，进化也与机械哲学和决定论相遇。斯宾塞的综合哲学将生物进化模型扩展到其他知识领域：哲学、认识论、心理学和社会学。它提出了一种生物学知识理论，根据该理论，我们的概念是通过适应环境的过程而形成的。[35] 斯宾塞宣布，这种适应随着牛顿物理学的出现而完成。牛顿为自然科学提供了规范各个外部现象之间相互作用的普遍规律。同理，联想主义心理学（费希纳与丹纳）建立了心理事件之间的合法关系。斯宾塞的综合哲学通过进化适应的概念将这两组法定关系联系起来。现代科学（在勒南美化的意义上）标志着人类智能进化的顶峰。正如斯宾塞所说："上个世纪（19 世纪）的力学代表了人类思想逐渐调整以适应现实结构的适应性过程的最后阶段。"[36] 因此，实证主义的理性主义被认为是进化发展的顶点，即进化史的终结。

生命从进化的角度被定义为一个适应过程，斯宾塞根据从简单到复杂的关系（即从同质到异质的关系）不断进行的有规律发展来解释这一过程。斯宾塞认为，所有自然和社会发展都反映了法律的普遍性。正如存在运动规律决定世界上事物之间的关系一样，社会世界中也存在着决定人类生存方式的生命规律。对斯宾塞来说，科学是"有组织的真理体系，不断增长，不断消除错误"，从而产生"真正的启示，即对宇宙既定
27 秩序的持续揭示"。[37] 斯宾塞的语言与勒南关于科学宗教的修辞是一致的。

斯宾塞的进化哲学（在查尔斯·达尔文的《物种起源》出版之前）的一个关键特征是让-巴蒂斯特·拉马克（Jean-Baptiste Lamarck）后来为科学界所否定的获得性特征遗传理论。这是斯宾塞进化机制的一个核

---

35 柏格森保留了斯宾塞的这一元素。它成为《创造进化论》的核心原则，然而这部作品是一部反驳斯宾塞的著作。

36 Milič Čapek, *Bergson and Modern Physics*, p.10.

37 Herbert Spencer, *First Principles*, p.17.

心特征，对他的进化心理学有影响。因此，对进化过程中发生的变异是根据对物理世界不断变化的状况的功能适应来解释的。对于更复杂的人（人类），渐进式适应意味着将内在的心理过程（主观关系）调整为外部世界（客观关系）。对于斯宾塞来说，进化意味着这两组关系之间的渐进对应。

我们可以看到，这种观点对心理学和认识论都具有重要意义。它强化了联想主义心理学的观点，即心理联想是由触发它们的外部事件的重复发生而形成的。它还强化了心理物理学（费希纳）的立场，该立场认为，内部事件可以还原为物理原因或附属于大脑中的功能位置。

换句话说，斯宾塞的综合哲学和他的进化适应概念预设了将心理特征与物理特征相对应的联想主义前提。他坚称，当世界上产生其自身的事物或事件反复一起发生时，观念就会在我们的头脑中联系在一起。在拉马克的获得性特征的遗传理论的基础上，斯宾塞在后来以社会达尔文主义而广为人知的话语中将这种联想机制从个体扩展到种族："这种重复发生的结果在个体的继承中积累；联想的影响应作为神经系统的变异而传播。"[38] 那么，在斯宾塞身上，我们找到了机械论模型最有雄心的扩展，它不仅适用于丹纳所设想的主观体验，而且也适用于生命本身。

柏格森最初对斯宾塞着迷，但随后他开始认真思考时间问题。这时他突然想到，斯宾塞提出了一种能够使时间固定的进化论！甚至生成的哲学（进化）也为静态的机械论分析所包含。从柏格森的角度来看，斯宾塞对进化的描述只是回顾性地思考了它；然后，它根据柏格森所说的"牛顿世界中奇异的无时间性"（strange timelessness of the Newtonian world）机械地重建了进化。[39]

柏格森最终在《创造进化论》中对进化进行了非机械论的解释，这直接挑战了斯宾塞。但这正是我们一直在描绘的整个图景，即机械世界的图景和可以产生知识的实证科学系统，柏格森通过重新援引和取代继续挑战形而上学和科学之间的对立，这个对立在丹纳、勒南和斯宾塞的实证主义

38　Herbert Spencer, *First Principles*, p.470.

39　引自：David Ray Griffin's *Physics and the Ultimate Significance of Time*, p.11.

传统中已经得到充分的阐述。柏格森则尝试在生命体和无生命体之间划出一条批判的界线，而不是像康德那样在现象和本体之间划出一条界线。虽然无生命体是科学的适当对象，但柏格森认为，生物、意识状态和生命过程只能通过一种他称之为直觉的形而上学方法来认识。

威廉·詹姆斯钦佩柏格森"摆脱一切旧的范畴、否定陈旧的旧观念、从头开始（*ab initio*）重新定义事物并在全新的位置上设置分界线"的能力。[40] 但如果这种创新在某些方面没有引起人们的注意，那是因为它被还守着勒南、丹纳和斯宾塞的实证人文主义的当代批评家误解了。我们刚刚还听到斯宾塞宣称科学代表了智力进化的最高点，那么，对一位用直觉的观念来对抗科学大厦，同时以形而上学而非科学方法来求真的哲学家，人们怎么会当回事呢？

在逻辑实证主义的背景下，伯特兰·罗素指责柏格森像"宇宙诗人"[41] 一样推理，并与理智进行一场"血战"（war to the knife）。[42] "当他的哲学取得胜利时，"罗素写道，"可以预见的是争论就将停止，而理智将被催眠并沉睡于汹涌澎湃的直觉之海中。"[43] 如果说逻辑实证主义者感受到了柏格森思想的威胁，那么天主教会也是如此，其于 1914 年将他的三部主要著作《论意识的直接材料》、《物质与记忆》和《创造进化论》列入《禁书索引》，因为担心他的反智主义会导致怀疑主义和"人的本能的放纵"。[44] 人们担心"绵延的概念使上帝的传统观念陷入疑问"。[45] 上帝与科学似乎都反对他。"他身上有一种无法同化的特质，"吉尔斯·德勒兹在谈到柏格森时写道，"他是一个遭受如此多憎恨的人。"[46]

40　引自：Pilkington, p.21.

41　Bertrand Russell, *The Philosophy of Bergson*, p.33.

42　Ibid., p.13. 朱利安·班达是另一位从理性主义的视角对柏格森进行坚定批判的学者。参见：*La trahison des clercs* and *Sur le succès du Bergsonisme.*

43　B. Russell, *Philosophy of Bergson*, p.36.

44　Alexandre Papadopoulo, *Un philosophe entre deux défaites: Henri Bergson entre 1870 et 1940*, p.300.（本书作者译。）

45　Ibid.

46　Gilles Deleuze with Claire Parnet, *Dialogues,* p.22.（本书作者译。）英文版见：*Dialogues*, trans. Hugh Tomlinson and Barbara Habberjam.

　　"正是我的数学研究，"柏格森写道，"激发了我对绵延的兴趣。起初，这仅仅是我对力学方程中 t 值的某种困惑。"[47]柏格森将绵延的概念置于他思想的中心，并在科学哲学层面定位它。他在 1938 年写道，物理哲学"对我来说是必不可少的东西。……与我的绵延理论密切相关，而绵延理论则正好位于物理学迟早会出现的发展方向上。"[48]从这个角度来看，为反对柏格森而指责他的非理性主义和反智主义似乎完全是滑稽的，而且找错了对象。柏格森的知识面极为广阔，他在多个学科中都表现得极为出色，更重要的是，他接受过数学家的高级训练，并对硬科学的最新发展保持着极为浓厚的兴趣。他的思想与同时代硬科学的发展始终保持同步，这是他思想在今天依然如此有趣的部分原因。[49]这在很大程度上是因为在他的一生中科学发生了重大进展，而他作为一名训练有素的数学家和哲学家能够欣赏这些。[50]

<hr>

47　F. C. T. Moore, *Bergson: Thinking Backwards*, p.5.

48　Milic Čapek, *Bergson and Modern Physics*, p.xi. 正如伊莎贝尔·斯唐热（Isabelle Stengers）与其他学者提示的那样，柏格森在某种程度上预见了物理学的发展方向。参见：Ilya Prigogine and Isabelle Stangers, *Entre le temps et l'éternité*, pp.20–21, 195. 也可以参见著名物理学家德布罗意的论文："The Concepts of Contemporary Physics and Bergson's Ideas on Time and Motion," in *Bergson and the Evolution of Physics*, ed. P. Y. A. Gunter, pp.46–47.

　　"在柏格森对运动概念的批判和当代量子物理学的概念之间，有什么相似性吗？"德布罗意问道，"看来答案应该是肯定的。"参见：*Bergson and the Evolution of Physics*, p.52. 德布罗意继续提示道：柏格森早就预见了尼斯斯·玻尔（他在量子物理学的领域中对原子结构进行了描述）和海森伯（他在量子物理学的领域中阐述了不确定性原理）。

49　只要我们稍微看一下《物质与记忆》中最后一章的注释，我们就会相信柏格森对物理学发展的详细了解。我们找到了对麦克斯韦、法拉第和开尔文等人文献的引用。正是出于这个原因，本书将详细介绍这些发展。

50　柏格森不仅接受过数学训练，而且还曾经是一位成功的数学家。当他还是一个年轻的学生时，他就解决了帕斯卡无法解决的数学问题。在他很小的时候，这篇文章和另一个（证实他精通数学）的证据已公开出版。到他转向哲学研究时，他因为对投影几何学或拓扑学的一个问题的探讨而赢得了数学大奖赛的奖励（a prix du concours général）。据记载，当他告诉数学老师德波夫（Desboves）他想放弃数学转向哲学时，德波夫回答说："你本可以是一位数学家，但你将仅仅成为一位哲学家。"参见：Philippe Soulez and Frédéric Worms, *Bergson: Biographie*, p.121. 柏格森将微积分的发明描述为现代最重大的智力成就。他饶有兴趣地关注着亨利·庞加莱的著作。柏格森自己的一个思想门徒爱德华·勒·罗伊（Édouard Le Roy）本身就是一位著名的数学家，从事测绘学（topography）和集合论研究。勒·罗伊在 *Une Philosophie nouvelle: Henri Bergson* 中对柏格森的思想进行了有趣的阐述。一些后来的评论者，尤其是加斯东·巴什拉对柏格森的数学能力提出过质疑。菲利普·苏莱（Philippe Soulez）在这个问题上对质疑柏格森数学能力的人进行了反驳。他认为，鉴于柏格森在数学上受到的严格训练以及他对数学的兴趣，有理由相信柏格森一直都充分了解勒·罗伊研究的数学领域的最新动态。

"现代哲学的大师们，"柏格森在 1903 年写道，"都是吸收了他们那个时代所有科学发展的人。"[51] 柏格森是这些大师之一，他那个时代的科学非常有活力。一系列科学进步使得经典物理学模型的破裂成为可能。经典物理学模型在爱因斯坦的相对论和尼尔斯·玻尔根据量子理论对原子结构的解释中找到其表达。它通过对属于运动理论（涉及与气体分子运动相关的能量转换）、热力学（涉及热的物理过程）、电磁学的运动研究以及对光和放射性物质的研究，逐渐将经典力学模型推向突破点。

在柏格森的一生中，实验物理学以发现 X 射线、放射性和电子而自豪。实验研究中会出现热力学定律、原子物理学、量子理论和相对论。31 这些领域（核物理学、现代量子物理学、相对论）的现代阐述所需的基本拼图在 19 世纪末就已经成形，这并不夸张。这些部分都涉及柏格森最感兴趣的问题：运动（或时间）和过程。我们将努力尝试将这个拼图的各个部分拼接起来。

热力学

在 19 世纪 50 年代，一个称为分子运动学（kinetic theory）*理论的领域开始研究气体微粒的运动（基于自古希腊人以来就形成的原子理论的原始概念）以及固体、液体和气体之间的状态变化。科学家在对状态变化中的热进行研究的氛围中，逐渐发现了多个热力学定律。[52] 第一热力学定律（由卡洛 [Sadi Carnot] 早先阐述）即能量在转换过程中

---

51   Bergson, "Introduction à la Métaphysique", *Œuvres*, p.1432. 应该提到的是，有记录表明柏格森在法兰西公学院教授大会（Assemblée des professeurs du Collège de France）之前一再支持社会科学，当时这是一个决定具体职位任命的问题。参见：*Bergson: Biographie*, p.121.

*   译者注：物理学上在大部分情况下对原子或分子不加区分，都称作"分子"，分子运动学也包括"原子运动学"。

52   在 *Inward Bound: Of Matter and Forces in the Physical World* 一书中，亚伯拉罕·派斯坚持主张热力学定律是 1830 年至 1850 年间发现的。一些学者将第一和第二热力学定律的发现都归功于萨迪·卡诺。一些学者认定亥姆霍兹在 1847 年发现了第一热力学定律，他在那一年发表"论力的守恒"（On the Conservation of Force）。而其他学者将鲁道夫·克劳修斯归功为第二定律即熵定律的发现者。我的兴趣仅局限于说明这些科学发展发生在柏格森所处的年代。

保持能量守恒。第一定律支持经典物理学的封闭系统，这个系统成为我上面概述的以欧内斯特·勒南、丹纳与斯宾塞为代表的机械论人文主义（mechanistic humanism）的基础。然而，第二定律，即熵增定律（law of entropy）描述了能量在达到平衡的过程中的衰减过程，这条定律揭示出熵随时间增加。热力学第二定律表明，熵的物理过程是不可逆的，它是根据物理过程时间中的单向运动而进行的。它在这个意义上证实了不可逆时间的存在，而与经典模型相反，从而标志着关于物理性质或自然定律的早期描述的分裂。自拉格朗日以来，由于这些普遍定律的数学形式化依赖于几何，所以绝大多数定律已经用可逆（reversible）过程的形式语言来进行描述。也就是说（也预示了柏格森的论点），物理过程是根据空间而不是时间来考虑的。在空间模型上，运动被建模为可逆的：一条从 A 到 B 的线，也可以视作从 B 到 A。但当我们将一个理论描述转换为一个物理描述时，例如在热力学第二定律中，该过程是在时间中发生的。因而热力学第二定律也被称作时间箭头定律。[53]　32

　　但之后，数学很快又超越了时间之箭。1872 年，路德维希·玻尔兹曼（Ludwig Boltzmann）提供了熵原理的数学证明。他提出了一个定理（H 定理），将熵描述为能量衰退的一种度量。他的数学证明将观察到的物理过程又转换成力学的数学解释。约翰·约瑟夫·洛施密特（Johann Josef Loschmidt）向玻尔兹曼提出了一个问题：如果熵是一个不可逆的过程（人们从来没有观察到一个冷的物体可以自发地变热），你又怎么能宣称它可以从与可逆性定律相一致的模型中被推导出来？玻尔兹曼在 1877 年的一篇论文中回应了这一挑战：通过统计力学用数学概率来表达熵的主要特征，[54]这成为后来由此发展而来的统计力学领域的开始。玻尔兹曼首先用经典力学的概念来阐述熵定律，转而用统计学分析来进行阐述，但玻尔兹曼也因此使与心理时间的真实性相关的第二热力学定

53　Isabelle Stengers, *La thermodynamique: La réalité physique en crise*, vol. 3 of *Cosmopolitiques*, p.71. 在《物质与记忆》的最后一章，柏格森恰好是因为这一条件将物理学与数学进行了友好的对比。这不是没有可能的：柏格森已经把第二热力学定律牢记在心，这一定律通过数学公式将时间因素省略掉。

54　早在 19 世纪 20 年代，科学家就开始了关于振动运动的方程（equations for vibratory motion）的研究工作，而相关的数学就是在这个基础上发展完善的。

律变得晦涩难懂，而柏格森将把心理时间的真实性称为真实绵延（Real Duration）。

电子理论

当热力学和统计力学与电磁学发生碰撞时，我们就会接近微观物理学，即亚原子粒子的物理学。玻尔兹曼本人研究了与热和相变（phase change，也称作物态变化）相关以及与电磁学相关的问题，而热和相变问题属于分子运动理论与热力学领域。到 1872 年，他发现了能量束现象，随后马克斯·普朗克将这些离散的能量理论化为"量子"（quanta）。1892 年洛伦兹提出了带有电荷的物质的电子理论。[55] 我们那时已处于微 33 观物理学的边缘，开始建立相对论和量子力学。而柏格森这时还没有开始写《物质与记忆》。

在柏格森发表《论意识的直接材料》的几年前，同时发生在 1885 年的另一个物理学重大发展是能量的线光谱（energy line spectra）分析技术的发展。这些将有助于随后对原子结构的研究。虽然牛顿早就借助三棱镜这一光学实验工具探索了太阳光的光谱，但线光谱技术使得离散的能级（energy levels）区分成为可能。线光谱分析的过程是先加热气体，然后通过显示色线的光谱仪（spectroscope）来检测它们。这些线光谱标志着能级之间的差异，也显示着特定元素的印记或"指纹"。科学家随后将线光谱理解为描绘量子的轨迹与原子内电子的轨道状态。

到 1852 年，科学家们已经开始推测原子结构的性质。[56] 1885 年，约翰·巴耳末（Johann Balmer）确定了氢的线光谱。他的工作受到了极大的关注。1900 年在巴黎举行的国际物理学大会和法国的科研院所的会

---

55 这是第一个不需要以太的假设来作为电子的中介的理论框架。
56 "光是因为原子的振动而产生的，"一个同时代的人写道，"但振动不是来自原子之间的运动，而是来自它们自身的组成部分之间，其依照原子中的内在力进行振动，而这种内在力将原子的各部分结合在一起。"参见派斯对斯托克斯（Stokes）的引用：*Inward Bound*, p.75。他补充说，在那个年代，"分子"（molecule）概念 与 "原子"（atom）概念是可以互换的，所以斯托克斯在这个语境中实际上谈的是原子的内部结构。

议上都讨论了巴耳末的这一发现。[57] 光谱分析技术加速了新化学元素的发现。[58] 当玻尔在 1913 年正式对氢原子结构进行论证时，他实质上是从巴耳末停止的地方继续向前。

　　威廉·康拉德·伦琴（Wilhelm Conrad Roentgen）在 1895 年偶然发现了 X 光。这个发现轰动一时。巴黎的报纸立即广泛报道这个事件。法国科学院（Académie des Sciences）在当年 1 月 10 日的会议也详细地探讨了这个发现。[59] 在柏格森出版《物质与记忆》的 1896 年，亨利·贝克勒尔（Henri Becquerel）宣布了核辐射的发现。在与贝克勒尔进行了讨论以后，亨利·庞加莱（Henri Poincaré）在《法国普通科学杂志》（*Revue Générale des Sciences*）上发表了一篇半科普性质的文章；[60] 在另一篇文章中，他评论道："贝克勒尔父子（即亨利·贝克勒尔与父亲亚历山大·艾德蒙·贝克勒尔 [Alexander Edmond Becquerel]）开辟的道路，将通向一个无人想象过的新世界。"[61] 情况确实如此。

34

　　在 1897 年，开尔文勋爵（即威廉·汤姆森）发表了阴极射线（cathode ray）可发射电子束的实验报告。这个发现使得物理学直接与亚原子微粒联系起来，而且提供了促进这一领域的深入研究的技术。在第二年，居里夫妇提交了一篇论文，在论文中谈及"放射性是原子的一个性质"；[62] 放射性与关于原子的不稳定性更为详细的论述联系在一起，这将促使科学家对原子的内部结构进行进一步的研究。一年后，开尔文勋爵宣布发现了电子，在 1899 年英国和法国科学家们举行的一个联合会议上，他断言科学家已经可以分解原子，"发现电子的实验（Electrification）实际上已经涉及原子结构的分裂，原子的一部分（此处即电子）开始变得自由，并从最初的原子那里被分离开来"。[63] 这促进了之后的一系列重大发现：1900 年发现普朗克常数（Planck's Constant）；

57　*Inward Bound*, p.164.

58　Ibid., p.169.

59　Ibid., p.43.

60　*Revue Générale des Sciences* 7 (1896), p.52. *Inward Bound*, p.43.

61　*Inward Bound*, p.49, Poincaré in *La Revue Scientifique* 7 (1897), p.72.

62　Ibid., p.55.

63　*Inward Bound,* p.86.

爱因斯坦在 1906 年提出狭义相对论；玻尔在 1913 年根据量子分析对氢原子的结构进行的论述。

当玛丽·居里发现了新元素钋（polonium）与镭（radium）的放射性射线的时候，她将阐述能量守恒的第一热力学定律置于疑问之中。她写道："我们因此遇到了一个在没有能源的情况下可以发光的光源。这一点与卡诺的定律显然相矛盾。"[64] 我之所以提到这个看上去似乎不重要的细节，是因为正如我们将要在下文中看到的，柏格森也明确地质疑过能量守恒原理。当我们意识到，柏格森时代的著名科学家们都在质疑牛顿力学的这一基本规则（bedrock）时，柏格森的态度就显得不那么古怪了。直到 20 世纪 30 年代，尼尔斯·玻尔一直都在坚持质疑它。微观物理学可以反复检测到看上去是自发的、但无法解释的能量释放，这显然是对能量守恒定律的挑战。这些现象最终将通过例如中子和中微子这些新的亚原子粒子的发明（或发现）来解释。然而，在 1904 年（在柏格森《创造进化论》出版的三年前）庞加莱发表了一场关于"数学物理学的现在危机"的演讲，他在演讲中提出了同样的问题，特别是在谈到能量守恒出现的问题时，他写道："我们借此建立起一切的那些伟大的物理学原理可能会被相继推翻吗？"[65]

热力学、光谱分析、辐射——所有这些发现指向马克斯·普朗克的能量量子（energy quanta）概念，这将为相对论和量子力学理论开启大门。受到玻尔兹曼统计力学的启发，马克斯·普朗克开始了他在热力学领域的工作，探索着熵和概率之间的关系。普朗克在发现了辐射之后，又得益于最新的光谱分析技术，探索了与辐射过程有关的熵。简而言之，他探讨了固体物体在加热时发生的颜色变化。他致力于提供与能量分布相关的光谱的新的和更准确的测量结果。通过研究能量与辐射频率之间的关系，他发现"物质在实验中可散发辐射能量（热或光），但只

64　*Inward Bound*, p.111. 很多人认定卡诺是第一热力学定律和能量守恒定律的发现者。

65　Ibid., p.113. 在这个瞬间科学家打出"原子论"概念。派斯引用了 1903 年卢瑟福与索迪（Soddy）的论文，用以说明"潜藏在原子中的能力与普通化学反应释放的能量相比较是极其巨大的。……没有理由去假设这么巨大的能力储备仅保存于放射性元素之中，原子能总体上是（比化学能）数量级更高的能量，这看上去是可能的"。参见：Pais, *Inward Bound*, p.116.

能以离散的模块（chunks）来辐射能量，而模块是基本的能量数量（即量子）的整数倍"。[66]普朗克能够确定该常数（constant quantity）的精确数值，该常数后来被称为普朗克常数。他不仅证明了量子的能量交换不是连续发生的，而是以量子的形式不连续发生的，他还能够计算各种频率下的一个量子中所包含的能量。[67]事实证明，最重要的事情不仅仅是量子的概念框架（玻耳兹曼已经洞悉能量可以成束地聚集），也包括这一事实：随后的实验研究证实了他在数学上推导出的常数实际上是在亚原子级的物理过程中真实运转的。普朗克在 1918 年诺贝尔奖致辞中这样说道：

> 假如辐射定律是基于可靠的物理思想推导出来的，那么量子行为必须在物理学中起到一个基础作用，但这是一个全新的、从未听 36 说过的事物，我们似乎必须从根本上修正以往所有的物理学思维，自从莱布尼茨和牛顿建立微积分以来，我们的物理思维就是建立在接受所有因果关系的连续性这个基础之上的。[68]

而且，当普朗克继续确证时，实验实际上证实了爱因斯坦的观点。因果性定律（principle of causality）已悄然将自身处于悬疑之中。

爱因斯坦在 1905 年已经发现了光子（photon），他根据量子理论来描述光的特征。换句话说，光不能被简单地说成是波或微粒。

玻尔在 1913 年已建立了一种原子结构的理论，这种理论按照量子状态来描述电子轨道的特征。

德布罗意在 1924 年将光的波粒二象性假设拓展到所有的物质微粒中。[69]他断言："现在有着两种光的理论，每一种都是不可或缺的……但没有任何逻辑的联系。"[70]

66　Bernard Pullman, *The Atom in the History of Human Thought,* trans. Axel Reisinger, p.261.

67　Ibid.

68　Nobel Acceptance Speech, www.nobel-winners.com/physics/mas.

69　Pullman, *Atom in the History of Human Thought*, p.274.

70　Pais, *Inward Bound*, p.248.

普朗克的量子概念和玻尔对原子结构的量子解释提出了粒子位置的问题。在德布罗意的波粒二象性理论之后，埃尔温·薛定谔（Erwin Shrödinger）发明了波动学说（wave mechanics），修正了关于波动传播的论述，使之无需通过原子的量子结构来解释，而这种论述的发展早已与微观物理物质的基本粒子观有关。就波使现象非局部化（de-localize）这个意义而言，这是一个激进的行动，因为波携带能量但不携带物质。[71]

维尔纳·海森伯在 1927 年提出了测不准原理。自相矛盾的是，海森伯原本是准备提升直接观察在微观物理学中的重要性，不过他从事的工作却显示了直接观察在微观物理学领域中所固有的局限性，海森伯对此进行了形式化的阐释。海森伯发现，在亚原子水平上，观察或测量改变了科学家试图观察的实在。观察是需要光的。但在这个微观物理学的层面，光子的行为会干涉到粒子。当光子撞击电子后，光37 子使电子开始移动。海森伯在 1927 年阐述的测不准原理指出，我们不可能在同一时刻测量出一个亚原子粒子（例如电子）的位置和动量。

因为原子的尺寸极小，所以所有的观察或测量会干扰过程。不确定性改变了特征。这不仅仅是我们现在还不知道什么的问题，而且现在对于我们能知道什么也存在着客观的限制。不确定性原理引进了"一种基本的非决定论，这种非决定论正好隐藏在宇宙的本性中"。[72]

于是，我们进入了一个完整的循环，这个循环从 19 世纪 80 年代末广受认可的确定性开始，那时科学家们自信地假定在世界中再也没有无法用科学解释的奥秘了；而到了 20 世纪 20 年代和 30 年代，不确定性压倒一切。[*]正如我们已经看到的那样，瓦莱里在描述科学的一个"奇异的危机"的时候，他表达出极深的疑惑。我愿意回顾他的话，依照我们已经追踪过的科学发展来更仔细地审视他的话。他写道：

71　在《物质与记忆》的最后一章，柏格森概括了这些科学进步。

72　Pullman, *Atom in the History of Human Thought*, p.293.

[*]　译者注：构成了一个循环。

科学现在对保持它原来试图综合所有学科的旧的理想以及对宇宙进行解释感到绝望。宇宙正在被拆解，失去了用单一途径描绘的任何希望。无限小的微观世界看起来与大尺寸的宏观世界如此不同。在微观世界这里，即使是物体的身份也在消失，而且我还不想说……决定论的危机，也就是因果关系的危机。（*OC* 1037）

"宇宙正在被拆解。"在放射性衰变中能量退化的实验证据使得熵的问题变得更为尖锐。如果"宇宙正在失去一个单一图景的所有希望"，那么这是因为最近被提出的互补理论，这种理论坚持对物质有两个描述，基于粒子的描述与基于波的描述，但这两种描述基本上是彼此互斥的。[73] 因此，由于"无限小的微观世界看起来与大尺寸的宏观世界如此不同"，因此无法对真实世界给出一个统一图景。经典力学和量子力学之间没有有效的桥梁。"即使是物体的身份也在消失"，因为在波动力学中，物质有时会转换为能量。当我们探讨在运动中存在 38 的亚原子粒子时，我们无法确定它们的精确位置。我们所能确定的只是一个粒子在特定瞬间的概率位置。当然，这一切都导致了决定论的危机——"而且我还不想说……决定论的危机，也就是因果关系的危机。"

由量子力学的发现引发的"科学的单一性危机"，使得许多哲学问题（关于因果关系、不确定性和知识的局限性）必须接受学术探讨了。柏格森在19世纪80年代末开始通过"绵延"概念提出这些哲学问题。[74] 当时，柏格森觉得有必要在科学和哲学（或他所谓的形而上学）之间确定一个尖锐的批判边界，甚至尽管他后来认识到他对绵延的思考"处于物理学迟早会走向的方向"。在20世纪20年代和30年代，量子力学同

73　参见：Louis de Broglie, "The Concept of Contemporary Physics and Bergson's Ideas of Time and Motion", in P. A. Y. Gunter, *Bergson and the Evolution of Physics*.

74　普尔曼（Pullman）写道："由于所涉问题的性质，科学家们发现在不知不觉中探讨起超出严格科学框架、冒险地进入了传统上属于哲学家的领域。但这些科学家必须朝这个方向前进，因为他们实际上是对相关理论的概念和方法论有足够了解并有能力做出适当结论的唯一人选。"*The Atom in the History of Human Thought*, p.296.

样使这些问题成为科学界最重要的问题。[75]

对于康德来说，做科学研究意味着承认因果关系。在经典物理学中存在一个假设，即一个粒子的未来运动是可以确定或精确预测的，可根据该粒子现在位置和动量以及作用在其上的所有力来推算。[76] 根据牛顿的说法，"一切事物都按先后顺序排列；在空间中根据方位的顺序排列。……事物的起初位置应该是可移动的这一说法是荒谬的。因此，有绝对的位置，而在这些位置之间的平移，是唯一的绝对运动"。[77]

正如海森伯用不确定性原理证明的那样，在亚原子粒子的水平上不可能同时确定一个粒子的位置和动量。此外，对于波运动中的原子粒子，根本不可能确定单个粒子的位置。波动力使物质移位，在这种描述下，物质不再具有性质。因此，根据经典模型，不可能根据预测到的未来的影响来说明现在的状况。正如一位科学史学家所说："量子力学所做的事情……正是断言经典的因果关系不可逆转地消失了。"[78]

马克斯·玻恩明确指出量子力学在研究实践中对因果关系原理的挑战。"我们将力从直接确定粒子运动的经典职责中解放出来，取而代之的是让力来确定状态的概率。之前我们的目的是使这两个力的定义等价，但现在从严格意义上说，这个问题已经没有任何意义了。"[79]

那么在因果关系原理上，玻尔兹曼的统计力学和量子力学之间有什么区别？对于玻尔兹曼来说，统计概率是对我们获取知识的技术局限性的一种反应。例如，为了实际测量熵现象，我们必须获得海量的数据，但我们在技术上无法实现。而对于量子力学，概率被铭刻在物理世界本身的过程中，正如海森伯所确立的那样，它本质上在抵制微观物理层面上的精确测量。海森伯测不准原理的要点不是"我不知道什么"（what

75　Čapek, *Bergson and Modern Physics*, p.xi.

76　拉普拉斯最明确地阐述了这一点。

77　参见：Sir Isaac Newton, p.8. 我们还在这一页看到："以任何一个被认为不可移动的物体为坐标，我们从所有物体的方位和（与之的）距离来定义所有位置；然后，基于这些确定的位置，认定物体从一些位置转换到另一些位置，我们就可以推算所有的运动。"

78　Pais, *Inward Bound*, p.212.

79　在1926年的牛津大学的英国联合会（British Association）上，马克斯·玻恩朗读了一篇论文，其中谈到了这句话。引自：*Inward Bound*, p.258.

don't I know），而是"我不能知道什么"（what can't I know）。[80] 玻恩在因果决定论的问题上表达了明确的态度：

> 这里决定论的整个问题出现了。从量子力学的角度来看，对于［粒子之间］碰撞的单一事件结果，无法通过因果关系来确定其物理量。……我自己倾向于放弃原子世界中的决定论。[81]

　　1912 年，庞加莱断言"非决定论的科学根本就不是科学"。[82] 但是，当柏格森写到他的绵延概念"处于物理学迟早会走向的方向"时，量子力学理论正处于这个运动趋势上，这种趋势至少使得像马克斯·玻恩和玻尔这样的物理学家趋向非决定论。[83] 这当然也是柏格森第一部作品《论意识的直接材料》的关键所在。

　　我们必须在物理学的上述发展的背景下才能正确考察对柏格森提出的非理性主义指控。量子力学带来的危机中，最有趣的是物理学家和历史学家伯纳德·普尔曼（Bernard Pullman）所说的"词语短缺"

80　*Inward Bound*, p.262.

81　Ibid., p.257. 派斯补充说："个别事件不遵守因果关系的经典原则。"*Inward Bound*, p.329. 因果关系原理的物理等价性将是热力学的第一原理与物质守恒定律。我们可以回忆一下：辐射的发现促使居里夫人开始质疑能量守恒原理，因为辐射是从放射性物质中自发地发射出来的，并未受到任何外力作用。我们听到庞加莱重申了这一担忧。1924 年，尼尔斯·玻尔从量子力学的角度对物质守恒定律提出了质疑。关于辐射衰变，玻尔在 1936 年之前论证了能量不守恒的情况。他第一次声明这一立场是在 1930 年 5 月的一次演讲中。这是玻尔写给他的同事泡利的信："我正准备论述关于量子力学中的统计学和守恒，我希望在论述中给出令人信服的论据，以支持 β 射线辐射问题超出了能量和动量的经典守恒原理的范围这一论点。"玻尔写道："为原子理论的发展提供了准确指导的守恒定律将可能失效，这当然是一个非常令人不安的情况。"他进一步写道："正如在原子构成方面对物质的普通物理和化学性质所必不可少的解释意味着对因果关系的经典观念的摒弃，而用于解释原子核的存在和性质、更深层次中的原子稳定性的特征可能会迫使我们放弃能量守恒的理念。"更重要的是，玻尔断定"在量子跃迁中，能量守恒和因果关系仅在统计学意义上是有效的"。*Inward Bound*, pp.311–313.

82　Pullman, *Atom in the History of Human Thought*, p.293. 普尔曼补充道："除非科学家们已经准备好自我反驳，否则就真的只能拥抱决定论了，除此之外，别无选择。"

83　科学是一门测量的艺术。科学要求测量必须准确，并且要求对物质的所有性质进行测量。它暗示着采用客观手段，并假设自然世界应该是可以通过观察来认识的。这又意味着决定论。量子力学混淆了所有这些标准。海森伯不确定性原理和互补性原理（principle of complementarity）则提出了一种非决定论的观点。爱因斯坦坚持认为这仅仅是在长期探索真理的过程中的一个临时阶段。这场争论依旧在进行，也提出了新版本的决定论（例如，参见 Daniel Dennett）。然而，在评估柏格森和爱因斯坦之间的分歧时，我们应牢记爱因斯坦对决定论的承诺。

（shortage of words）问题。[84]

> 量子力学缺乏语言工具来表达它的全部内容。…… 互补性原则试图为描述原子现象的困境提供一种可能的解决方案，同时保留物理学的日常语言的使用。[85]

41   海森伯自己宣称："当我们越过了经典理论的这个范围之后，我必须认识到我们现有的词语不能匹配（亚原子层面）。它们无法表现物理学的现实。"[86]

正如我们在后来看到的更详细的内容那样，词语匹配问题也正是摆在柏格森面前的问题，尽管音调有所改变：如何用语言来论述绵延的哲学，当语言自身可以扭曲绵延的感受时。[87] 当考虑到柏格森将在哲学中诉诸知觉的时候，我们应该密切注意柏格森在将时间转换为语言的过程中对这一难题的分析，也应该记住在同时代的物理学领域中的"词语短缺"现象。[88]

我并未主张柏格森预见了物理学的未来发展。[89] 更简单地说，我试图展现当时的科学发展使柏格森把握住了现代物理学的发展方向。到1888 年，即柏格森在《论意识的直接材料》中介绍他的绵延理论的那一年，一些人仍在高唱科学确定性的颂歌，即使根据米利奇·恰佩克（Milič Čapek）的说法，"经典物理学的基础已经嘎嘎作响，开始动摇"。

84　Pullman, *Atom in the History of Human Thought*, p.298.

85　Ibid. 需要探讨的另一点是时间性对不确定性条件的影响。普尔曼在谈到海森伯测不准原理时写道："任何观察都是以牺牲掉过去与未来的现象发展之间的联系为代价的。"参见：*Atom in the History of Human Thought*, p.299.

86　Ibid., p.291.

87　科学危机同时也是其"词语贫乏"的危机，从另一面上暗示了哲学危机，其标志就是海德格尔哲学提出的"哲学转向"、哲学的解构实践和大部分分析哲学的狭窄焦点。

88　特别参见：Bergson's "L'intuition philosophique", in *Œuvres,* pp.1345–1363. 当莱布尼茨和庞加莱使用直觉概念时，"直觉"（intuition）概念被看作与"发明"（invention）概念有关。也可以参见我的论文："'The Zig-Zags of a Doctrine': Bergson, Deleuze, and the Question of Experience," *Pli* 15 (2004), pp.34–53.

89　德勒罗意在下列文献中也同样说明了这一点："The Concepts of Contemporary Physics and Bergson's Ideas of Time and Motion", in *Bergson and the Evolution of Physics*, ed.Gunter, p.52.

他补充说，"几乎没有人能猜到即将到来的科学革命这一远景"，这一远景"在遥远的视域中隐约可见……只有少数大胆而与众不同的头脑才能看到。而柏格森就是其中之一"。[90]

尽管柏格森在从早期作品到晚期作品中观点逐渐改变，但他从未否认对《论意识的直接材料》和《物质与记忆》的早期分析，即使在1941年去世之前，他也一直关注着科学中令人眼花缭乱的发展。

90　Čapek, p.x.

第三章 《论意识的直接材料》(《时间与自由意志》)

接受过数学培训的亨利·柏格森对他那个时代的科学发展非常感兴趣，而且完全理解科学和技术正在戏剧性地改变现代世界的方式。但他也看到科学构成了一种威胁，即科学试图超越其界限，并试图解释它永远无法理解的东西。我们可以测量事物、计算它们并对其进行预测，因为它们受逻辑和自然规律的支配——例如因果律和物质守恒定律。然而，柏格森坚持认为，如果我们将科学的思维模式扩展到自身，我们就会变得与其他事物一样。如果我们试图衡量和计算我们的感受，解释和预测我们的动机和行为，我们将变成机器人，而人类失去了自由、美、激情、梦想，我们将仅仅成为自己的一个幻影。

从柏格森的角度来看，这种威胁具体是由在他那个时代正在获得根基的心理学学派造成的。与著名的社会科学家古斯塔夫·费希纳（Gustav Fechner）相关的光度学（Photometrics）领域专家声称，可以测量感觉或感官效果。联想主义心理学家（Associationist psychologists）试图对我们的行为和动机进行理性解释，而且其解释方式与解释物理世界中的事件的方式一样。两者都采用心理物理学（psychophysics）的观点，即假设精神或心理状态可以用物理状态来解释，将思想还原到大脑。从柏格森的观点来看，这种观点意味着科学思想试图侵入灵魂的深处。43 它带来了一种决定论，有将主观意识状态进行客观化的风险，将人类降格为其他一般事物。我们可以说，这种观点的道德和政治后果已经在 20 世纪的两次世界大战中恶毒地得以显现。

那么，危在旦夕的是自由。对于柏格森来说，这意味着我们不是自动机，不能像台球一样在一套机械定律的约束下正常运作。我们是主动的，而不是被动的。柏格森《论意识的直接材料》的英译书名《时间与自由意志》有些误导读者，因为自由意志的概念可能暗示了与理性选择相当的东西，或者至少可以说，这种自由意志依附于一个统一的、理性的主体（unified, rational subject）。然而，要挑战决定论，却没有必要按照理性主体使世界服从于他的意志来实现他对外在世界的统治来解释自由概念。

柏格森著作的法文书名《论意识的直接材料》确实暗示着与英文版书名大不相同的含义。柏格森要求我们思考一种不需要通过语言或数量记号（notation）来进行调解的直接体验层次，这是一种对"真实"的体验，我们可以说是对符号化的抵制。柏格森就是这样来审视内在状态的；他将感受、感觉、激情等视为纯粹的性质，或者根据质的差异来看待它们。他反对决定论的论点遵循着一种对情动和感觉的论述。自由与理性或认知的力量无关，而是与绵延的直觉有关。我们几乎可以说，自由更接近于做梦而不是理解。

或许你已经察觉到柏格森所从事的事业的内在困难。当哲学自身是以话语方式进行论证时，哲学家如何探究直接经验？直接经验即无法通过语言或标记这样的传统符号表达的经验。柏格森对这个问题的回应是，让我们意识到通常如何谈论直接经验——我们对感受、感觉和情动的内在经验——然后向我们揭示这样做时，我们会自然地想到什么样的假设。最后，他以一种批判的方式继续，通过揭示直接经验不是什么样的以及是什么阻碍了我们对直接经验的感受来开始论证。

在《论意识的直接材料》中，柏格森力图教我们以一种哲学上严谨但肯定是非科学的方式思考我们的内在体验。他邀请我们重视有意识的生命体与其他事物之间的绝对差异，并教导我们区分适合有意识的生命体与适合其他事物的话语。这使我们开始反思空间和时间概念、知识的边界、自由概念这些问题，并最终反思存在（being）本身的问题。 **44**

《论意识的直接材料》首先诉诸常识和我们自己的经验。开篇第一章让我们反思一些情形，并邀请我们构想我们是怎么样感知事物的，以及反思我们以前是如何习惯性地思考和谈论我们的感受的。直到《论意识的直接材料》的结尾，柏格森才明确谈及康德，康德和约翰·洛克都被认为是经验主义哲学话语的创始人。至此我们才知道这本书对康德进行了严格的批判，而且论证过程的每一步都紧跟着康德思想的轮廓，但对康德的思想进行了全面彻底的批判。因此，我们绝不能被柏格森对隐喻和实例的策略性使用迷惑。他的论证是严谨的哲学论证，其中的每个图像，每一次诉诸我们的想象力和感观表达，都是为哲学目的服务的。

第一节　《论意识的直接材料》的第一章"论心理状态的强度"

柏格森问的第一个问题不是"什么是感觉"，而是"我们通常如何谈论感觉"。他观察到，我们通常所做的就是像谈论外部对象一样谈论感觉。当我们谈到内在经验时，会应用外在经验模型，即笛卡儿所谓的广延领域中的经验。这就是为什么我们通常将内在体验称为强度，然后继续比较或测量它们。我们说一种感觉比另一种感觉更强烈或平缓，就好像我们可以根据程度的差异来衡量或比较内在感觉。因为我们测量的是有广延的事物——世界上的事物——我们已经养成了测量强度的习惯。但这些感觉确实是纯粹的性质，因此不能转换为数量。当我们这样做，也是说话时通常这样做的时候，我们就与自己的经验失去了联系。我们变得与自己的经验疏远了。这种说话方式使人失去了对真实经验轨迹的把握，这是柏格森对这种说话方式进行批判的出发点，柏格森最终把真实经验的轨迹描绘成特定时间的一种展开模式。他将这种展开模式称为"真实绵延"（Real Duration）。

追踪差异

我们倾向于像谈论外部物体一样谈论我们的感觉。例如，我们说一种东西比另一种东西让我们感觉更热或更冷，一种噪声比另一种噪声更响亮，或者一种光更亮。这对我们的世界观以及我们对自身的观念意味着什么？它对我们的思维方式又意味着什么？

当我们说一种感觉比另一种更有力或更强烈时，我们假设可以像测量事物一样测量感觉。这张桌子有多长？两张桌子哪张更长？当我们以这种方式谈论自己的感觉时，不会将我们意识中体验到的东西，即一种主观体验与我们客观了解到的东西区分开。柏格森则要我们了解感觉的物理原因与获取感觉的方式之间存在着根本区别。

例如，柏格森提出，光和亮度之间存在根本区别。光是世界上的东西。我们可以通过烛光或千瓦等标准化单位来衡量。我们可以指向光源——太阳、蜡烛或灯泡。然而，亮度是指光对我们产生的影响。它指的是我们对那个光源性质的感觉。同一个光源可以产生不同的亮度效果，这取决于一个人的眼睛在那个特定瞬间的敏感度。例如，当眼科医生将某种眼药水滴入我们的眼睛时，眼睛会变得对光特别敏感。我们戴着墨镜离开办公室，以抵消眼睛暂时的过度敏感，尽管下午的光实际上可能比我们一小时前进入医生办公室时的光暗。因此，亮度与光不同。为了进一步阅读柏格森的文章，我们必须培养一项新技能：跟踪差异并记住它们。这就是柏格森的工作方法。

区分（1），数量告诉我们某种物体有多少。性质告诉我们物体给我们带来的感觉——明亮、黑暗、炎热、寒冷、快乐、孤独或美丽。区分（2），数量和性质的区别包括两种差异：**程度的差异和种类的差异**。

快乐

是否可以考虑纯粹性质？我们如何检查自己的内在感受，而不会将它们与外部原因混淆？柏格森建议我们考虑情感的体验，而不是感觉的体验，因为在情感这里，我们的实际感受不能归结为任何明确的外部原因，例如愉悦的感受、纯粹的内在愉悦。

这是柏格森的论述：

46

让我们尝试解释一下，在没有身体状态干扰的情况下什么是强度，一种会增长或增强的强度。例如，让我们以内心的愉悦或悲伤的体验为例。内心愉悦就像是激情一样，不是一种孤立的心理事实，即不是先占着心灵的一角从而逐渐向其他部分延展。在其最低的层次上，愉悦就像将我们的意识定向为面向未来。因有这个吸引

力，我们的观念和感觉似乎被免除了重量，于是以更快的速度奔涌
而出；我们的动作于是不需要原来那样多的力气。最后，在极度愉
悦的情况下，我们的知觉和记忆为一种不可言喻的（ineffable）性
质所渲染：这性质好比一种热或一种光，而且是那样新奇，以致在
某些特定的瞬间，……我们对自己的内心状态极为吃惊。因此，纯
粹的内心愉悦具有几种特别形式。这些形式个个都是一串陆续出现
的阶段，而这些阶段跟我们全部心理状态内在性质上的变化彼此相
应。同每个这种变化有关的心理状态虽可多可少，其数目总是很大
的。我们用不着计算这个数目，就可以知道是我们的愉悦渗透了我
们得到的一切印象，还是有某些印象未受到愉悦的影响。这样，我
们就在把两个先后愉悦形式隔开的空间中，画好一些格子，以便愉
悦从前一种形式逐渐转入后一种形式。这种逐渐转变使先后两种形
式变为同一情感的先后不同强度，从而使人们认为这一情感在数量
上起了变化。我们不难证明；悲伤的不同程度也跟性质上的变化彼
此相应。悲伤在其开始阶段仅仅是我们的意识开始重新朝向过去，
悲伤是我们感觉、观念的贫乏化，好像这些感觉或观念中的任何一
个都不属于它们已有的细微贡献，好像未来的发展在某种程度上对
我们关上了大门。悲伤在其最后阶段是存在感的被碾压，而这使我
们渴望虚无。（*EDI* 7［10-11］）

因此，内在愉悦的感觉不会在数量上增加或减少。它涉及一系列性
质的变化。当我们说我们的快乐增加时，意思是愉悦在改变并变得更丰
富，就像在管弦乐中旋律被不同乐器演奏时产生了变化一样。它并没有
越来越强烈，表现出程度上的差异，它仅仅在变化，产生了种类上的差
47 异。在其连续出现的阶段，它与其他精神能量接触，以各种方式对我们
的精神整体进行性质上的修改或着色。[1] 这就是柏格森所说的感觉的丰
富性，它涉及许多元素及其变化，它与单一感觉相关的强烈程度不同。

---

1 初看这些内容可能令人困惑。柏格森认为，当一种情绪在我们看来变得更加强烈时，就会出现
某种程度的增加。但这涉及他将在下一段中所说的"对新事物的渐进式干预"，而不是一个相同事
物的增长。

再次，柏格森要强调的区别是在"同一种感觉的程度差异"与"不同感觉在种类上的差异"两者之间，伴随着在种类上出现差异，感觉发生质变，新的元素进入感觉事件。

柏格森写作的特点是，他似乎是在偶然的细节中引入了论点的一个要素，该要素随后将具有重大意义，并将在以后获得相当长篇幅的阐述。[2] 例如在这里，柏格森把时间性（temporality）和节奏（tempo）引入了他对情绪体验的描述。他说：快乐的感觉涉及对未来的导向，伴随着我们心理活动的一种加速（accelerando），即"我们的想法和感觉流动得更快"。然而，悲伤的感觉涉及对过去的导向和心理活动的放缓，放缓到迟缓的程度。[3] 快乐是开始运动，悲伤是停止运动。因此，当柏格森选择通过舞者的形象来阐述纯粹内心快乐的情感时，我们并不会惊讶。

舞者

对柏格森来说，审美愉悦会带来一种内在的愉悦感。为了帮助我们理解这种情绪，并让我们"看见"与之相关的思想和感觉的"快速涌动"（rapid flow），柏格森要求我们想象一下我们在一位舞者的优美动作中所感受到的愉悦。

> 美感（esthetic feelings）可以将一些新因素陆续加入基本情感。这些新因素好像使情感的强度有所增长，但实际上这些新因素仅仅改变了情感的性质。关于这种陆续加入的现象，美感为我们提供了一个更加显著的例子。让我们先研究其中最简单的一个，即优雅感或优美感（feeling of graciousness/gracefulness [*grâce*]）。这情感起先仅仅是关于这些舞蹈动作的某种舒适或灵动的感知。而且，因为

48

2　这为他的论证增添了节奏感，因为论证的不同部分被期待、共鸣和回归。通过这种方式，柏格森制造了一种逆流（countercurrent），它抵制了话语无情的线性结构。他提醒我们要学会记住并期待。柏格森要求我们考虑一种新的时间模式，它不是线性的，而是动态综合的。他的作品试图通过抵制语言和写作的线性来加快这种概念转变。
3　柏格森融合了任何一个波德莱尔的读者都会欣赏的洞见。愤怒（Spleen）使运动停止，然而喜悦则释放运动。

这些运动似乎都已经蕴含在其他动作中，我们最终发现了舞蹈运动的高雅优美，即现有的舞姿既包含在之前的舞姿中，似乎又告诉了我们后面的舞姿，仿佛这些舞姿在某种程度上早已表演出来了。不连续的舞蹈动作之所以不优美，正是由于每个动作虽然自身是足够了，却不能将之后的舞蹈动作暗示给我们。曲线比断线优美，正是由于曲线虽然瞬间转变方向，但由于每个新方向都被前一个方向提示出来。我们对运动的舒适知觉因此建立在这种快乐的基础上：我们掌握了时间的川流，在现在把握住了未来，因而感觉愉悦。当优美的举动表现节奏又有音乐伴奏时，就有了第三种因素加入。因为节奏使我们在更大的程度上预知舞蹈者的动作，从而使我们相信自己现在控制了这些动作。我们几乎准确地猜中了舞蹈者将要呈现怎样的舞姿，既然这样，舞蹈者虽然是自动地采取这些姿态，但又仿佛是在服从我们的指挥似的。节奏的规律性在我们中建立了一种联系，而节奏动作的抑扬顿挫就好像许多看不见的线，我们靠牵动这些线来使想象的木偶跳舞（imaginary marionette dance）。如果想象中的木偶人骤然停顿一下，我们就会忍不住用手去做些动作，仿佛要让木偶人赶紧跳舞，仿佛我们要让木偶人回到现在的舞动中去，因为这个舞动的节奏已经完全支配了我们的思想和意志。这样一种在动作上的共情（physical sympathy）就被加入优美感（feeling of gracefulness）；我们若分析这种共情的动人之处，会发现它（这种在动作上的共情）之所以让你愉悦，乃是由于它和道德上的同情有很多相似之处，而且它是潜移默化地使你陶醉于其中。这个最后加入的因素说明，为什么优美具有不可抵挡的吸引力，其他因素先在某种程度上将这个因素引入，后来又同这个因素融合在一起。如果我们把它贬低成只是为了节约气力（如斯宾塞所说），就无法理解优美动给人们带来的那种愉悦……事实是这样的：在我们所认为优美的任何事物上，我们首先发现了作为动作的一种标志"轻快性"（lightness），此外，我们在这些优美中分辨出真实共情的象征，它们被引向我们，似乎永远处于将自己呈现给我们的边缘。这种共情正是高雅优美的本质。这样一来，我们

就把审美感之一系列由小而大的强度分析为同样一系列异质的情
感。这系列中的每种情感都由在先的一种情感来预告，继而又出现 49
于在先的那种情感中，然后取而代之。可是我们恰恰把这种在性质
上的进展解释为数量上的变化，因为我们喜欢简单的观念，又因
为我们的语言不适宜于表达精神分析上的微妙之处。[4]（*EDI* 9-10
[11-13]）

　　柏格森认为，真正发生的是我们经历了一系列不同的强度或感觉，
不是强度在程度上发生变化。他认为，优美的舞蹈让我们感到愉悦，因
为舞者的下一个动作似乎毫不费力地从上一个中流淌了出来。每一个
动作似乎都预示着下一个，每一个新的方向都被前一个指示了。音乐
和节奏进一步让我们参与到这种流动中，引起我们的共情，从这个意
义上说，"在现在把握住了未来"。柏格森将这种审美反应称为"共情"
或"同感"（sympathy），这符合该术语的词源学意义，即与一种感受
（pathos）"一起感受"（sym）（a feeling [pathos] with [sym]）。艺术让我
们去感受它；艺术通过我们对性质的体验来使我们感受。我们误以为是
越来越强烈的审美愉悦，但实际上是"对各种感受的体验。每一次感受
都已经被前一次感觉预示，在这次感受逐渐变得清楚的同时，前一次感
觉开始消退"。那么，我们所经历的是变化：种类的差异，以及从一种
定性状态到另一种定性状态的转变。柏格森将这种发展称为性质的发展
（qualitative progress）。正如我们将要了解的，这正是时间流动本身的主
要特征。

　　对于柏格森来说，美感是一般感受的范式。但我们应该暂停下来，
欣赏一下柏格森举的这个例子的艺术性（artfulness）。对舞者艺术的描
述是为了在我们心中引起审美感受，然而，这种感受的动态性质在柏格
森举的例子中描述舞者的动作时已被勾勒出来。对舞者优美动作的描述
引起了我们的共情，让我们感受到柏格森想要传达的理念，即纯粹的内
在感受涉及性质的渐进变化过程。因此，舞者既是内在愉悦的原因，也

---

4 这一段引文中提及斯宾塞的思想。关于斯宾塞的更多探讨，参见本书第二章。

是使我们产生内在愉悦（即当我们体验舞蹈时，我们内心发生的事情）的人。在这个虚构的场景中，舞者为我们表演了我们内心正在发生的事情，而这时我们将纯粹性质体验为性质发展或种类之间的差异的动态显
50 露。而且，由于舞者是在音乐和节奏所标出的时间内舞动的，这个例子隐晦地告诉我们，当我们体验情感时，对不同性质进行区分的是时间的流动本身。[5] 正如我们从上文中学到的，纯粹性质包括对各种感受的体验，但在这里我们明白了这种多样性是在流动中产生的，就像舞者的动作一样，各个动作在时间的进展中彼此提示。舞者象征着以多样性和流动性为主要特征的变化或运动，这种特征对于内在的、一般的性质体验是特定的，并象征着质的变化、种类的差异是在时间中的运动。舞者的动作让我们看到了时间流动的真实性。

"什么是舞蹈？"保罗·瓦莱里问道。他的回答是，"时间的一种形式，也是一种奇异的时间形式的创造"。[6] 回顾过去，我们会发现舞者描绘了柏格森思想的核心概念，而他那时尚未公开引入"真实绵延"概念。这是内在经验的视域、意识的视域，不同于一种客观视域，即置于空间中的物体及对它们的认知的客观视域。

美与艺术

如果美感成为一般内在体验的范式，意味着这是一种与康德美学有些不同的美学。在《判断力批判》中，康德认定美的主观体验（即我们根据我们在自然中的感知所做出的一个判断）早于艺术的创造。与康德

5　柏格森同时谈到了两种同感：一种是通过音乐和节奏动觉地（kinesthetically）吸引着我们的身体同感（physical sympathy），第二种则是道德同感（moral sympathy），就舞蹈这个案例而言，柏格森认为道德同感的含义可能是我们意识节奏的协调。但柏格森也谈到对我们表达的一种隐真同感（virtual sympathy，隐真的感同身受），这暗示着某种类似于波德莱尔的诗《契合》（"Correspondances"，收录在《恶之花》中）告诉我们的"符号森林"（forest of symbols）。在柏格森的作品中，这种"隐真同感"仿佛是通过舞者这个例子中的多元决定性（overdetermination）来表现的，它为我们搭建一个外部剧场，而表演的内容则是"我们内心发生了什么"。因为它是一种审美体验，而对此的审美反应则会引起同感，它也会在我们身上诱发出它所描绘的运动。对于柏格森的"同感"概念有一个出色的探讨，请参见：David Lapoujade, "Intuition and Sympathy in Bergson," *Pli: The Warwick Journal of Philosophy* 15 (2004), pp.1–18.

6　Paul Valéry, "Philosophie de la danse," *Œuvres complètes*, 1, p.1396.（本书作者译。）

相反，柏格森提出了一种艺术和过程的美学：

> 为了理解美感本身是如何以程度存在的，有必要对其进行细致 51
> 的分析。也许我们定义它的困难首先来自我们认为自然之美先于艺
> 术之美的事实。艺术活动变成了表达美的手段，而美的本质却是神
> 秘的。但我们可能会问自己，除了……艺术之外，自然是否有其他
> 的美，以及在某种意义上，艺术是否不先于自然。*不需要走这么
> 远，也许这样做更为合适和严谨：首先研究通过人们有意识努力创
> 作的作品中的美，然后逐步从艺术转移到自然，而艺术家正是用自
> 己的方式实现了这种转移。我向你保证，如果一个人采纳了这一观
> 点，他会注意到艺术的目标是让我们个性中积极的，或者更确切地
> 说是抵抗的力量安静下来，并引导我们进入一种完美的顺从状态，
> 我们在这种状态中就可以体会到那些暗示的观念，就会与那些被表
> 达出来的情感发生共情（sympathize with）。在艺术的过程中，我们
> 可以发现那些可以诱导催眠状态的过程，尽管这些过程被稀释了、
> 被精炼了并在某种意义上被精神化了。例如音乐里的韵律和节拍使
> 我们的注意力摇摆在指定的时刻之间，从而使感觉与观念的日常流
> 动停顿。它们征服了我们的心灵，以至于我们略微模仿一下痛苦的
> 声音就会使得自己满怀伤感。如果音乐的声音可以比自然界的声音
> 更让我们感动，那是由于大自然在表达情感时是自我限制的，而音
> 乐则向我们暗示情感。诗歌的明媚动人是怎样来的呢？诗人是这样
> 一个人，他将情感转化为图像，然后将图像转化为文字。……在看
> 这些来回穿梭的图像的过程中，我们依次体验到这些图像在情感中
> 的等值。但是，如果没有这些有规律的节奏运动*使我们的灵魂摇
> 晃着而酣然入睡、仿佛进入梦乡而忘却了灵魂自身（以便于我们的

---

* 译者注：在作者自己的译文中，使用了省略号省略了一些单词，使得这段话难以看懂，此处
参考朴格森的英译本：But we might ask ourselves whether nature is beautiful otherwise than through
meeting by chance certain processes of our art, and whether, in a certain sense, art is not prior to nature.
[Henri Bergson, *Time and free will: an essay on the immediate data of consciousness*.F. L. Pogson(trans).
Dover Publications. 2001. 下文简称为 Bergson 2001。]

* 译者注：即诗歌的韵律。

灵魂和诗人一样思和看），那么这些图像就不会以如此强大的力量浮现在我们面前。(*EDI* 10-11［13-15］)

52　　审美体验成为内在感受的范式，因为它的定义非常广泛，为"任何在我们身上……**暗示**的感受，而不是在我们身上造成的感受"（字体加重是作者添加的）。[7] 这就是为什么舞者与我们所感受到的快乐之间的关系和我们所体验到的光源与亮度之间的关系是截然不同的。光源造成明亮感这一结果，其中的因果关系是必然的。我拿着我的书，如果我突然放手，书就会掉下来，这也是必然的。然而，艺术并不像物理那样运作，它向我们演讲，它邀请我们进入一种与之共情的关系。我们通过进入诗人、舞者或音乐家的艺术节奏来与表演者一起感受。

　　然后艺术向我们暗示情感，它并不会导致情感。柏格森所说的暗示（suggestion）是什么意思？暗示会影响我们的注意力，就像音乐邀请我们进入它的节奏一样，或者可以说像催眠那样暗示我们放松精神，让我们接受它的影响。同样，艺术使我们处于一种梦幻状态。它引起我们的一种共鸣（sympathetic response），对情感或观念的一种隐真参与，通过节奏、音调或颜色来对性质进行艺术处理，从而使这种共鸣和参与铭刻在我们心里。在柏格森之前，波德莱尔曾将诗歌称为"神奇的唤醒（sorcellerie évocatoire）"。因此，柏格森的哲学在象征主义盛行的文艺圈中如此受欢迎是不足为奇的，这个文艺圈明确支持暗示的诗学（a poetics of suggestion）。"命名一个对象，"马拉美写道，"就消除了一首诗四分之三的乐趣，使之一点一滴地被人猜出下文：但暗示它，则是一个梦。"[8]

7　柏格森的思想在这里非常接近康德在《判断力批判》中的形式观念。因为我们太习惯于因果分析（尤其是在刺激-反应模式中），所以让我澄清一下柏格森在这里所做的区分：原因意味着一种必然的关系，而包括演讲行为的暗示则不然。

8　Mallarmé, *Œuvres complètes*, p.869（本书作者译。）

感觉与自由：快乐与痛苦

柏格森对于快乐和痛苦的感觉提出了两个令人惊讶的主张。首先，这些感觉不仅给我们关于过去的信息（关于什么是愉快的或痛苦的），它们也给我们关于未来的信息。其次，它们是自由的开始。"要么感觉没有存在的理由，"柏格森说，"要么就是自由的开始。"（*EDI* 25［34］）

柏格森所说的自由是什么意思？我们在定义自由或自由动作的时候，是通过与事物的自动反应相比较而言的，自动反应是事物根据自然规律必然以某种方式做出反应。自动化意味着对外部刺激的必要机械反应。例如，如果一个台球是静止的，而且被另一个从特定角度以特定速度朝它冲过来的球击中，它就会以可预测的速度向可预测的方向移动。如果水母被戳，它会以类似的方式自动地缩回。然而，如果有人戳我，我不必像水母一样回应，可以以各种方式应对。我可能会像水母一样退缩，也可能会反击，或者报以一句讽刺，或者点上一支烟。随意或自由动作只发生在具有复杂感觉系统的高等生物中。它需要暂停或中断正在进行的机械过程，以便发生一些不同的事情来取代程序化的反应，即一种随意的反应。

柏格森认为，在高等生物中可以感受到快乐和痛苦——因为它们可以抵制程序化的自动响应。通过中断对给定刺激的自动反应，它们使我们能够选择不同的反应。因此，它们使自由行动取代自动反应。[9] 正是出于这个原因，柏格森所说的情感——例如快乐和痛苦的感觉——被定义为"自由的开始"（*EDI* 25［34］）。[10] 柏格森声称它们提供了有关未来的信息，这是因为它们提供了一种对即将发生的自动反应性质的预览——如果它们没有被感觉打断的话。这种预览提供了柏格森所说

9　自动反应与自由行动（或自动和自愿）之间的区别对于《论意识的直接材料》至关重要，其主要问题是自由。这也将是柏格森后续研究著作《物质与记忆》的焦点，也将对关于笑的著作产生结构性影响。当然，皮埃尔·贾内（Pierre Janet）的工作与此相关。见 *L'automatisme psychologique: Essai de psychologie expérimentale sur les formes inférieures de l'activité humaine*.

10　请注意，柏格森在此的观点与诸如约翰·洛克这样的英国经验主义者的观点之间存在差异。情感性感觉被定义为来自身体内部的感觉，与"表象性感觉"（representative sensations）相反，"表象性感觉"中的感觉是由一个具体来源（例如沸水的热量）引起的，而这是因为我们有一个以原因表象化的方式描述感官效果的习惯。

的"未来自动反应的一种'预形成'"，然后这种"预形成"将被随意行动抵制和取代。因此，情感状态不仅是对刺激（例如过去已经发生的物理现象）的响应，而且最重要的，是对那些"未来即将发生或可能发生的"事情的响应。在这一点上，柏格森将情感性感觉（affective sensations）的强度定义为"我们对初期非自愿（或无意识）运动的意识；而这些运动在意识中开始发生，显示出它们在这些状态中的轮廓，而且按照它们的自然进程继续发展，假如大自然已经将我们制造成自动的，而不是有意识的存在者"（*EDI* 26［35］）。[11]

这个阐述提出了两个重要的观点。第一，意识从一开始就与情感性感觉和自愿行动联系在一起，这种行动与自动化的机械秩序（mechanistic order of automatism）相反，而机械秩序以必然性的模式在物理世界中运转。根据定义，意识已经意味着自由，即必然性的机械秩序的中断和以其他方式行动的可能性。第二，这种"意识"是与"无意识性"的概念相反的，"无意识性"指的是自动反应的机械秩序，而且因此暗示着对物质世界的自动反应。

性质的多样性：白色的其他细微区别

当我们错误地将性质视为数量时，例如，当我们说一个物体比另一个物体更亮时，就好像亮度（brightness）与光一样，我们犯的错误是将原因（光）的数量当作结果（亮度）的数量。为了给出一个有说服力的例子来说明这种错误是如何产生的，柏格森让我们想象一下用一根大头针刺自己的手，而且力量逐渐增大的情形。用力按大头针的那只手会感觉到作为原因的力量，然后在我们的思维中，我们将把它转移到另一只被大头针扎的手上。发生的事情是这样的："在被刺的左手中，你将找到痛觉的原因是另一只手（译者注：用来刺左手的右手）的逐渐用力。"（*EDI* 32［43］）这样就可以区分结果与原因。那么，我们就是这样不知

11　这段话不点名地引用了笛卡儿将人视作机器的思想。我们在这里可以看到柏格森重申了与笛卡儿完全相反的思想，即上文中关于"舞蹈"的论述中显示的质（性质）的变化。

54

不觉地将性质诠释为数量，将强度诠释为大小（grandeur）。这个例子让我们同时感受到原因与结果，让我们具体地想象，如何将两者区分，同时清楚地看到它们之间的区别。它帮助我们在心灵中将两者区分开来，就像我们已学会识别左右手之间的差异那样。

另一个例子是为了帮助我们克服上文所说的习惯，即将结果当成原因的习惯，并为了理解一种感觉的丰富性（richness of a sensation）意味 55 着什么，本节最终将根据性质的多样性（qualitative multiplicity）这一关键概念对感觉的丰富性进行阐述（*EDI* 39［53］）。

> 仔细思考这个情形：一张被四根蜡烛照亮的纸，然后同时熄灭四根蜡烛中的三根。……你可以说：纸的表面保持白色，亮度减弱。你当然知道一根蜡烛刚刚熄灭，或者，如果你不知道，也会经常注意到当照明减少时在纸的白色表面上的类似变化。但是，暂停一下，注意你的记忆和你的语言习惯：你真正观察到的不是纸的白色表面上的照明减弱，而是在蜡烛熄灭的那一刻从该表面掠过的一层阴影。在你的意识看来，这层阴影就像光一样是真实的。在纸面的所有亮度中，如果你称第一张纸面为白色，那么你将不得不为现在看到的东西取另一个名称，因为它是别的东西。如果我们可以这样说的话，可能会称其为与白色有细微差别的白色（another nuance of white）。我们已经深受过去的经验以及物理学理论的双重影响，将黑色视为没有光觉或至少是最小的光觉，而灰色的连续减少则对应的是白光强度的增加。好吧，对于我们的意识而言，黑色与白色一样是真实的，而且，对于一个没有成见的意识来说，照亮指定表面的持续下降的各个白光强度将造成如此多的有着细微差异的各种白色，这种差异类似于光谱上的色彩差异。（*EDI* 39-40［53-54］）

这个例子让我们用一种新的方式来展开思考。柏格森要求我们将亮度的变化范围视为存在于黑白两端之间有着细微不同的（nuances）范围，而不是将其视为单个术语"白度"（whiteness）的数量增加或减少。

当一支接一支的蜡烛熄灭时，我们会经历什么？是不是"纸面一直保持着白色而光的亮度一直在降低"？这是我们习得的思考方式，因为我们知道烛光是感觉的原因，而且这种感觉的程度已经逐渐减弱。然而，柏格森要求我们在注意性质上的差异的细微不同的情况下重新描述一遍由此产生的视觉效果。对眼睛来说，黑色和白色一样实在，我们可以将光量的减少描绘成这让我们在从黑色到白色的光谱上看到不同光的细微差异，即白色的细微差异与灰色的细微差异，我们甚至看到黑色的细微差异。

56

这个实验还指出了其他一些东西。感知的质变——白色或灰色发生的细微差别——并不精确对应于光量的状况。只有当光线的减少与新的性质的产生相对应时，我们才会感知到一种变化，即白色或灰色产生的另一种细微差别。

> 证明这一点的是，感觉的变化不像外因那样是连续的。光线可以在特定时间内增长或减弱，而白色（纸的）表面的光（illumination）似乎没有改变。实际上，只有当外部光源的增加或减少足以创造新的性质时，它才会发生变化。给定颜色的亮度变化……将会被还原成性质的变化，如果我们没有养成将原因归为结果的习惯，并用经验和科学教给我们的东西来代替天真的印象。我们谈到了这么多的饱和度，事实上，如果一种颜色的不同强度对应于这种颜色和黑色之间存在着的各种不同差异……那么饱和度就像这种颜色和纯白之间的细微差异。我们可以说，每种颜色都可以从其双重方面来考虑，即从黑色的角度和从白色的角度来看。黑色与强度的关系就像白色与饱和度的关系一样。（*EDI* 40-41［54］）

柏格森要求我们看到种类的差异（difference in kind）——黑暗程度和亮度发生的细微差别——之前，我们只考虑了同一个术语白度的程度差异（difference in degree）。正是这种性质的细微差别的意义、不同性质的多样性的意义或意识状态，柏格森将其归为一般意识的内在体验。那么，意识将对应于一张纸，作为质变，即性质多样性（qualitative multiplicity）产生细微差别的场景。那么，这个例子再一次在柏格森的文本中扮演了双重角色。它引入了一个概念"性质多样性"，由白色或灰色转换的细微差别所表现。但它也描绘了意识本身的内在过程，为我们提供了将成为真实绵延概念的另一个预期形象。

四根蜡烛的案例开启了"白度"的概念，取而代之的是多种细微差 57 别，展示了丰富的性质体验。它还帮助我们体验了性质与数量的独立性。就此而言，柏格森成功地质疑了他所反对的心理物理学家持有的一个基本假设：性质与数量之间的等价性将使前者被还原为后者，这样，心灵就可以被还原为大脑，而物体化后的意识可以像一个物体。事实上，柏格森认定预设性质和数量之间的等价是完全错误的："在非扩展体和扩展体之间、在性质和数量之间没有共同点。我们可以用另一个概念来解释某个概念，并把这个概念当作另一个概念的等价物；但无论是在开始时还是结束时，我们迟早都要承认这种同化（assimilation）的传统特征。"（EDI 52 [70]）

他所说的这个联合的"常规性"（conventional character）是什么意思？意思是说，具体的经验已经为它的象征性表象所覆盖，无论是在语言上，还是在工具或测量单位上。柏格森认为，当这种情况发生时，我们就会忘记这种感觉本身。

到《论意识的直接材料》第一章的结尾，我们可以意识到柏格森的论点一直专门针对费希纳的追随者，即心理物理学家。[12] 在柏格森看来，这一学派夸大了常识（common sense）的幻觉，给予它们一种

---

12 未能区分物理原因和心理结果的习惯、常识以及错误是心理亮度（Photometrics）心理学派支持者的明确预设，该学派自称可以测量感觉结果。柏格森继续批判这一学派的假设和方法论。他的同行费希纳声称自己测量的不是感觉的外部原因，而是对这个原因的心理反应，这么说是因为他将感觉分成相等的单位，将这些单位称为最小感觉（minimal sensations）。为了表达感觉性质的差异，他使用了最小变化来定义这一性质上的差异。换句话说，费希纳的理论已经用习惯的表示方法（conventional representation，即指定的感觉单位）代替了对感觉本身的直接或即时体验。这里发生的事情就是柏格森所说的"把数量当成性质的象征性解释，对两种特定感觉之间可能出现的感觉数量进行或多或少的粗略评估"（EDI 51 [69]）。正如柏格森将试图详细论证的那样，两种性质之间实际上根本没有间隔，只有从一种状态到另一种状态的动态过渡。在柏格森看来，心理物理学理论只是在恶性循环中周而复始。他们"依赖于一种理论假设，该假设迫使他们进行实验验证，但实际上只有当人们承认了他们的初始假设后，实验验证才是有效的"（EDI 52 [70]）。而且，从柏格森的观点来看，最初的假设即性质和数量之间存在等价关系，本身就是错误的。

58　伪科学的验证，助长了"将我们的主观意识状态客观化"并将主观状态视作物体来测量的倾向。常识中的错觉是一回事，而声称自身是科学真理则是另一回事，而且危险得多。柏格森暗示，我们必须在哲学上对这些做法进行激烈的争论，否则我们将发现自己生活在自动机（automatons）文化中。柏格森愿意将以前由哲学指导的某些思想领域让给科学，但他坚持将与主观感受相关的人类经验领域单独指定为哲学的探究领域：我们必须保护这一领域免受科学方法和权威思想帝国主义式侵袭。

　　柏格森通过回到他早先在表象性感觉和情感性感觉之间所做的一个区别来结束第一章论述。如果表象性感觉被认为是可测量的，通过将可测量的原因转换为（不可测量的）结果（基于两者之间的一种设想出来的等价性，即数量和性质之间的等价性），那么，情感性感觉可以被认定为纯粹性质，因为它们不能归于任何外因。柏格森这样定义纯粹性质："我们在基本状态的核心处辨别出的简单心理事实的或多或少的多样性。"（*EDI* 54〔73〕）在与表象性感觉的习得知觉（acquired perception）相比之下，柏格森称这（即上一个直接引文中的"辨别出……多样性"）是一种混杂的知觉。但两者在概念上的区别是虚拟的，因为实际上这两种知觉通常以某种组合形式出现。因此，"强度的概念位于两个趋势相遇的地方。一种知觉是从外部给我们带来了延展数量的概念。另一种知觉已经进入意识的深处，寻找内在多样性的图像，并使之来到意识的表面。而这是一种什么类别的图像，是可以用数字表示的，还是完全不同的，这还有待观察。"（*EDI* 54〔73〕）

　　这将是柏格森著作第二章的重点，我们在这里不再将多个意识状态彼此分开而孤立地思考，而是思考它们具体的多样性，也就是说，当它们在纯粹的绵延内展开时。正是在这里，在绵延与空间的根本区别中，多样性成为绵延概念的核心。

　　在他的结论中，柏格森展望了他将在第二章中遵循的论证思路：对西方思想中的空间预设（spatial presuppositions）进行攻击。他在数量化项目的核心中诊断出有关空间的预设。在下一章，柏格森将数量与性

59　质之间的差异和空间与时间之间的差异联系在一起，在彻底独立于任何

类型的空间预设的前提下重新思考时间：真实绵延。以这种方式思考时间流动的关键，在于被柏格森称为"混杂的知觉（confused perception）"（*EDI* 54［73］）的概念，该概念与混杂多样性的概念相关。因此要思考性质，而不将其数量化，就必须思考时间而不将其空间化，为此，必须找到一种独立于数字来思考多样性的方法。这将是第二章的任务。"正如我们问自己，如果我们没有将造成一种表象性感觉（intensity of a representative sensation）的原因的想法投射到这种知觉上，那么这种知觉的强度可能是多少。"柏格森在本章的结论中解释道：

> 所以，我们必须问：如果我们悬置那个内心状态在其中开展的空间，这些状态的多样性会变成什么，绵延就会呈现什么形式呢？后一问题比前一问题更加重要。因为如果只在研究彼此隔开的意识状态时才把性质和数量混淆在一起，那么如我们在上文中所见的那样，这只会引起一些难于理解的东西，而不会引起严重的问题。但是如果这种混淆侵入我们心理状态的整个系列，如果空间被引到我们的绵延概念里，那么这种混淆就会对多种表象从根源上加以败坏，这些表象包括我们关于外在变化与内在变化、关于动作与自由的表象。从此就产生了伊里亚派的那些诡辩，就产生了关于自由意志的问题。但是，我们暂时不会试图解决问题，而是先去揭示造成这种问题的人产生过的错觉。（*EDI* 54-55［73-74］）

这与柏格森的第二个根本方法论程序一致：去展现问题提出的方式不合适而导致错误结果和错误思考的方式。

因此，在第一章中，柏格森的任务是为思考内在性（interiority）而创建一个话语（或概念）框架。第一步是划定这种体验模式，并从根本上将其与外界事物的接触区分开来。出于启发的目的，柏格森在本章中进行了论述，仿佛在内在和外在之间或内在经验与外部世界的经验之间的区别是绝对的。在本章的结尾，他承认实际经验发生在交汇点（cusp），就像是内部和外部交汇的地方。柏格森在他对《论意识的直接材料》的结论中将回到实际经验的混合本质。然而，论证的主要任务是将我们的注意力集中在容易被忽视并有可能被机械心理学抹杀（obliterated）的经验方面：内在经验。如果外在的（或"客观的"）经验是从数量的角度来思考的，那么按同样的逻辑，内在经验应该被视为纯粹的性质，因为它不能归于任何外部原因。

到目前为止，意识状态仿佛是孤立的现象，它们仿佛有各自的边界而且可以彼此划定。然而，在下一章中，他将具体探讨意识状态，因为它们以具体的多样化（variety）和多样性在时间中流动。但在这一点上，我们遇到了一个真正的难题：如何理解内在体验特定的多样性概念？如何在不回到定量语言和偷偷地恢复性质与数量、内部和外部等价的一个假设的情况下设想这种多样性？柏格森问，这种多样性的概念是与数量相同，还是完全不同的概念。

正如我们将在下一章看到的，对具体的多样性这个难题的审视将改变我们的时间观念。它将引导我们理解，通常依赖的时间概念仅适用于对外部世界的描述，而活着的时间则是完全不同的东西：真实绵延。具体多重性的概念被展现为位于绵延的核心，因为它与我们通常所说的"时间"和"空间"概念有着根本的区别。柏格森的第二章将对西方思想的空间预设发起正面攻击，而这些预设过度依赖于定量文化的基础。

正如我们将看到的，数量和性质之间的差异将被重新表述（rephrased）为空间和时间之间的差异。那么，在没有量化的情况下思考性质，人们必须在没有空间的情况下思考时间。这个挑战将产生真实绵延的概念。为了实现这一想法，人们必须独立于空间来思考多样性。这意味着我们必须找到一种在没有数字概念的情况下思考多样性的方法！这将是《论意识的直接材料》第二章的任务。

61　## 第二节　《论意识的直接材料》的第二章"意识形态的众多性：关于绵延的观点"

如果正如柏格森所说，感觉或强度不能像世界上的其他事物一样被识别、计算和比较，那么我们如何理解它们？由于它们不在空间中发生，它们如何或在哪里发生？如果这种体验的主要特征是柏格森所说的

"内部多样性",这意味着什么?它跟数字有关系吗?或者甚至说数字的概念可以应用于它吗?如果不是,我们如何理解这种多样性?柏格森以对数字的反思开始了他的第二章。他将继续展示,计数以被想象出来的空间视域为前提,而当我们测量时间时,我们从未真正离开过这个空间视域。

数羊

当牧羊人数羊时会发生什么?为了计数,牧羊人忽略了他或她可能非常熟悉的个别动物的特定特征,并认为所有的羊都是相同的。动物成为等价的单位,可以累积形成一个总和,而不是有血有肉的生物。牧羊人将这些单元置于一个想象的空间中。因为要计数,当牧羊人从一个动物单元转移到另一个单元时,就必须记住已经数完的羊。

柏格森通过对计数的分析得出了一个令人惊讶的结论:我们在空间中计数,而不是在时间中计数。数的概念意味着空间中的并置。为了使数字随着计数而增长,必须保留已经计算过的单元的连续图像或表象,因此我将它们与在脑海中唤起的每个新单元并列。并列发生在空间中(*EDI* 57-58 [77])。即使我们认为在计算时间,实际上也是在描绘空间中的单位。

如果我们通过连续考虑不同的项而得到一个和,那么当我们转移到下一项时,这些项中的每一项都必须保留,而且可以说,它等待与其他项相加:如果它只是绵延的一瞬间,它将如何等待?如果我们不在空间中定位 62 它,它将在哪里等待?我们不由自主地将我们计算的每个瞬间固定在空间中的一个点上。因为只有在这个条件下,抽象单元才能形成一个总和。任何清晰的数字概念都意味着空间的一个愿景(*EDI* 59 [79])。换言之,计数需要并列,并列意味着同时存在,而同时存在又以空间为前提。

再一次处理差异

1.清晰与混杂的多样性。柏格森区分了两种多样性。一种多样性可以通过数字和计数来计算，而且属于空间中的物体世界。他称这为清晰的多样性（distinct multiplicity）。另一种多样性以内在情感状态为主要特征，被称为混杂的多样性（confused multiplicity），因为它的所有元素融合在一起。混杂的多样性与空间或数量无关，而与发生时间的激进力量有关，正如我们将看到的"纯粹绵延"。

2.直接意识和反思意识。柏格森还区分了两种意识。第一个为直接意识（immediate consciousness），*指的是某个事物对我们直接造成的感觉，发生的时间在我们停下来并思考这个物体、尝试与其他人交流或以任何方式来象征性地展现这个事物之前。第二种意识是反思意识（reflective consciousness），涉及思考并暗示使用一些工具，这些工具使我们能够思考和了解事物，包括语言、逻辑、数学和其他的符号或表象方式。反思意识将经验客观化。它以与思考空间中的物体相同的那种方式来思考它们。

3.时间和绵延。反思意识和直接意识各自暗示了一个不同的时间概念。正如我们刚刚在上面引用的计数例子中看到的那样，反思意识根据空间来思考时间。

> 现在，让我们注意，当我们谈到时间时，通常会想到一个同质的环境，意识的多个事件或事实在这种环境中排列在一起，好像在空间中一样并列，并成功地形成了一种清晰的多样性。（*EDI* 67［90］）[13]

63   因此，我们习惯称之为"时间"的那个事物，实际上就是空间的等价物。然而，直接意识并不将时间视为空间。它将其体验为真实绵延。《论意识的直接材料》的要点是向我们引入真实绵延的概念，我们只能

---

*   译者注：与这部作品的书名《论意识的直接材料》有关。

13   正如柏格森在第一章中试图证明的那样，如果强度数量（intensive quantities）只是对内在体验（被表现出来的内在体验，而不是被感觉到的内在体验）的传统的、象征性的表达，那么这种时间概念之于真实绵延的关系类似于强度数量之于性质或强度的直接体验的关系。"以这种方式理解的时间（即作为在空间中并列的各个瞬间）对于我们内在状态的多样性而言，难道强度对于它们中的某些（即表象性感觉）来说是一种符号、象征，完全不同于真实的绵延吗？"（*EDI* 67［90］）

通过内在状态，即通过直接的或纯定性的经验来接近它。绵延将涉及一个完全独立于空间的时间概念。

直觉

如果说柏格森的思想是一种直觉哲学，"与认知或理解完全不同，与发生在文字和数字中的思维截然不同"，这不仅仅如伯特兰·罗素暗示的那样，与严谨的理解相比，这位法国哲学家更喜欢模糊或诗意的思考。也因为探究的主题是绵延，一种完全独立于空间的时间概念，因此绵延是反思性意识完全不可能接触到的。

认知思考将物体在空间中展现——这是所有形式的符号展现所做的——这就是为什么它不能思考绵延，而只能思考时间。绵延只能是"活着的"（be lived），或者正如后结构主义者经常说的，绵延只能被"写出来"。这就是柏格森试图做的：将被思想绝对压抑而且在结构上无法接近的东西带入哲学意识，这个东西就是转化时间的全新力量（the radical force of the time of becoming）。在这个意义上，柏格森预示了他是对现象学进行批判的解构主义哲学家。既然思考意味着在场（presence），那么我们如何思考对在场的批判——除了将它写出来？柏格森的写作策略是什么？他一直在使用这些相同的策略：多重价值期望的场景的展现预测他最终将使用的理念，在我们用语言来表述这些理念之前，让我们有时间去感受它们或具体地体验它们。为此，柏格森提供了多个思想实验，力图激发读者的直觉，这种直觉无法通过概念进行语言上的论述。

因此，我们将要求意识把自己与外部世界隔离开来，并通过积极的抽象努力，再次成为自己。我们于是向意识提出这个问题：意识状态的众多性和一个数目内各单位的众多性，二者之间难道有丝毫相似的地方吗？真正的绵延难道跟空间有任何关系吗？别的不说，我们对于数目观念的分析就不可能不使我们怀疑这个类比。因为在一方面，如果时间正如反思意识对它的展现那样是一种媒介，

> 而我们的意识状态在这种媒介里构成了清晰的一个接一个的系列，就使得我们可以计算这些意识形态。在另一方面，如果我们关于数的概念终于把一切可直接被计算的东西散布在空间，那么，在这种情况下，我们可以认为这是成立的：倘若我们把时间解释为一种媒介并在其中区别东西和计算东西，则时间不是别的东西，而只是空间而已。（*EDI* 67–68［90–91］）

直觉不是一件可马虎的事情。它涉及"大量的抽象努力"。事实上，正如柏格森所写的，直觉执行了一种最为简约（cuts to the bone）的评论操作。正如德勒兹所指出的，它意味着方法。[14]

同质性或异质性

对于自反意识来说，时间仅仅是一个空间，而空间是一个同质的环境或介质，已与任何内容分离。然而，柏格森的"直接体验"是从一种完全的异质性（heterogeneity）开始展开论证的。"（各种直接体验）在性质上的差异实际上无处不在……异质性……构成了我们经验的基础。"（*EDI* 72［97］）就直接意识而言，它所给予的不是（如在康德哲学中）为了表现事物表象的空的统一领域。它是一个完整的、异质的真实。在直接意识中，对性质差异的知觉是独特而具体的。我们对性质的体验每次都是独一无二的，我们从来没有两次完全相同的感受！

65　　事实上，柏格森甚至提出：同质空间或时间即空间的概念，"似乎依赖于对构成我们经验基础的这种异质性做出的一种应对"（*EDI* 72［97］）。空间仿佛是一种抵御时间的激进力量的防御机制！不管我们怎么称呼它们（从意识和无意识的角度来思考这些是有吸引力的），柏格

14　"直觉是柏格森主义的方法。直觉既不是一种感觉、一种渴望，也不是一种混乱的同感，而是一种完全成熟的方法，是哲学中最成熟的方法之一。它有着严格的规则，这些规则构成了柏格森所谓哲学中的'精确性'。"参见：Gilles Deleuze, *Bergsonism*, trans. Hugh Tomlinson and Barbara Habberjam, p.13.

森写道:"我们知道两个完全不同的现实。一种是异质的,是多个可感知性质的领域。另一种是同质的,*也就是空间。人类的智力可以严格地思考空间,让我们在空间中可以明确区分多个物体,我们还可以计算和抽象,甚至可以明确说出来。"(*EDI* 73 [97])[15]

我们凭什么说时间就是空间呢?这一步论证很重要。柏格森认为,任何同质的环境甚至是时间都应该被视为空间。这是因为它意味着性质的多样性已经缺乏到了一种可被认为是同质的程度。因此,如果将时间视为一种同质环境(意识状态似乎在其中展开),则意味着同时性,而且在这个程度上拒绝将绵延视为时间的向前流动。

柏格森认为,传统的时间概念是一个"混账概念",它源于空间概念侵入纯意识领域(*EDI* 73 [98]),这将使时间概念被还原成空间概念。一旦我们开始思考和说话,我们就会不自觉地退回空间框架中。"以不确定的、同质环境的形式存在着的少见,仅仅是困扰反思意识的空间概念的幻影。"(*EDI* 74 [99])空间概念是西方思想中一个重要的无意识预设。这是《论意识的直接材料》的主旨。

那么,外部事物与内部状态之间的根本区别在于,外部事物彼此是有界限的,因为它们隐含地并列在一个理想空间中。然而,内部状态没有这样的边界。即使当它们在陆续出现的时候,它们溢出进入对方,相互渗透。柏格森得出以下纯粹或真实绵延的定义,即没有被空间的同质性的暗中(surreptitious)污染破坏的绵延:"当我们的自我让其自身存活的时候,当它放弃对现在状态与之前的状态进行区分时,纯粹绵延就是我们的意识的各个内在状态陆续出现所采取的形式。"(*EDI* 74-75 [100])

矛盾的是,为了思考绵延的时间性,我们必须首先应放弃区分"过去"概念和"现在"概念,以便构想时间综合本身。 66

---

* 译者注:对应于马克思主义哲学中的"量变"。

15 柏格森的表述暗示了弗洛伊德对意识和无意识过程的区分。弗洛伊德当然强调在无意识的精神生活中,例如在梦想中,没有对立面。柏格森对异质性的重视出现在乔治·巴塔耶之前。

从舞蹈到音乐：旋律

绵延意味着一种不同于过去—现在—未来的线性叙事的时间综合模式。它涉及记忆的一种时间综合，将时间维度就像在旋律中那样编织在一起。旋律暗示了某种组织模式，是绵延的一个形象。[16] 对一种旋律的识别意味着时间综合的行为。乐曲以一种完全独特的方式将过去、现在和未来联系在一起。

> 难道我们不能说，如果这些音符彼此互换，我们仍然认为它们好像在彼此的内部，它们的合奏就像一个生命体，其各部分虽然不同，但通过集合在一起的效果相互渗透？证据是，我们可以通过将旋律的一个音符演奏的时间加长，使原来的节奏被破坏。避免我们犯错的不是这个音符夸张的长度，而是整个乐句带来的质的变化。因此，人们可以将陆续出现不加区分地设想为一种相互渗透、一种团结、各种元素的密切组织，其中每个元素都体现了整体的特征，与整体无法区分，而且除了抽象思想之外，别的东西都不能使它本身与整体分离。（*EDI* 75［101］）[17]

旋律是混杂的多样性的形状，也是绵延的形状。我们正在探讨性质的陆续出现与感觉的细微差别，只是一种"没有区别的陆续出现。" 67（*EDI* 75［101］）各个元素在一种特殊的联合中彼此重叠和相互渗透。[18] 柏格森的观点是，一种陆续出现的次序观念本身就意味着空间定位。"如果一个人在陆续出现中建立一个次序，这就意味着他将'陆续出现'变成了'同时存在'（succession becomes simultaneous），并将其自身投

16　柏格森从克劳德·伯纳德的生物学语言中借用的一个组织概念。

17　旋律的形象暗示了萨特的小说《恶心》（*Nausea*）中一个叫"罗刚丹"（Roquentin）的主人公的经历。他对歌曲《总有这天》（"Some of these Days"）中的旋律产生了依恋，这使他经历了不同的时间体验。正如柏格森在这里所显示的那样，旋律的结构或混杂的多重性的结构也使我们想起了萨特在《辩证理性批判》（*Critique of Dialectical Reason*）中阐述的"融合群体"（group in fusion）这个政治概念。参见：*Literary Polemics*, chap. 3.

18　这意味着由记忆执行的一种时间综合，而这正是柏格森将在他的第二部重要著作《物质与记忆》中重新论述的观点。

射到空间中。"(*EDI* 76 [101-102])[19]

音乐语句（musical phrase）的隐喻传达了与绵延体验相关的整体（ensemble）概念以及异质性多样性的概念，而"异质性多样性"即一种没有同质性的多样性，其中状态或感受相互重叠或相互渗透，而不会被组织成一种清晰的连续出现。最终，这种相互渗透将根据在绵延的时间综合得到阐释。这时舞蹈艺术已经让位于乐句，因为柏格森现在想要唤起纯粹的精神综合体的运动。他邀请我们去思考不在空间中发生的运动。

流星

柏格森谈及的"没有在空间中发生的运动"到底是什么意思呢？这就是柏格森所说的"真实的运动"（real movement）或"可动性（mobility）"，(*EDI* 83 [111])这是与发生运动的空间截然不同的事情。我们可以设想一下突然看见一颗流星的时候所产生的体验：

> 在这种极端迅速的运动里，你能自然地、本能地辨别两种东西：一种是流星所经过的空间，流星的运动轨迹像一条发亮的线，一种是对于运动或可动性的绝对不可分割的感觉。……简言之，关于运动要辨别两种因素：所经过的空间以及运动体经过空间的运动、运动体的先后位置以及对于这些位置的综合。第一种因素是一种同质的数量，第二种因素只存在于我们的意识中，它是……一种性质或是一种强度。(*EDI* 83 [111-112])

流星的例子体现了柏格森所描绘的两种因素之间的区别。在这里，运动所穿越的空间很大，但速度如此之快，以至于我们对流星实际运动的感觉几乎是瞬时的。尽管运动的距离可以在空间中测量——我们可 68

19　参见柏格森的原著第 77-78 页以及朴格森的英译版第 103-104 页中（柏格森）关于"旋律"的论述。

以确定流星运动轨迹的连续位置——但可动性本身只能被视为强度。它是对运动体所经过的各个位置的综合。[20] 可动性不是一个事物，而是一种行动。可动性本身是不可分割的。它不能被划分为不同单元、被计数或映射到空间中。流星是绵延的另一个图示（figure），被理解为时间综合的一种行动，这种行动由意识执行，或像意识那样执行。这种综合需要记忆。但柏格森在这里想强调的一点是，记忆不像幻灯机那样行动，幻灯机将每一个过去的瞬间区分开并逐个放映，而记忆是电影式的（cinematic），记忆进行了一次时间的综合。[21] 与科学语言相关的问题在于，它将时间和运动分割成各个孤立的位置，就像幻灯机所做的那样。科学消除了经验的性质特征。它忽视了绵延（即时间的性质因素）以及可动性（即运动的性质元素）。[22]

语言问题

　　回到我们正在探讨的差异。独特的多样性与空间中可以计数的物体有关。与内部性（interiority）和绵延有关的混杂多样性是一种时间多样性，与时间综合的操作相关。它与数字无关。为什么我们很难区别两者？[23] 柏格森解释说，这是因为语言经常混淆两者。因此这个问题与空间本身关系不大，而在于我们对空间的象征性表现以及这种象征性表现

69（通过将隐含的同质性框架强加在我们所有的思想概念上）污染我们的

20　在《物质与记忆》中，柏格森谈及了记忆的电影化图像。而德勒兹沿袭了这一点，并在他的著作中谈论了这些记忆的电影化图像。参见德勒兹的著作 *Cinema 1: The Movement Image*, trans. Hugh Tomlinson and Barbara Habberjam, *Cinema 2: The Time-Image*, trans. Hugh Tomlinson and Barbara Habberjam。

21　柏格森继续详细讨论芝诺悖论，试图表明它不是一个真正的悖论，而是一个关于被不适当提出的问题的函数以及一个关于运动的误解，而这个误解涉及数量（跑过的距离）和性质（跑的行动）之间的混淆。他补充说，根据天文学和力学探讨时间、运动和速度问题的方式（*EDI* 86[115]）来进行判断，科学语言实际上也经常犯同样的错误（即混淆了"性质"和"数量"）。

22　"当科学在时间和运动上运行时，它只在以下条件下才能这样运行：当科学与时间相遇时，科学首先消除了本质的、定性的元素，这个元素即绵延；当科学与运动相遇时，科学消除了运动性（mobility）"。（*EDI* 86[115]）

23　我们将进一步深入探讨柏格森对语言的批判，为被让·包兰（Jean Paulhan）在《塔布之花》（*Les fleurs de Tarbes*）中称为"恐怖主义"（terrorist）的文学观点提供了哲学基础。

思想概念的方式。

因此，时间和绵延之间的差异并不完全是两个概念之间的差异，更准确地说，时间作为"纯粹绵延"，是我们直接体验的概念。时间是纯粹绵延的符号意象（symbolic image）。在反思意识中，时间代表着绵延，当我们思考和谈论时间时，绵延就转化成时间。实际上，我们几乎总是陷入象征表象的模式。[24] 这阻碍了我们获得对真实绵延的直觉知识和有着奇特性质的异质世界的更丰富的体验。

> 我们的外在世界也可以说是社会生活比个人的内在体验对我们来说更为重要。我们本能地倾向于将感觉固化以便用语言来表达。正是出于这个原因，我们才会混淆二者，两者中前者是感觉本身，它永远处于一种持续生成的模式中（in a perpetual mode of becoming），后者则是永恒的外部客体。最重要的是我们混淆了感觉与表达感觉的词语两者。自我的绵延本来瞬息万变，但当它有意将自己投射到同质空间中而得到自身的固定时，我们的印象本来是不断变化着的，但这些印象却由于将自身包裹在作为其原因的外在客体周围，所以这些印象因此得到了其准确的形状和凝固性。（*EDI* 97〔130〕）

最重要的是，语言使我们与直接经验疏远。[25] 语言在我们直接体验为混杂的多样性上强加了一种清晰的多样性的视域。它将我们的经验划分为文字指代的对象。词的存在是因为它们的可重复性（iterability），这意味着当语言将名称附加到我们的体验中时，会稳定或固定我们的体验。柏格森继续表明，语言简化和减少了体验，消除了印象的流动性、

24　这种符号思维（symbolic thought）对直接经验的渐进式侵占（encroachment）是理解普鲁斯特在"贡布雷"一章结尾处的陈述的一种方式，普鲁斯特述道：真实经验只发生在童年，即马塞尔后来看到的山楂花（Hawthorne）不是真正的山楂花，"今天，别人首次给我看的花在我看来并不是真花"。参见：in *Swann's Way*, trans. Lydia Davis, p.188.

25　Mark Poster, *Existential Marxism in Postwar France: From Sartre to Althusser,* p.49. 主要参考该文献的这些部分：关于柏格森的异化概念对卢卡奇的物化（reification）概念以及萨特在《存在与虚无》（*Being and Nothingness*）中的论证的重要性。

70 细微差别、复杂性和性质的丰富性。在这个意义上，柏格森对语言的批判与他已经做出的"对数字的批判"是类似的。正是同一个词可重复使用的这一事实（即普通语言的总体结构特征），才是真正有问题的。因为这（同一个词可重复使用的这一事实）与定性经验的显著的、具体的独特性有着根本矛盾。

分裂的自我：幻象与梦

因此，两种类型的多样性、两种绵延的概念（柏格森在别处也称之为时间和纯粹绵延）对应于主观经验的两种模式，并最终对应于自我的两种实例：一种是表面自我，它顺从社会惯例和承受语言压力，另一种是激情自我（passionate self），它与异质的真实性接触。在这种情况下，梦的经验成为直接经验的一个形象。梦的经验将我们从反思意识的世界中抽离出来，让我们进入绵延，就像上文所说，艺术可以解除我们通常的防御并使我们接受暗示的影响。

> 简言之，我们的自我只是表面上跟外界发生接触……这就是为什么我们表浅的心理生活在一个同质的环境中进行，如果没有这种表象模式，我们会耗费太多精力……普通绵延概念（也就是柏格森在本书的其他处所说的"时间"）正是因为空间向纯意识领域的逐渐侵入而形成的。如何证明这一点呢？答案也很简单：因为要将自我对同质时间的感知能力从自我中移除，只要将这个用于管控自身的心理表层与各种心理事件分离开来（而这个心理层面用于自我管理）就足够了。在做梦时，这些条件齐备，因为睡眠减缓了身体各种机能的作用，改变了自我和外物之间的接触面。我们在梦境中不再测量绵延，而只感觉绵延，绵延不再是数量，而重新变为性质。我们对逝去时间的数学计算被一种模糊的本能取而代之，像一切其他本能一样，这种本能有时候会犯极大的错误，但有时也会表现出非常不可思议的确定性。（*EDI* 93-94［125-127］）

因此，这不仅仅是一个关于"多样性的两个概念和时间的两个概念"的问题，这还是关于"两个不同的自我"的问题。

> 在同质绵延（homogeneous duration，例如"时间"）[26] 即真实绵 71
> 延的延展符号（extensive symbol of real duration）下，一种注意性
> 心理学（an attentive psychology）辨别出了一种新的绵延，在这种
> 绵延中异质性的瞬间（heterogeneous moments）相互渗透，在数目
> 众多的意识状态下，有着一个性质的多样性，在有着多种明确定
> 义的（意识）状态下，有着另一种自我，而在这个自我中，陆续
> 出现就意味着互相融合与有机团结（succession implies fusion and
> organization）。[27] 但我们一般满足于第一种自我，即投射到同质空间
> 的那个自我的阴影。意识……以象征来替代实体，或者就只通过象
> 征来感知实体。这种被折射的和被分隔开的自我总体上非常符合社
> 会生活的需要，尤其符合语言的需要，意识倾向于它，反而把基本
> 的自我一点点遗忘了。（*EDI* 95-96［128］）

哲学的任务

一个人如何与充满激情的自我重新建立联系？通过"积极的分析工作"。任务是通过分析将鲜活的心理事实从其符号性表象（symbolic representations）中分离，然后通过直觉的努力来接近这种真实的或直接的体验（即鲜活的心理事实）。这就是柏格森眼中的哲学任务，我们在这个论述中准确地认识到柏格森经历的过程。分析需要对概念进行批判，将它们准确地识别为符号性表象。反过来，柏格森直接告诉我们直觉是通过示例或思想实验实现的。这些在讲究修辞地描绘诸如定性的多样性、绵延、

---

26 当柏格森使用"同质绵延"时，这个词的意思就是他在别处所说的"时间"，与他所谓的"纯粹绵延"或"真实绵延"不同。柏格森所说的"时间"和"同质绵延"相当于（日常语言中的）时间在空间上的投影。

27 柏格森再次在有机的相互支持（organic solidarity）的意义上（即在克劳德·伯纳德的意义上）而不是在理性结构的意义上使用"组织"一词。

流动性等鲜活的心理事实上发挥作用。柏格森并不认为直觉是对天真经验的轻松回归。接触直接的或前反思的（pre-reflexive）经验是一项需要努力的哲学任务。它涉及的事情可以说是逆流而上（swimming upstream against a very strong current），这里所说"逆流"中的"流"指的是西方思想对空间的痴迷以及将空间注入概念并固定思想的语言结构。[28]

72   换言之，我们的知觉、感觉、情绪、观念都呈现出两个方面：一方面是清楚的，准确的，但是不具有人格；另一方面是混杂紊乱的，变动不停的，不可言状的，因为语言若不取消它的可动性就不能捕捉它，若不把它置于公共领域中就不能把平常的形式套在它身上。如果我们最终认定两种形式的多样性、两种形式的绵延，那么很明显，意识状态的每一个事实，单独看时，就必然会呈现不同的方面，这要视其是放在清晰的多样性中来看，还是放在混杂的多样性中来看；是在其从中产生的定性的时间上来看，还是在其从中展现的定量的时间上来看。（*EDI* 96［129］）[29]

激情与恐惧（以及再一次谈及语言）

语言的问题不仅仅是经常处于马拉美所说的"粗暴"语言状态中被进行工具性使用。[30] 事实上，语言仅仅通过命名就强加了一种相同的重

28　柏格森写道，"空间……痴迷于反思意识"（*EDI* 74［99］）。

29　这增加了另一种重要的精确性。一种心理现象可以从两个角度来考虑。一个角度是表象的视域（我们在这里可能会想到康德和他的"现象"概念），另一个角度更像是本体论的视域（更接近于海德格尔晚期的思想），事物或事件在这个视域中开始变成存在、自我生产或产生。回到康德的二分法，我们看到柏格森将康德可能称之为"本体的"的东西置于自动生产的本体论语域（ontological register）中，这个语域是动态的和可移动的。在这个语域中，本体不会被视为一种固定的本质，从这个意义上说，不可能有任何一种直接经验的终极现象学（在胡塞尔意义上的），因为没有固定的或稳定的本质是可以被知道的。此外，康德所说的本体（即不是通过表象构建的）并不超越知识或经验。从某种意义上说，本体早于知识或经验（如果我们用法语说，则是 en deça）。它属于意识事实的双面性，并依附于一个特定的观点。柏格森在《论意识的直接材料》的结论中重新回到了这个视角，即他的思想与康德关于"在现象和本体之间的区别"的论述之间有关。

30　在"诗的危机"（Crise de vers）中，马拉美谈到"言论的两种状态，一种是粗糙或直接的，另一种是涉及本质的"。参见：*Œuvres complètes*, 368.

复。这与定性经验的完全具体的独特性相矛盾。

> 我在童年时喜欢某种特别的味道或气味，但现在我却不喜欢
> 了。然而，我还是依然用同样的名字来称呼这种感觉，而且仿佛这
> 种味道和气味是与以前一样的，仿佛只是我的口味（taste）发生了
> 改变……我固化了这种感觉……但实际上既没有相同的感觉，也没 73
> 有多样的口味。只要我把它们分开而且取名，那么这些感觉和口
> 味在我看来就是物体（things）了，但在人类的灵魂中，实际上仅
> 有种种进展（des progrès）。需要说的是：所有的感觉在重现（en
> se répétant）时都已经被更改，而且，日复一日这种感觉似乎没有
> 变，那只能是因为我现在通过产生这种感觉的物体或通过表达这种
> 感觉的词语来进行感知。语言对感知的影响远远大于人们所共同认
> 定的程度……粗暴的词语表达了人类的各种印象中稳定、普遍的部
> 分，因此也表达了非个人的部分，这些词语粉碎或者至少掩盖了我
> 们个体意识中的微妙的和转瞬即逝的印象（the delicate and fleeting
> impressions of our individual consciousness）。如果想要用同样的武器
> 来反击词语的这种霸权，就必须找到非常精确的词语来表达这些微
> 妙的感觉。可是，这些词语一旦形成，它们又会对表达这些感觉的
> 词语发生影响。为了见证感觉的变化性而被人们发明出来的这些词
> 语又会不自主地使它们自身固化。（*EDI* 97–98［131–132］）

正是在这种语言批判的背景下，柏格森就强度与时间之间的密切关
系提出了迄今为止最激进的主张：人永远不会经历两次相同的感觉。因
为正是重现的这一事实改变了感觉的性质，所以所有的感觉都在重复中
发生改变。只有语言对感觉的影响才会让我们以别的方式来思考。语言
让我们相信，感觉是不变的，因为它始终如一地提供相同的名称。反击
语言的常规性的唯一方法是寻求一种非常精确的语言。这当然也是马拉
美的解决方案，他试图用一种纯粹的诗性语言状态来抵消自然的语言状
态，而这种诗性语言状态通过暗示而不是命名（through suggestion, not

naming）来工作。[31]

74   正如我们所想象的那样，柏格森对语言的批判在文学界产生了影响。在一部重要的著作《塔布之花》（*Les Fleurs de Tarbes*）中，让·包兰确定了两种相互竞争的文学立场，他分别称之为"恐怖"（Terror，与浪漫主义大致相同）和"修辞"（Rhetoric，与古典主义大致相同）。正如包兰指出的那样，柏格森对语言的批判赋予恐怖立场以权威性，这种立场的主要特征是，作者对摆脱语言惯例并进行直接或原创表达的强烈愿望。在一项对莫里斯·布朗肖后来的文学理论产生影响的分析中，包兰揭示了这两种立场的悖论。"没有哪个作家比一个每时每刻都决心摆脱文字的作家更专注于文字。"[32]正如我们所见，在谈到通过使用"非常精确的词语"来反击语言对知觉的残酷影响的需要时，柏格森已经宣布了这一见解。当包兰指出"即使是最精确的词，当被重复使用时，也有可能成为陈词滥调（cliché）"时，柏格森也类似地概述（adumbrate）了这一点，他在上文指出，即使是那些因为极其精确而被选中的新发明的表达方式，在重复使用时也会不由自主地得到固化。因此，如果柏格森首先在这里阐明恐怖主义的立场——指责"粗暴"使经验变得平庸或陈词滥调——他将继续根据包兰将阐明的逻辑建议，反击的唯一方法是让我们更加关注语言。

在语言惯例和反思意识的沉闷约束下，最受折磨的是激情。柏格森继续说，在爱的领域，没有什么直接意识被碾压粉碎更引人注目的了：

> 一种强烈的爱，一种深沉的忧郁侵入我们的灵魂，激起一千种不同的元素，它们融合在一起，相互渗透，没有明确的轮廓，丝毫没有将自己与另一个分开的倾向。它们的独特新奇就是以此为代价

---

31 普鲁斯特还希望通过非常精确的语言风格在所有独特的丰富性中追溯转瞬即逝的印象，而他这种非常精确的语言风格则以一些非常长的句子来展开，这又使得他的语言风格变得更为独特。而且我们又不由得觉得马塞尔（Gabriel Marcel）更接近刚才引述的那段话的精神，马塞尔当时仍然无法找到任何语言来表达他对眼前美景的强烈情感，只能说"哇！哇！哇！"最后把他的雨伞伸向空中以示强调。参见 *Swann's Way*, p.159.

32 Jean Paulhan, *Les fleurs de Tarbes*. 引自 Michael Syrotinski, *Defying Gravity*. 另见：Maurice Blanchot, "How Is Literature Possible?" in *A Blanchot Reader*, ed. Michael Holland, trans. Michael Syrotinski.

的。……刚才，每个元素都从放置它的环境中借用了一种难以确定的颜色。现在它被漂白了，并准备接受一个名字。……情感是一个活着的存在，它正在发展，因此总是在变化……当我们将那些瞬间分开，将时间展开到空间中时，这种情感就失去了活力和色彩。那时我们就只剩下自己的影子了。(*EDI* 98-99 [132-133]) *　75

安德烈·布勒东(André Breton) 在他的第一份《超现实主义宣言》(*Manifesto of Surrealism*) 中响应了柏格森慷慨激昂的抗议。[33]

在池塘中漂浮着的枯叶（意识形态与社会生活）

　　尽管一个细胞在有机体内只能占据确定的一点位置，但一个观念却能充满整个自我。一切观念都这样溶解在我们意识状态的川流中(the mass of our states of consciousness)，而这是必需的。许多观念浮在表面，如枯叶浮在池塘的水面上一样：当我们的心灵回溯这些观念时会发现，它们始终保持未变的状态，好像它们在心灵之外。这些是我们接受的现成 (ready made) 观念，在这些观念中，有栖息在我们身上而始终未被我们吸收的那些观念，也有我们未加以接纳而被遗弃的那些观念，于是这些观念最终枯萎，并被摒弃。如果我们离开自我的深层越远，那么我们的意识状态越呈现为一种数目上的多样性，越散开在一种同质的空间里，这是因为在这种情况下意

---

*　译者注：可参考法语原文：Un amour violent, une mélancolie profonde envahissent notre âme: ce sont mille éléments divers qui se fondent, qui se pénètrent, sans contours précis, sans la moindre tendance à s'extérioriser les uns par rapport aux autres; leur originalité est à ce prix. …… Tout à l'heure chacun d'eux empruntait une indéfinissable coloration au milieu où il était placé : le voici décoloré, et tout prêt à recevoir un nom.

33　在《第一份宣言》(即第一份《超现实主义宣言》的简称) 中，布勒东持有与柏格森相似的观点。谈到现代人，他写道："如果一个人后来觉得自己已经没有活下去的全部理由，他试图重新找回自己 (identity [se reprendre])，但因为他无法面对如同爱这么特殊的场合，那么他将找不回自己。这是因为他现在的身体和灵魂都属于一种专横的、务实的必然性。……他只想起发生在他身上和可能发生在他身上的事件，想起这一事件与任一数目的类似事件（以及实际上他没有参与的事件、他错过的事件）相关的那些事情。"参见：André Breton, *Œuvres complètes*, 1，p.312.（本书作者译。）

识的这些状态倾向于采用存在的无生命模式和一种越来越非个人的形式。……但是如果我们透过自我跟外在事物的接触面向深处去挖掘，就会达到活着的、系统的智力（intelligence，理解力）的深处，那么，我们就会看到许多观念的叠加（superimposition）甚至是许多观念的紧密结合，而这些观念一旦被分开就会因为逻辑上的矛盾而相互排斥。在最荒唐的梦里，两个图像可以叠加起来，两个不同的人可以合二为一，这让我们对观念在清醒状态下的相互渗透有了一种微弱的理解。与外界暂时切断联系的做梦者用简单的图像和夸张演绎（parodies）以自己的方式再现了在理智生命的最深处一直进行着的工作。[34]（*EDI* 101-102［135-136］）

说到底，在柏格森看来，谈论意识的深层状态实际上是在摧毁它，我们做梦也比这强。

对社会生活来说，语言当然是必要的，而且在这个程度上说，语言对自我存续（self-preservation）来说也是必需的。实际上，投射一个普通的空间世界，即为语言所隐含的世界的行为，其本身就是通向社会生活的重要一步。而且，柏格森还是按照卢梭派（Rousseauistic）的方式，将社会生活说得仿佛完全异化（alienating）。柏格森提示我们，社会生活的压力使主体拥有双重性，第二个自我在形成的过程中覆盖了第一个自我，就像由已凋零的叶子或死去的细胞构成了第二层皮肤。[35]

柏格森承认，避免直接经验的混乱和无序实际上符合主体的利益。对空间概念的集体痴迷是西方文化的一个主要特征，它甚至可能涉及一

34　柏格森在这里对梦的论述使人联想到弗洛伊德在《梦的解析》中对梦的分析。

35　在这里，我们再次看到遥远的康德思想，在康德看来，作为表象的自然世界可称为"第二自然"，它作为一种现象实在（phenomenal reality），覆盖在我们无法触摸到的本体实在（noumenal reality，译者注：实际上指的就是"物自体"）之上。在这个意义上，我们也许可以说柏格森对"主体"概念的论述与康德对"自然"概念的论述接近。柏格森区分了现象自我和本体自我（在这里即真实的自我），而本体自我将是直接体验的对象。他必须做出这种区分，因为只有这样，他才能在下一章中将所有反驳这个（纯然的）现象自我的主体自由的论证转向，进而将自由定位于真实自我及其真实绵延的视域中。柏格森对异化（alienation）的分析再次对乔治·卢卡奇、吕西安·戈德曼（Lucien Goldman）和葛兰西（Antonio Gramsci）等思想家产生了一定影响。

种精神分析意义上的防御，即表层自我对"在柏格森所说的自然或非异化状态下的心理活动的流动性"而进行的防御。然而，通过注意力的真正努力，是有可能解除这种防御的。人们可以扭转空间框架的方向，并使因为这个空间框架而彼此隔离的思想状态和感觉重新融合在一起：这是哲学直觉面临的一项挑战性工作。

柏格森通过谈论在实验心理学领域的同事来结束本章。联想主义心理学家认为，他们可以机械地解释心理运作，将心灵视为一部机器并确定其运转规律，就像自牛顿以来自然科学家试图建立适用于整个物理世界的自然规律一样。柏格森写道：这些心理学家可以成功，但只能在枯叶的层面上，即在肤浅的自我层面上获得成功，我们可以说他们构建出来的自我（借用阿尔都塞的一个论述）是一个由传统社会生活的所有质询（interpellations）构建出来的自我。然而，这些心理学家无法触及激情的自我，在这种情况下，情感和观念彼此没有区分开，因此这些联想主义者无法绘制出这些联想。

柏格森的策略是挑战联想心理学方法的有效性，其证据是它们的根本错误：压制时间的动力或真实绵延。这需要付出巨大的努力，因为反思意识的习惯在我们的文化中根深蒂固。我们习惯于从结果而非过程的角度思考。这是柏格森力图劝导读者亟须改变的思考习惯。这也是我们阅读他的著作的原因。无论如何，在阅读柏格森的著作时，我们必须学会从过程而非结果的角度进行思考，否则我们将无法领略他的论证的严谨性。

第三节 《论意识的直接材料》的第三章

"论意识状态的组织：自由"

柏格森在本章开篇就直接提出他研究的主要问题：自由与决定论。他断言：以物理世界为模型来研究人类的内心世界（即意识世界）就是在消除自由的可能性。实际上这个断言是一大赌注，但柏格森接下来更激进地将这个断言进行到底。他接下来声称时间是一种形式的能量，却不遵守守恒定律。正是在此基础上，他将着手在有生命体和无生命体、意识和物质的领域之间进行严格的划分，而且他将论证他称之为"自由意志"的存在。

柏格森之后从一个出人意料的角度开始了他对决定论心理学家（deterministic psychologists）的抨击。他抨击了（决定论心理学家所普遍采用的）能量守恒定律这一科学假定。或者更准确地说，他抨击了这一科学原理的普遍应用趋势，最近发现的热力学定律加强了这一趋势，而这一趋势显示出能量守恒原理可以被应用于所有物理-化学现象（physico-chemical phenomena）（*EDI* 114［151］）。

在柏格森看来，这一趋势的问题在于未能区分无生命体与有生命体
78 这两个完全不同的领域。在反对将能量守恒定律视为一个普遍定律的趋势的过程中，柏格森将提出一种新的能量类型，能量守恒定律并不适用的能量类型：时间（*EDI* 114［151］）。[36] 柏格森主张：在能量守恒定律成立的地方，时间对其不产生影响："对相同数量的物质和力守恒这一模糊而本能的信念取决于这一事实，即无生命体似乎不在时间中存在，或至少不保存任何过去时间的痕迹。但在生命体领域，情况并非如此。在这里，时间中的绵延似乎是一个原因，在特定的一段时间后将事物放回原位的想法是荒谬的，因为这种时间倒转从未在生命体身上发生过。"（*EDI* 115［152-153］）。

如果对生命体来说，时间中的绵延是一个原因，那么时间就是一种能量形式！这是柏格森思想的最新颖之处。时间是一种不遵循守恒定律的能量形式。对我们来说，没有什么东西在时间中是不变的。

---

36 这是对这个问题的一个最雄心勃勃（如果不能说成是莽撞）的论述："让我们注意，最激进的机制是我们将意识视为一种副现象（epiphenomenon），能够在某些情况下添加到某些分子运动中。但是，如果分子运动可以在没有任何意识的情况下创造感觉，那么反过来，为什么意识在以下两种情况中都不能创造运动？一种情况是零动能或零势能，一种情况是意识以自己的方式使用这种能量来创造运动。"（*EDI* 115［152］）这是柏格森的标准思辨，即将一种观点推至极限，然后想象它的反转或倒置。参见上文第二章关于热力学定律的部分，当柏格森谈到"热力学理论"（*EDI* 114［151］）以及随后对能量守恒定律的科学挑战时，清楚地引用了热力学定律。

再追踪差异

因此，本次讨论的相关区别在于物质和意识的区别，心理物理学家坚持这两个术语是等价的，而柏格森决心要区分这两个术语。[37] 柏格森坚持这两个领域在种类上存在根本差异的基础是两个基本事实。第一是生命时间的不可逆性。当我们思考物体在空间中运动时，我们假设它们的运动是可逆的，它们有可能回到原来的位置。我们将东西向右移动，然后再向左移动，即使它回到原处。但是对于生活在时间中的生命体来说，运动是不可逆的，因为时间只向一个方向运动。唉！我只能变老，79 而不能返老还童！第二是记忆现象。时间通过流逝，仅仅通过生成的行动（mere act of becoming）而转变成能量。时间在有意识的人那里是一种生命力，因为它在人的生命中逐渐积累。正如太阳能电池板收集和储存太阳的能量一样，我们的生命体和记忆也储存着时间的能量。

时间的力量

那么说"时间是一种力量"是什么意思呢？正如柏格森所说，这意味着"相同（在时间的流逝中）变得不再相同"（*EDI* 115［153］）。他以疼痛的感觉为例。"由于它持续存在，"他论证说，"这种感觉发展到让人难以忍受的地步。"（*EDI* 115［153］）因此，"虽然已经流逝的时间对于一个被认定遵守守恒律的系统来说，既不是收益也不是损失……对于有意识的存在者（即人类）来说……它肯定是一种收益"（*EDI* 116［153］）。从"时间是一种收益，并发挥动因的作用"这个意义上说，时间就是一种力。时间是一种力，就像自然界的其他力一样，但时间不服从只与物理世界相关的自然规律。

> 人们至少愿意同意，假设……时光可以倒流在意识领域中将变

---

37 当然，这将是他下一部作品《物质与记忆》的出发点，正如书名所暗示的那样，它将取代这种基本的形而上学对立。

得难以理解。正是由于一种感觉持续存在，这种感觉就会变得让人难以忍受。在这里，同样的事物不再保持不变，而是在加强自身，它似乎用整个过去来填充和扩大自身。简而言之，如机械论者所理解的那样，如果一个物质点永远处于现在这一瞬间，那么过去对于有意识的人来说就是真实的……虽然已经流逝的时间对于假定的遵守守恒律的系统来说，既不是收益也不是损失……对于有意识的存在者（即人类）……它肯定是一种收益。在这种情况下，难道就不能提出一种意识力或自由意志（a conscious force or free will）的假设？在这个假设中，意识力或自由意志受时间行动和绵延储存的影响，那么，它可以凭借这个事实逃脱能量守恒定律吗？（*EDI* 115-116［152-153］）

柏格森通过声称时间是一种力，打开了物质和意识之间的深渊。时间是一种影响性质、感受或知觉的力，柏格森在第一章中称性质、感受或知觉为"强度"，但这种分析依赖于柏格森在前一章中对"时间"的空间化概念和真实绵延所做的区分。

因为我们不习惯于直接观察自己，而通过从外界借来的形式来观察自己，所以我们就相信这两种绵延是相等的：一种是真正的绵延、依靠意识而活着的绵延，一种是仅仅在不活动的原子上滑过而不做任何改变的绵延。所以我们无法看到以下这些想法的荒诞性：设想当时间过去后，物体还能回到它当初的位置；相信相同的动机可以反复作用于同一个人；又设想这些原因永远会产生同样的结果（这当然是当时行为主义心理学的假设）。我们将在下面进一步证明这样的假设是不可理解的（unintelligible）。现在让我们确定，如果我们朝这条路走，当然会把能量守恒定律当作一条普遍成立的定律。因为我们把一个重要差异——正是通过仔细的研究才发现了外在世界与内在世界两者之间的这个重要差异——给抹杀了，这样，我们就把真实绵延和表面绵延等同起来了。（*EDI* 116［154］）

　　因此，"表面绵延"（apparent duration）意味着在场，而"真实绵延"则依赖于时间的进程（或生成）。对柏格森来说，时间总是在流动，而意识总是活动在这种流动中。看似矛盾的是，时间通过推移、通过在生成的过程中失去自身以及通过记忆存储而最终转换成了能量。还有一层含义，那就是我们总是已经处在过去中[38]。这就是为什么柏格森不断提醒我们，要思考生活经验的所有具体的独特性，而不是通过抽象的观念来思考。道理也很简单：抽象瓦解了时间的力量。我们无法从认知上知道真正流动的时间。我们只能通过不同的性质在不同的时间给我们带来的感受这种方式来具体地了解它。这就是为什么诉诸具体经验（即生活经验）是最根本的事情。再重复一次，这就是为什么语言造成了一个问题，正如我们所看到的那样，语言不足以完成表达性质的所有独特性这一任务。

假设：自由意志

　　正是时间的力量使自由意志成为可能。我们甚至可以说自由意志是活着的时间力量。"有一种意识的力量或自由意志，在时间的作用和绵延储存的影响下，就这一事实而言，它会逃避能量守恒定律。"（*EDI* 116［154］）正是因为意识意味着记忆，而记忆是一种力，我们才有自由意志。自由意志正是始终逃避机械论解释和与物质有关的自然法则掌握的那个事物。对柏格森来说，这种逃避是自由意志含义的本质，即自愿行动而不是自动反应的可能性。

　　作为绵延的时间力量是内在生命的视域，即对性质、感觉和知觉的体验。自由意志在这个基础上出现。它不是一个人文概念，并不意味着一个稳定的主体地位。甚至没有必要的理由规定它仅限于人类。它与智力无关，与记忆有关，甚至与知觉有关。自由意志的概念将意识世界与物质世界分开。这依赖于记忆的操作。

38　正如我们在下文中将要看到的，在《物质与记忆》中，柏格森声称记忆不涉及从现在回溯到过去的运动，而是涉及从过去到未来的运动。

柏格森通过肯定时间的创造力（即通过肯定时间本身就是一种力）来驳斥心理学领域中的决定论。这个将时间作为能量的概念是一个激进的观念，它将成为柏格森所有主要作品的出发点。它引起了在《物质与记忆》中关于记忆的讨论。它还为柏格森在《创造进化论》中所引入的根本转变提供了出发点。在这部作品中，柏格森将把时间能量视为不仅是意识的一个特征，而且本身就是一个本体论原理（存在的一个事实）。时间的创造力、生命活力，将成为其外在现实的一个原理。[39]

自动化和机器人

密切关注本章中柏格森论证的发展，就是致力于柏格森对联想主义心理学进行的扩展论证。柏格森论证的主旨或许比以往任何时候都更中肯。今天，我们面临着诸如计算机科学和人工智能领域这样的新学科，这些学科的一些基本假设与柏格森曾经挑战过的基本假设是相同的。这些假设不仅使行为接受机械（力学）分析，而且在统计分析和数学形式化这些最复杂工具的帮助下，科学家还可以根据这些假设设计机器人。

82

柏格森批评的主旨是：机械心理学将心理状态划分为离散的单元，就好像机械心理学可以标记或识别这些心理状态一样；然后分析这些心理状态的运转，就好像它们是物体一样。柏格森认为，对于自动机或机器人的活动——甚至包括面向外部世界并依赖于语言和数学的符号来表示的最表浅的人类行为模式——机械心理学的这种方法可能是合适的。但这种方法完全无法解释生命内在的能量——自由意志的能量。

柏格森断言，联想主义者对心理行为的论述已经变成了一个语言的骗局。联想主义者说，人们似乎是重复经历同样的感觉，而事实上，每次发生的感觉都是完全独一无二的，在一定程度上，每次发生的感觉都

39　在这个意义上，我们可以说它符合海德格尔的"它给予"（es gibt）概念。参见：*On Time and Being.*

与特定的瞬间相关联，并与此人的完整精神生命也就是他的完整人格密切相关。联想主义心理学用外部世界的模型来解释内在经验，混淆了性质和数量，这和柏格森在前面几章中仔细列出的其他区别，尤其是时间和绵延之间的区别一样。正如我们在上一章中看到的那样，柏格森说道：语言通过将固定的、抽象的术语强加于从不以同样的方式重复的具体生活经验上，这样就破坏了绵延的经验。因为正如前面所引用的那句话"在时间中'没有完全的同一性'"，语言将每次独一无二的经验塞进重复性的方格中。这些心理学所无法掌握的东西恰恰正是在真实绵延中体验的这种具体独特性。

　　早些时候，柏格森谈到了两个自我。一个是由语言和社会约束形成的表面自我。我们可以说它是由意识形态产生的。它由固定的名称和传统形象组成，它们覆盖在表面自我之上，暗中压制着鲜活的感觉。另一个是柏格森所说的"更深刻、充满激情的自我"，与内在生命和定性体验的概念相关。这就是柏格森与自由意志或自由行动相关联的那个自我。自由意志涉及绵延模式中的经验，它不受将时间视为空间的这种"混账概念"（bastard concept）和语言的枯燥重复的污染。通过分 83 析一个人各种心理状态的关联，心理学家们试图来重构这个人。从柏格森的角度来看，当人们自由行动时，"每个人都完全在（这些行动）中。……而这种内部状态的表象正是人们所说的自由行动"（*EDI* 124–125［165］）。当感受在其真正深处被具体思考时，我们可以说这些感受自由地表达了整个人，在柏格森所说的混杂的多样性中，它们与所有其他感觉融合在一起。Confusion（融合）在这里的字面意思是 with fusion（即融合），因为感受是融合在一起的；它们重叠在一起，每一个感受都赋予另一个感受特定的色彩。"自由决定源于整个灵魂"。（*EDI* 125［167］）柏格森将意识的表面层描述为一种语言和符号的外壳，覆盖着各种鲜活的情感。在强烈的激情瞬间，我们的能量突破了这个外壳。"自我再次浮出水面。外壳破裂。"（*EDI* 127［169］）正是在这些瞬间，我们可以自由地行动。我们的行动就像一颗成熟的果实从树上掉下来一样，它们无法得到理性（rationally）的解释。

自由的一种逻辑？

　　自由行动并不是在两种不同的行动之间做出选择，因为某种自由的逻辑反对完全否认自由的决定论者。柏格森用下一页的图（图 3.1）展示了这种自由逻辑。

　　柏格森认为，这张图歪曲了实际发生的情况。在我们已经知道采取了什么行动之后，它实际上是对已经发生的情况进行回溯性分析。这种解释只有在这种情况下才是有效的：在我们回溯性解读并构建一种叙事，即主体无情地朝着一个方向而不是另一个方向运动，然后重新构建这种选择的动机。问题是主体的选择从来没有真正发生过，因为另一些选项从来没有被真正地提前给定过。它们是虚构的，事后被发明的，目的是讲述一个有开头、中间和结尾的故事。

　　真正发生的事情发生在一个生成的时间中，在这里没有明确的替代选项，只有"各种不同和连续的状态"和"通过……犹豫的作用而活着并发展的自我，直到自由行动与这个自我分离，就像一个水果已熟透了 84 而不得不离开果树一样"（*EDI* 132［175-176］）。柏格森现在将自由定位于犹豫之中，而不是选择之中。[40] 自由就是在它发生时发生的，而不是在事后重构中发生的。

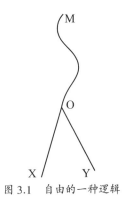

图 3.1　自由的一种逻辑

　　看似矛盾的是，柏格森认为这个表现自由选择状况的示意图又回到

40　参见《论意识的直接材料》，柏格森在那部著作中将情感解释为自由的轨迹。

了决定论。这个图形意味着我们可以像跟踪"地图上向前行军的军队"的活动一样跟踪心理活动的过程（*EDI* 135［180］）。柏格森认为，这样的示意图表现的是一个事物，而不是一个事件。这张图用同时性（同时存在）取代了陆续性（陆续出现），这样，我们实际上已将时间（或真实绵延）投射到空间中。我们已经用那个静态几何图形所表示的事物取代了事件或进程（即事件的实际发生过程）。我们就又回到了那个熟悉的问题：将时间投射到空间中是从根本上疏远自我的态度。同样，时间不能被转化为空间，因为它只向一个方向移动，这是不可逆的。"如果我看一眼地图上标出的路线，没有什么能阻止我转过头来看看走过的这条路，看看它是否在某些位置上有岔道。但是你不能在时间线上往回走。"（*EDI* 136［181］）

当然，一旦这个行动完成了，我们可以在事后抽象地思考它，好像这个行动有不同的各个瞬间，这些瞬间中的每一个都处于其他瞬间之外，我们可以将其抽象地描绘为空间中的一条线。但我们必须知道，这条线不再象征着流动的时间。它只能象征着已经过去的时间：它只能是一种抽象。正如我们已经看到的那样，抽象不可能有自由，因为抽象必然会在它的表象中擦除时间：而自由需要我们具体地参与时间流。

> 我们必须在行动本身，即行动的真实发生过程中的某种细微差别或性质中寻找自由，而不是在从这个行动与尚未发生或可能发生的行动的关系中寻找自由。这个问题的费解之处可能都来自这样一个事实，即双方（一方是自由的支持者，他们用理性来解释自由，另一方则是决定论者）都将这个深思熟虑的过程表现为空间中的一种振荡，而它实际上由一个动态过程组成，就像真正的生命那样，自我及种种动机本身永远处于不断生成的状态中。（*EDI* 136—137［182-183］）

事后，我们可以重构一个事件，就像它包括一个岔路口。但当那个事件发生的时候，实际上既没有路，也没有岔路口。

柏格森的结论是，在决定论者和那些相信自己支持自由意志的人之间的传统辩论中，自由问题从来没有得到适当的表述。被完成的行动取代了完成这种行动的行动：事件的象征性表象取代了事件本身。最终，时间再次与空间混淆。柏格森的立场无疑是激进的：自由是我们根本就无法去谈论的！所以我们当然不能通过一些概念来解释它。当我们试图解释自由的时候，我们就消灭了它。这是因为在刚刚发生的直接体验与在思想中重构的体验（反思体验）两者之间存在一个绝对差异。后者可以通过有可逆方向的空间图形来表示，而前者发生在真实绵延中，时间只能向一个方向流动。

86 决定论的一种逻辑（相同事物）

揭开某种自由逻辑的神秘面纱后，柏格森接下来思考决定论的逻辑以向我们表明：事实上，两者是同一的。他研究了在科学研究中如此成功的那种预测性主张。他透露，预测实际上就像回溯（retrospection）那样工作，只是预测在假装展望未来。天文学家可以通过过去的信息来推算未来，以预测未来的日食。但是将这种逻辑用到人身上，则是行不通的。

想象一下，例如，有一位名叫保罗的哲学家，他掌握了可能影响一位名叫彼得的人 * 的未来行动的所有情况。那么，保罗能否像天文学家预测日食那样去预测彼得的行为？我们很快就会看到，当保罗试图预测彼得的行为时，他就是在试图做我们在前面探讨的例子中所做的那件事，当时我们将做决定的过程回溯性地描绘成一个岔路口。正如回溯会歪曲自由事件一样，当涉及自由行动时，预测也是不可能的。柏格森得出结论：保罗永远无法预测彼得的行动，因为除非他亲身经历过这些行动，否则他永远无法了解彼得的经历。当一个人试图掌握另一个人的经历时，缺少的是强度因素，即缺少另一个人在这些经验中的实际感受。

柏格森的根本主张是事情在经验中给人带来的感受取决于它们发生时的那个特定瞬间。我们永远不会有两次完全相同的感受，因为恰好是

---

*   译者注：在柏格森原著中，柏格森假设保罗早于彼得几百年。

之前已经感受了某些事情的这个事实会改变第二次体验的性质，它发生了根本改变。最终，就保罗而言，尽管演员可以扮演一个角色，但掌握彼得的经历是不足以重温彼得的经历的。因此，保罗将不得不在与彼得一样的时间流中生活。他必须与保罗共享相同的具体绵延，而要做到这一点，保罗就必须是彼得！"但如果彼得和保罗以相同的顺序经历了相同的情感，如果他们的两个灵魂有着相同的历史，那你又将如何区分两者呢？"(*EDI* 141〔188〕)换句话说，获得预测行动所需的所有信息的唯一方法就是曾经活在这个体验及这个体验的历史中。[41] 没有别的方法 87 可以掌握一个行动的所有条件，因为时间的力量本身就是其最具体、最短暂和最独特的发生中的一个因素。

影响

我们可以从柏格森对决定论者和自称为自由意志支持者的那些人之间对立的解构中得出什么结论？答案是"内在知识无法转化为客观信息"。[42] 生命体不同于无生命物质。当科学预测例如日食这样将来的自然事件时，它设想了现在的未来。它这样做是因为它可以计算时间。时间变成了数字，就这一点而言，正如柏格森在前一章中所证明的那样，时间被隐藏式地转化为空间(*EDI* 126〔167-168〕)。然而内在状态永远在

---

41 "保罗在彼得之前将要经历的各种意识状态——你无权删减，哪怕是一秒——例如，这是因为相同的情感的多个效果在绵延的每个瞬间都在彼此叠加、彼此加强，而这些效果的总和不会一下子(all of a sudden)就被感觉到，除非我们已经知道了整体而言的与最终行动相关的一种感觉对于最终行动的关系的重要性，而最终动作正是处于一种隐蔽的状态。但如果彼得和保罗以相同的顺序经历了相同的情感，如果他们的两个灵魂有着相同的历史，那你又将如何区分两者呢？难道靠两个灵魂所寄居的身体？因为两个灵魂在它们的历史中的任何特定瞬间都不会代表同一个身体，它们无论如何都会以某种方式不断变化着。或者，靠两个灵魂在绵延内占据的位置来区分两者？那么，它们不会参与相同的事件。现在，根据我们的假设，它们有同样的过去和同样的现在，有着同样的经历。现在你必须得出结论：彼得和保罗只可能是同一个人。"(*EDI* 140-141〔188〕)

42 "在探究这个例子的含义时，"柏格森说，"我们遇到了反思意识的两种基本错误。第一个错觉是将强度视为心理状态的数学属性，而不是像我们在本文开头所说的那样，是这些不同状态所特有的性质和细微差别。第二个错觉在于丢弃了意识所感知的动态进展这样的具体现实，而用这种进展在其中形成的物质象征取而代之。"这将是"错误地假设象征图像是通过这种方式完成的：象征已完成的操作的图像在该操作正在进行的过程中就已经被该操作本身绘制出来了，仿佛由某种记录设备早就记录好了一样"(*EDI* 142-143〔189-190〕)。

不断变化（*EDI* 147［198］）。正如柏格森所说的，它们正在变化中：

> 我们忘记了各种意识状态是一种进展，而不是一些事物，我们也忘记了，如果我们只用一个名字来称呼它们中的任何一个，那是为了语言方便。我们忘记了它们是活的，因此它们在不断变化，所以我们不能减少它们的一个瞬间又不损失它们中的一些印象（从而改变性质）。我完全理解人们偶然或在很短的时间内观察行星的轨道，因为行星的先后位置或其运动的结果是唯一重要的事情，而不是将它们区分开的相等间隔之绵延。**但当这是一个情感的问题时，除了这些情感已经被人感受到这一点之外，就没有任何确定的结果了。**为了充分评估这个结果，必须经历情感本身的所有阶段，并经过完全相同的绵延。即使这种情感最终在某些确定性质的行为或事件中结束，可与行星在太空中的位置相媲美，但对这一行为的了解也几乎无法帮助我理解这种情感对意识状态的全部经历的影响，这是一个准确理解这种影响的问题。因此当我们问是否可以预见未来的行动时，我们会不自觉地将可以归结成一个数字的精确科学时间当作真实绵延，而在真实绵延中，看似数量的东西实际上是性质，如果我们摒弃了一个瞬间，就不可能不改变保持这种性质的事实或事件的性质。（*EDI* 147-148［196-197］，强调是作者添加）[43]

88

机械论心理学的根本基础在这里受到攻击。心理生理学家（psychophysiologists）和联想主义心理学家希望将取自自然科学的模型应用于心理事件，而柏格森则证明这是不合理的。自然科学的世界和心理学或意识的世界是两个不同的宇宙。在前者中，物质和能量守恒，运动是可逆的（因为我们将事物置于空间的均质介质中），因果律（the laws of cause and effect）是通行无阻的，我们通过测量物体并根据事物的逻辑律来讨论它们，获得知识。在后者中，一种不守恒的能量形式占主导地位，即作为绵延的时间。运动只发生在一个方向。性质无法还

43　参见本书第六章关于混沌理论的探讨。

原为数量。意识状态或感觉不能彼此分离，也不能被识别、命名和计数。我们有一种影响的力量，而不是因果关系。**一种感觉的影响恰恰就是它能被感觉到的事实**。这个事实影响的不是单独的元素或事件，而是一段历史的合奏（ensemble）。感觉状态的影响是字面或词源意义上的影响。已经经历过的事实如何融入一个人的整个人格以及他或她的整体历史？这是一个问题。在这里，"合奏"一词含有柏格森早先引入的泛音（musical overtones）之义，柏格森那时提出将乐句（musical phrase）视为绵延的一个形象，而将交响乐视为真实绵延中意识状态的混杂多样性 89 的一个形象。

决定论者声称所有现象，包括心理现象，都受定律约束。柏格森认为这是不可能的。当谈到内在体验时，同一个原因永远不会出现两次。因此，声称相同的原因会产生相同的结果是不可能的。内在体验由多种性质组成，一种性质的同一性包括它发生的那一刻的性质。

> 现在，我们对绵延的概念倾向于肯定深层心理事件的根本异质性以及任何两个心理时间都不可能完全相似，因为它们构成了历史上的两个不同瞬间。而外部物体不带有过去时间的标记，因此……物理学家将能够识别相同的基本条件，而对于意识来说，绵延是真实的，它保留了一丝过去的痕迹，就绵延而言，人们不能说存在着相同的条件，因为同一瞬间永远不会出现两次……即使是简单的心理因素，不管它们是多么不深刻的，它们都有它们自己的生命与人格，它们处于不断变化的状态中，同一情感只要重复出现一次就变成一种新的情感。我们甚至不能保持它的原名。简而言之，因果关系倘若在内心界仍然有效，则它跟我们所说的自然界的因果关系没有一点相似处。对于物理学家而言，同样的原因永远产生同样的效果；就心理学家而言……一个深层的内因只会产生一次结果，而且永远不会再产生。（*EDI* 150-151［199-201］）[44]

44　关于柏格森对因果关系的批判，请参阅本书第二章中关于量子物理学领域内部对与物理世界相关的因果关系原理的挑战部分。

如果这段话难以理解，可能是因为我们的想象力仍然痴迷于空间，即使我们试图理解柏格森的论证。我们倾向于在空间模型上看到时间，即作为一个事物在其间发生的同质性领域。我们希望能够从时间视域中
90 抽象出这些内容，并能够独立地考虑它们——当如此多的事情发生之时。柏格森要求我们以完全不同的方式思考。绵延和它的内容是一回事，因为在时间中发生的感觉或知觉带有它们的短暂瞬间的标记，又因为时间只向一个方向移动，任何短暂瞬间都不会倒转。一个人永远不会体验到完全相同的两次感觉。

具体经验是极其独特的，因为它与它发生的独特瞬间紧密联系。虽然我们将空间想象成一个空的同质媒介，充满了我们可以并列和计数的物体，但绵延并不是其他事物的抽象框架。柏格森要求我们将绵延视为充实的而不是空的。绵延是发生在其中并通过它发生的定性的生活体验，具有不可还原的具体性和独特性。绵延无法被知晓，这是因为它一直在变化。绵延只能活在其展开的某个特定时间中。[45] 那么，从这次探讨中得出的最重要一点是绵延不包含强度，绵延就是强度或不同强度自始至终地展开，或作为不可逆转的生成时间。

因此，一种感受不能像一种形式中的某个特定内容那样被保留在时间中，也不能像某个物体被保留在空间的统一领域中。当我们给一种感受取名字时（例如"愉悦"或"光明"），就已经将这种感受视为这样的一种事物，视为可以一次又一次再现的事物。但是形式和内容在绵延中是不可分开的。作为真实绵延的时间自身已经进入内在体验的本身（identity of inner experiences）了。这些事情不仅涉及什么是被感觉到的（what is felt），而且更具体地说，也涉及它是怎么样给人带来感觉的（how it feels）。而这个具体方式取决于在特定瞬间、一个"永远不会自我再现"的瞬间发生的其他一切事情。它甚至取决于一个人的全部历史。

45　我所说的"强度"是指柏格森所说的"定性体验"的一切概念：情感、感受、感觉等。参见本章第一节中的讨论。

同一性

那么，同一性*原则会变成什么？它发生了根本性的变化，不再是一个重复性或可再次演绎的功能，不再由现在和未来之间的合法关系所决定（就像在因果性逻辑中，相同的原因总是会产生相同的结果）。它将发生的事情与这件事发生的那一瞬间联系起来。

> 同一性原理是我们意识的绝对法则。它肯定了我们所想的内容 91
> 就是在思考它的那一刻被思考。这一原则的绝对必要性在于，它实
> 际上没有将未来与现在联系起来（如因果律中的那样），而是将现
> 在与现在明显地联系起来：就"意识忠实于自己的角色，已经达到
> 了意识将自身限制在仅仅宣告灵魂的实际表面状态的程度"而言，
> 它表达了意识在自身中感受到的不可动摇的信心。(*EDI* 156 [207–
> 208])

矛盾的是，感受时间流动的力量——绵延的力量——的唯一方法是正如他们在 20 世纪 60 年代所说的那样，现在在这里完全沉浸于自己在当前的所有可能获得的感受。在这里，柏格森根据每个生命瞬间的独特性质重新定义了内在的一致性。通过以这种方式重新定义同一性，他将同一性与因果关系区分开。

这里的关键是，柏格森早先提到的真实时间的根本异质性。每个瞬间都是内部异质的。它由柏格森所说的动态性质多重性或"混杂多重性"组成。这意味着我们无法区分在任何特定瞬间重叠或相互渗透着的各种感觉状态。但这也意味着我们正在经历多种情感状态，因为这些状态处于一种生成（becoming）的模式，在这种模式中，每个状态都继承了上一个状态，发展成下一个状态，或者在时间上与另一个状态重叠。最后，造成这种内在体验异质性的原因是，每个瞬间与下一个瞬间都是

---

* 译者注：identity 虽然有时也可理解为"本体"，但在此处稍嫌不妥，因为本体多少意味着"有形物"、物质世界的"实在物"，而在本书的其他地方中理解为"同一性"则更加适当。

完全不连续的，即使它是从一个瞬间（平静地）流出，再流进另一个瞬间去。绵延涉及根本差异的产生。[46]

不可想象的时间，根本差异

这种真实的或纯粹的绵延概念几乎是不可想象的。柏格森要求我们停止以"相同性"（sameness）来进行思考，而开始以"根本差异"来思考，根本差异是不可逆转的。或许在我们思考绵延时，我们能做的就是不借助惯用的思维方式来思考绵延——不去思考相同性、重复性等，因为绵延本身不是可以被思考的东西。它至少与概念思考不相容，而概念思考之所以可以成功，则是因为它将概念空间化了。[47]

正如柏格森所说，绵延涉及一种将现在与现在结合起来的关系。看似矛盾的是，现在与现在的这种关系给我们带来的不是时间性的连续（continuous temporality），而是时间的不连续。现在并没有给出未来的蓝图，也没有未来的预形成（pre-formation）。[48] 而且，正是这个原因，它与支持同一性（identity）和因果关系的经验主义法则不相容，而我们正是通过在现在设想未来并管控时间。尽管我们可以从数学上预测未来，但这将使时间被简化成数字，并使我们关于绵延的真实时间的体验遭到破坏，在走向未来的路上，差异性也随之产生。

通过在精神生活领域摒弃因果解释的概念，柏格森有效地挑战了同行的研究方法。他通过从根本上区分内心生活的动态性与受自然法则支配的物质世界，表现出了自己的批判态度。他的工作彻底完成了吗？没

46　我们注意到正文与乔治·巴塔耶的"内在体验"（l'expérience intérieure）概念的密切关系，当然，我们还注意到多样性和异质性的这些概念对于德勒兹的重要性。我们也顺便注意到巴什拉对柏格森的误解，他批评了柏格森时没有意识到绵延中的内部不连续性。参见：Pearson, *Philosophy and the Adventure of the Virtual*, pp.70–74，87–88.

47　绵延与拉康所说的"真实"（the Real）更为接近，"真实"即不能被象征化的那些事物。

48　时间是不连续的，因为一个瞬间和下一个瞬间之间没有特定的关系。重要的是要考虑到，尽管柏格森使用了活力论的图像（vitalist images）——例如，当他谈到作为表达根本变化的一种方式的生命——但这并不意味着他在按照平稳发展或类似于有机体增长这样的模型来思考时间。我将进一步明确指出的一点是，活着的人类的特殊之处在于，它吸收时间的方式，这与无法吸收时间的事物不同。从这个意义上说，生命就是内在体验，也就是将鲜活的时间体验为根本的差异和不连续性。这是一种思考（时间的）根本独特性的尝试。

有。他批评了关于自由的一种逻辑谬误，并表明这种逻辑实际上可以被还原成另一种形式的决定论，但柏格森直到现在还没有真正说明他如何理解自由行动。

自由的事实

在《实践理性批判》中，康德大胆断言，道德法则是一个事实，换句话说，就像我们通过经验而了解的物体那样，不能从理论上得到证明或演绎（因为根据康德哲学，事实是先验的存在）。同样，柏格森肯定自由是一个现实，自由只能通过直接经验而不是意识的反思而知晓或了解。柏格森将"自由"简单地描述为"具体的自我与其执行的行动的关系"（*EDI* 165［220］）。如果"自由"不能得到进一步的定义，柏格森带有某种讽刺意味地补充说：这正是因为我们是自由的。定义某个概念 93 就是在分析这个概念，分析这个概念就是将其分解为不同的部分。但是当我们分析它时，我们就把它投射在空间中，那么时间的能量则将立即消失。既然时间的力量就是自由行动的力量，那么我们就无法继续分析自由行动了。一旦我们开始对自由进行推理，我们就会将时间转化为空间，这就是为什么"关于自由的任何一个定义最终都会变成对决定论的一种证实"（*EDI* 165-166［220］），正如柏格森在自由选择的逻辑中讨论的那样。

总而言之，当谈到自由时，任何澄清的要求都不可避免地回到这个问题："时间可以用空间充分表示吗？"对此的答复是：如果这是一个关于"已经过去的时间"的问题，那么可以。如果你想谈论现在的时间，那么不能。自由行动发生在这个行动进行的时间中，而不是发生在已经过去的时间中。因此，自由是一个事实，而且在人们所确认的种种事实中，没有一件比自由更明晰的了。自由问题的全部困难以及问题本身，都源于这样一个事实：人们想将广延所具有的相同性赋予绵延，要以同时存在来解释陆续出现（interpret succession by simultaneity），并试图用一种语言表达自由观

念，但这种观念显然无法被翻译成语言。（*EDI* 166［221］）

　　柏格森已经证明或执行了他在本研究开始时诊断出的问题：语言会将绵延碾压至粉碎（*EDI* 98［132］）。在本章中，他分析了在关于自由与决定论的辩论中传统上引用的各种话语和论点。他已经表明，在每种情况下——即使思想家试图捍卫自由——也不可能在逻辑上或思想上把握自由。自由不能用语言来解释，也不能为反思性意识所掌握。自由是一种直接体验。

第四节　《论意识的直接材料》的结论

　　柏格森回忆说，正是康德教会了我们客观地思考经验世界。康德教导我们：我们根据心灵的某种结构来感知事物，因此只能按照心灵让我们向思维提供事物表象的方式来认识事物，也就是说，我们了解的是现象（phenomena）而不是本体（noumena）或"物自身"。因为正是为了思考，我们想象事物是在空间和时间中发生的，这就是将它们给我们提供表象的必然方式。无论事物是否真的存在于空间和时间中，我们都相应地构建我们的真实感，在某种绝对意义上，这种真实感独立于我们（即与我们无关）。

　　由于只有一个神才能拥有"物自身"的知识，因此我们的知识仅限于现象，仅限于事物呈现给我们的表象。在这些限制（经验世界的限制）内，我们可以拥有严格的知识。科学家们通常不会受到这些限制的束缚，与哲学家不同，他们并不特别关心"物自身"的问题，或者他们认为这些问题是个人信仰问题。他们很满意地把现象世界视为经验真理的领域，并声称取得了对现象世界的真实知识。就此而言，科学的实证研究遵循着康德的哥白尼式革命（Kant's Copernican Revolution），而康德的哥白尼式革命根据人类特定的心智活动形式构建了外部世界的真理。柏格森则将康德的观点彻底颠覆。他问：我们是否不自觉地倾向于根据某些形式来构建我们对自身内在生活的理解，而我们又是从看待外在世界（外在世界指的是心灵外的世界）的方式那里借用的这些形式。这当然也是柏格森从一开始就对决定论式的心理学家提出的指控，也是他对所有试图取得关于内在生活实际运转状况的科学知识的人的指控。[49]

当我们客观地或科学地考虑世界时，我们试图删掉主观元素。但当我们主观地思考自己时，柏格森要求我们持与之相反的态度，即当我们想了解自己时，需要删掉客观的思考方式："当我们试图确定各个物理现象彼此之间的真实关系那样，我们将与这些现象相违背的那些东西剔除出感知和思维方式之外，因此，为了思考原初的纯净自我，心理学应该将带有外部世界可见标记的那些形式加以删除或更正。"(*EDI* 168 [223-224])

因为看到某物就是看到它在空间中得以呈现(to see something is to see it presented in space)，所以（带有外部世界可见标记的那些形式）其中最主要的是可见性(visibility)本身。正是本着这种精神，柏格森在整部《论意识的直接材料》中对多个概念进行了批判和重构(reconfiguration)，使它们适于（论述）主观经验。他着重于三个概念：强度、绵延和自由决定(voluntary determination)，并试图净化所有适合对外部世界进行科学研究但不适合（描述）内心体验的特征。"'强度''绵延''自由决定'在这里是必须被净化的三个概念，净化的主要方式是摒弃由于感性世界的侵入而产生的所有因素，或者简而言之是摒弃对空间概念的迷恋而产生的所有因素。"(*EDI* 168 [224])

这些观念是柏格森在每一章都探讨过的：第一章探讨强度，第二章探讨绵延，第三章探讨自由或自愿决定(voluntary determination)。他现在总结了对每一个观念的论证，尽管在这里他明确引用了康德的概念框架来构建他对各个概念的批判。

强度。当我们考虑感觉时，有两个方面需要体验。例如，当我们感觉到明亮的光线时，我们会在我们的外部和内部感受它。当我们提到感

---

49 "因为如果我们假设我们正在谈论以及我们适应物质的形式完全来自心灵，那么将它们不断应用于外在客体，同时避免这些客体在这些形式中快速留下痕迹，这看上去是无法实现的。当我们使用这些形式来获取我们自己的知识时，我们要冒着这种风险，即我们放置自我的框架（这个框架归根结底是外在世界）中的反映可以改变'自我'的色调。因此，当我们在游览外部世界后试图回归自我并理解自我时，我们就不再自由了。"(*EDI* 168 [223])

觉的外在原因时，会感觉到它在我们之外。我们可以确定一个原因——例如一个明亮的灯泡——我们甚至可以定量地测量这个原因的力量，因为我们可以测量光源的瓦数（wattage）。这种思考感觉的方式接近于我们用来解释外部世界的方式。但是，如果我们向内看并考虑独立于任何外部原因或光源的感觉，例如明亮感本身，有的只是明亮的感觉，即一系列相互重叠并融合在一起的定性状态。内在意识只体验亮度的性质，而不是某物有多明亮。[50]

　　因此，强度的概念有两个层面。强度对内在意识来说是一种性质，而当我们将强度与外因联系起来，并像描述那些自我展示在空间的外在物体那样对它进行描述的时候，强度则是一种数量。至于强度究竟是一种性质还是一种数量，则依赖于我们看待它的方式。

　　多样性（Multiplicity）。这也是一个双重的概念，或者就是柏格森所说的一个"混账概念"（*EDI* 169［225］）。一方面，我们将多样性与数量和数目联系起来，这预设了一个同质空间，在这个空间中，不同单元可以并列地排成一条线，以进行计数。[51] 我们记得柏格森在《论意识的直接材料》的第二章中解释了这一点。但那时候存在着意识的多样性，在这种多样性中，心理状态重叠、相互融合并动态地叠加在一起，形成一种定性的或"混杂的"多样性。

　　当我们思考世界上的事物时，我们有意忽略了第二面，即定性的方面（不同性质相互着色的方式），并认为物体彼此之间是清晰明了的，这时我们依赖与数目相关的"清晰多样性"（distinct multiplicity）概念。但反过来说，这意味着当我们考虑内在经验时，应该忘记经验的客观方面，并小心翼翼地避免将内在状态视为彼此不同和分离的（就像可被记数的物体那样）或有着可被解释的原因：在内在经验中，没有相同，只有不同。

　　绵延。什么是绵延？柏格森首先提醒我们它不是什么："我们内在

50　柏格森本质上是在解构康德式的强度的数量概念："当你研究外部事物时……你暂时搁置这些力，假设它们存在，只思考这些力的可测量和扩展的影响。当你依次分析意识现象时，你为什么要保留这个混账概念？如果在你外部的数量永远不会是强度的，那么在你内部的强度永远不会是数量的。"（*EDI* 169［225］）柏格森继续论证，不存在空间中物体的广延数量和非广延事物的强度数量这两种类型的数量。一方面存在的是数量，另一方面存在的是性质。

51　数字是一个多样性单元，我们可以用它和多样性的其他单元在数学上进行组织。

的绵延是什么？一种性质的多样性，与数量无关，一种有机体式的发展，但不是一个不断增长的数量，一种纯粹的异质性，在其核心中是没有彼此不同的性质的。简而言之，内在绵延的各个瞬间彼此是融合的（not exterior to one another）。"（*EDI* 170［226］）

　　但绵延也有两面吗？是否存在着绵延的外在面？柏格森回答说：绵延的外在面看上去就是"现在"（the present），即同时存在（simultaneity）。柏格森在这里进行了某种限制。与前面所提到的概念不同的是，"将绵延放入空间"是不可能的。因为"将绵延放入空间"将产生"名副其实的矛盾"，这个矛盾就是将陆续出现置于同时存在的核心。"因此，我们不能说外部问题会持续，而只能说：存在一些难以解释的原因，使得我们无法确认这些外部物体在绵延的陆续瞬间中是否已经发生改变，所以我们无法思考外部物体。"（*EDI* 171［227］）

　　绵延和空间之间的差异在柏格森此时的思想中是作为一种先验性的前提存在的（尽管它可能只是一个策略性的差异）。[52] 它对应于意识的内外之分或意识与物质之分。柏格森在此阐明了引导《论意识的直接材料》的全部论证的那个基本矛盾："在意识中，我们发现各种状态之间陆续出现（succeed one another），但彼此无法区分开（distinguishing themselves from one another）*，我们在空间中却发现各种状态的同时存在（simultaneities），它们不是陆续出现的，但彼此可以区分：这里的'区分'的意思就是指当后一个状态出现，前一个状态就不再存在。……在我们（的意识）之外，有彼此的外在性（reciprocal exteriority）*而没有陆续出现，在我们（的意识）之内，有陆续出现而没有彼此的外在性。"（*EDI* 171［227］）

　　如果我们不能将绵延放入空间，那么我们实际上已经在不知不觉中将空间加入时间概念中了。当我们说时间是可以被测量并如同空间那样

97

52　这是一个有争议的学术问题，参见：Deleuze, *Bergsonism*, Mullarkey, *Bergson and Philosophy*, chap. 2, 以及我的"The 'Zig-Zags of a Doctrine': Bergson, Deleuze, and the Question of Experience"。

*　译者注：即意识中的各种状态交融在一起无法区分，这就是现代文学艺术中的"意识流"概念最重要的特征。

*　译者注：即各种状态彼此是可以区分的，这样每个状态就外在于其他任何一种状态。

可以被分割成不同单元的时候，时间就变成了一个混合概念："一种可测量时间的混合概念，如果从其同质性（homogeneity）而言，它就是空间，而就其陆续出现而言，它就是绵延，也就是说，这种概念本质上是一个自相矛盾的概念，因为它把'陆续出现'概念强行塞进'同时存在'概念中"。（*EDI* 171-172［228］）

传统的时间概念就有这种矛盾，而这个概念的混合性质对科学有利。因为当科学思考世界上的事物时，它把广延和绵延这两个要素分开而只考虑前者："科学在对外部事物进行深入研究时，将广延和绵延这两个元素分离开来。我们已经证明：科学对绵延只保留同时存在，科学对运动本身只保留运动物体的位置，也就是所谓的不动性。这个分离操作非常清楚地保持了空间概念的优势地位。"（*EDI* 172［228-229］）

柏格森呼吁为了有利于对绵延的研究，对绵延也进行分离：

然后，当我们研究内在现象时，我们需要再次进行分离，这一次有利于绵延。不是处于结束状态或在语言理智将这些内在现象分开并在同质的环境中分散它们以解释它们之后的内在现象，而是当这些内在现象发生和构成时，通过它们的相互渗透，不断发展成一个自由的人。在恢复到其原初的纯净后，绵延将表现为一种完全的性质多样性、一种各种元素的绝对异质性，它们开始相互融合。（*EDI* 172［229］）

在这种概念的净化中，这种从物质世界的经验中清晰地划分出内在经验的关键是什么？一句话：自由。"现在正是由于忽视了这种必要的分离，有些人走到否认自由的地步，而另一些人（暗指康德和康德主义者）则定义自由，并通过这样做不由自主地进一步否认自由。"（*EDI* 172［229］）因此，对概念的进化旨在"防止空间概念暗中渗透到我们的绵延概念中"，而这可以使自由概念免于被否定。"总之，无论人们如何设想自由，人们都只能在'将时间与空间等同起来'这一前提下才能否定自由。人们也只能在"要求空间可以充分表现时间"的前提下定义自由。只有在起初就将'陆续出现'与'同时存在'混淆的前提下，人们才能在这种或另一种意义上讨论自由。因此，所有决定论都将被经验驳倒，但任何对自由的定义都将证明决定论是正确的。"（*EDI* 173 [230]）去谈论自由实际上是无意识地将"连续出现"转换为"同时存在"。任何一种定义自由的尝试最终只能是证实决定论。唯一一种能驳倒决定论的严格反驳是经验，尤其是直接经验。

因此，柏格森的策略是诊断经验思维（empirical thought）中发生的事情，并邀请我们在思考经验思维时将其从内到外地呈现出来。当我们客观地思考时，一旦看到我们在客观地思考时所做的事情，我们就会知道在想要思考感觉、靠直觉知道真实的绵延和遇到自由行动的可能性的时候不该做什么。要掌握内在体验的基本性质，我们必须做与客观地思考外部世界时所做的事情正好相反的事情。

既然这件事这么简单，我们又为什么那么不情愿做呢？答案很简单：绵延的直觉破坏了我们说话和思考的习惯。它与社会生活的需要不符，社会生活要求我们将自己客观化，就像我们为了了解和掌握世界上的事物而将它们客观化那样。

> 探究为什么科学在外部世界能如此自然地区分开绵延和广延，而在涉及内部状态时就要付出这样一种努力并引发这样的反感，我们不用花太多时间就可以找到答案。但如果这是一个涉及我们的意识状态的问题，我们完全有兴趣维持它们参与外部事物的彼此外在性的幻觉，因为这种区分与同时进行的这种固定，也使我们能够给予它们固定不变的名称。从某种意义上说，它们使我们能够将它们客观化，使它们进入社会生活的川流。（*EDI* 173 [230–231]） 99

由于经验既面向外部的因果世界，又面对内部的绵延质变，因此经验的主体也必须是双重的，正如柏格森在《论意识的直接材料》第一章中所说的那样。[53] "因此会有两个不同的自我，其中第二个自我是第一

---

53 我们可以将这一点与康德进行类比，康德认定存在着认知理解力中的现象自我和与现象自我大为不同的道德自我以及在实践知识的理论领域中运行的事物。

个自我在外界的投影，是第一个在空间中也可以说是在社会中的表象。"（*EDI* 173［231］）

虽然我们之前见过"幻影自我"的隐喻，但柏格森在这里将其定义为自由自我在空间中的投射。这种在空间中的投射也呈现了自由自我的社会表象，这个社会表象即有意识的自动机。鉴于自由自我只能通过直觉来接近，而这种自我的社会表象是可以通过科学而认识的。这两个自我（或自我及它的社会表象［即自我的符号］）让自己以两种不同的方式被认识，一种通过直觉，另一种通过科学知识。

> 我们通过深刻的内省以达到第一种自我（内在自我）。这番内省帮我们深刻领会种种内心状态，它们是在连续不断的过程中形成的活着的存在物，也是不可测量的内心状态。这些内心状态彼此渗透，它们在绵延中的陆续出现与那些在空间里的并排置列物之间没有任何共同之处。但是我们回到（本真的）自我的时刻又非常少，所以我们很少获得自由。在大部分时间，我们都生活在自己之外，只看到自己的无色映像，这是我们被纯粹绵延投射到空间中的映像。所以我们的生活不是在时间中展开，而是在空间中展开，我们不是为了我们自己而活，而是为了外在世界而活，我们更多的是说话，而不是思考，我们不驱使自己行动而是"被行动"。要自由地行动即是要恢复我们对自我的主宰，这就是让自己返回到纯粹绵延中。（*EDI* 174［231–232］）

100

在柏拉图洞穴隐喻的巧妙逆转中，柏格森暗示，当我们"生活在自我之外"如同真实自我的幻影投射时，我们就处于幻觉的洞穴中（*EDI* 174［231］）。当我们被简化为仅仅是自己的社会符号或表象时，我们就进入了一个符号学的幻觉领域（semiotic realm of illusion），好像我们背弃了自由行动的可能性。当我们让自己被写入因果解释的话语而不是自由和热情地行动时，我们就会"被行动而不是自己在行动"（*EDI* 174［231］）。

在本书的结论中，柏格森回到康德，并明确地将自己与这位德国哲学家的思想产生联系。康德将时间视为内在统觉（inner apperception）的形式，将空间视为外在统觉的形式，柏格森肯定，康德这样做是对的。康德的错误是让空间偷偷地（surreptitiously）污染了他的时间观念。如果康德能理解绵延与空间的根本区别，即绵延完全的异质性，那么柏格森就不会与康德产生分歧。由于康德没有把握时间（作为绵延）和空间之间的根本他异性（alterity），因此有必要对这位批判哲学家进行一种批判："康德的错误是将时间视为一种同质环境。显然，他没有注意到真实绵延是由彼此内在的瞬间组成的，当它呈现出一个同质的整体形式时，只是因为它将自身表现为空间。因此，即使康德在空间和时间之间建立了一种区分，但基本上也等同于对二者的混淆，而且康德也混淆了自我的符号学表象与自我本身。"（*EDI* 174［232］）由于康德将时间与其他同质性环境（例如空间）混为一谈，所以他将（内在的）因果性归因于内在的思想操作，就像他将（外在的）因果性归因于外部世界的对象那样。"康德以这种方式相信，相同的状态能够在意识深处自我再现，就像空间中的现象能自我再现一样。至少当他（［如同归因于外部世界的因果性联系］将相同的意义和作用归因于内部世界的因果性联系）时，康德默认了这一点。从这一要点来看，自由成了一个不可理解的事实。"（*EDI* 174-175［232］）对于柏格森来说，这是康德哲学中坚定立场的表现（decisive gesture），它逐出了自由，并使经验主义方法和 101 途径能够侵入心理学研究。

但这有点太简单了，因为康德并没有彻底排除自由。他只是把自由排除在现象世界之外，并把自由置于物自身的领域中。我们无法从理论上知道这些，我们只能在伦理领域中将绝对观念体验为道德义务。在这里，在康德称其为"实践理性"的领域中，这是一个绝对自主的主体，即不再受时空规定（determinations）影响的自由主体的问题。柏格森将其称为"本体"自我（the "noumenal" self）。"尽管如此，通过一种无限的（尽管可能是无意识的）信心，康德在这种他试图限制其影响的内在统觉中，坚信自由的存在。所以康德把自由提升到了本体的高度。正如他将绵延与空间混淆一样，他创造了这个真实而自由的自我，这个自我实际上是空间的一个陌生人、一个同样在绵延之外的自我，因此我们的

知识体系是无法了解这个自我的。"（*EDI* 175［232–233］）柏格森描述
了康德的道德主体，康德的道德主体的自主性将其与自然法的规定（特
别是因果律）完全区分开，并使其能够直接与康德所说的道德法则的先
验事实或绝对事实相关联。

柏格森认定，康德将这种自主或自由的主体与空间相分离，无疑是
正确的。但是当康德也将它与时间区分开，并将其归入物自身的不可知
领域时，他就弄错了。柏格森的解决方案是将时间转换为绵延，并将自
由主体定位在绵延内。通过这种方式，对这种自主或自由的主体就可以
通过直接经验来了解。

因此，尽管柏格森采用了康德的某些观念，但得出了与康德相反的
结论（Bergson stands Kant on his head），因为柏格森将这种自由的自我
从被柏格森称为"康德道德哲学的'本体高度'"处转移到直接感官体
验的深处（*EDI* 175［232］）。这一立场与波德莱尔在《恶之花》中对诗
歌所体现的立场并无不同。

> 但事实是，每当我们通过强烈的反省来感知这个自我时，我们
> 必须将眼睛从跟随我们的阴影中移开，让眼睛审视我们自己。事实
> 是这样的，我们普遍生活和活动在自己的身体之外，在空间中而不
> 是在绵延中生活和行动，而且尽管在这样做的过程中，我们服从于
> 因果律（将相同的结果与相同的原因联结起来），我们还是可以使
> 自己返回到纯粹绵延中，因为绵延中的每个瞬间都是彼此内在于另
> 一个瞬间中，彼此也是异质性的，在绵延中，同一个原因永远不
> 会再次得到同一个结果，因为纯粹绵延不可能自身重复。（*EDI* 175
> ［233］）

102

因此，即使康德将自由完全置于我们无法触及的范围内，柏格森则
重新将其置于我们最直接的经验之中。如果我们自己从空间的视域中退
出来，并让自己回到绵延中，那么自由对我们来说是可能的。

柏格森用下文总结了康德哲学立场的要点：

康德一方面想象了"物自身",另一方面,想象了可以折射"物自身"的一个同质性的时空。因此,一方面是现象自我,即一个意识可以感知的自我,另一方面则是外部对象。因此,与时间和空间在我们外部的场合相比较,内部的场合不会更多。但是外部和内部之间的区别将是时间和空间的杰作。康德的这个思想的优点是为我们的经验提供了坚实的基础,并让我们确信现象(从其为现象而言)是完全可知的。我们甚至可以将这些现象确认为绝对观念,并摒弃物自身(things in themselves)这种不可理解的观念,要不是揭示(道德法则中的)义务的实践理性向我们提出警告的话,这种实践理性像柏拉图式的回忆那样走近我们,告诉我们物自身是存在的,尽管不可见,但在场(present)。(*EDI* 175-176 [233-234])

在康德那里,正是实践理性、伦理学领域提醒科学家,经验领域没有关于事物的绝对真理,它只是一个现象领域,而且"物自身存在,尽管不可见,但依旧存在"(*EDI* 176 [234])。"康德没有得出真正的绵延是异质的结论……康德宁愿将自由置于时间之外,并在这两个世界之间建立一种绝对的障碍:一个世界为现象世界,康德使其完全屈服于我们的知识,另一个世界为拒绝我们进入的物自身世界。"(*EDI* 17 [235])柏格森在这里采用了康德的某些观念,却得出了与康德相反的结论(Bergson stands Kant on his head)。因为康德将自由置于超越时间和空间的道德领域中,柏格森则将自由置于被理解为异质性绵延的时间之内。柏格森没有在时间和自由之间设置障碍,反而是将自由置于时间中(柏格森将其视为绵延),而且使它与我们最接近——处于我们直接体验的核心。"但也许这种区分太尖锐了。"柏格森继续论述,仍然谈及康德: 103

　　而这一障碍比人们想象的更容易跨越。因为如果注意到意识偶然间感知到真实绵延的瞬间相互渗透而不是并列的,且如果这些瞬间形成了彼此之间的异质性,在这种异质性的核心中,必然决定(necessary determination)这一观念失去了所有意义,那么意识所掌握的自我将是一个自由因。我们会对自己产生绝对认识,而且,正是因为这个绝对认识不断地与现象混合，它让现象充满自身，并渗透在现象中，这些现象不能像以往假设的那样进行数学推理。（*EDI* 176-177［235］）

也就是说，内在现象并不像科学声称的那样可以被推理和分析，因为绵延无法在认知上被掌握，自由也无法通过话语被表达出来。

对于柏格森来说，绝对知识与经验世界是分不开的，绝对知识是在经验世界中运转的。康德的批判性研究是要划定理性的领域，将可以知道的与不能知道的——绝对不可知的——分开。为了这个目的，康德强加了一个现象和本体之间的区别。现象和本体被一种先验的划分分隔开来，而这种先验的划分使物体可在时间和空间中表现出来的自然世界与物自身的世界划清界限。对于柏格森来说，必须重新绘制分界线，将空间从时间中绝对地分离出来。他邀请我们思考绵延。[54]

将柏格森的立场理解为对康德（以及一般的经验主义话语）的回应，就是认识到柏格森在这里援引绝对观念时并不是以神秘主义者的身份说话，他是以一个哲学家的身份在说话。在柏格森的思想中，康德描绘为先验界限的差异并没有将表象与某种不可言喻的物自身（ineffable thing in itself）区分开。这就在空间和时间（柏格森将其视为绵延）之间产生了根本性的差异。它消除了外部世界的经验和内在的经验之间的差104 异，并在结构上划定了同质性和异质性之间的根本他异性。绝对物——被理解为自由本身——贯穿于经验。当然，除非我们允许受客观意识的形式支配我们并使我们客体化来遮盖自由。然后（即自由被遮盖后），我们就失去了自由。我们变成了自动机。

"因此，我们预设了一个同质的空间，并与康德一起将这个空间与填充这个空间的物质区分开来。我们与康德一样承认，同质性空间是感性（sensibility）的一种形式。"（*EDI* 177［236］）柏格森沿承了康德将空间感性视为一种先验形式的做法，用柏格森的话来说，"向我们揭示

---

54 关于柏格森的思想与康德的联系，可以参见：Alexis Philonenko, *Bergson ou De la philosophie comme science rigoureuse.*

了事物的客观性"(*EDI* 177〔236〕)。此外，作为感性形式的空间"宣布和预备"了社会生活并"促进了语言交流"(*EDI* 177〔236〕)。由于人类将事物置于空间中，并最终将自己置于同一个空间中，因此更容易建立一个共同体。空间为社会生活提供了一个共同场景。[55] 然而，康德主义者允许自动化逐渐"覆盖"自由，以至于他们用同质的时间代替了异质的多种绵延。对于柏格森来说，这正是科学心理学家所做的事情。

那么，以柏格森的观点来看，康德犯的根本错误就是将本应属于时间之内的自由这一"绝对概念"定位于时间之外。考虑到时间与空间的根本区别，时间之内即绵延。我们如何纠正康德的这种观点？如果我们不能像认知世界上的其他事物那样去认知自由，又该如何了解自由？我们必须倾听自己的经验，因为当我们热情果断地行动时，就可以自由地行动。当我们承认这些瞬间时，就学会了理解自由。当我们记起这些瞬间时，我们清楚地感到不能用理性来解释这些瞬间，甚至不能用语言来表达它们。我们清楚地感到，我们无法说出是什么造成了它们，而且，这种经验是独一无二的，而且永远不会以完全相同的方式再次发生。[56] 柏格森在此得出结论，问题并不是我们不自由，而是我们不想获得自由："尽管我们每次想要回归自我时都是自由的，但我们很少想要这样做。"(*EDI* 180〔240〕)　　　　　　　　　　　　　　　105

最终，柏格森总结道："关于自由的这个问题是……因为误会而产生的。这个问题对现代人来说，就像爱利亚学派的诡辩对古人来说一样，是一种幻觉。通过这种幻觉，人们把连续出现与同时存在、绵延与延展、质量与数量混淆在一起了。"(*EDI* 180〔240〕)上句话中提及的这些概念是柏格森在这个研究中试图通过绵延概念来"净化"的概念，绵延概念重新发明了一种时间概念，这个概念净化了应属于我们思考空

55　"因此，通过这种双重作用，它一方面促进了语言，另一方面宣布和准备了社会生活，通过向我们展示了一个与我们完全不同的外部世界，这个外部世界是一切心灵的共同知觉对象。"(*EDI* 177〔236〕)

56　有必要"通过思考，让我们回到我们以往生活中的一些时刻（我们在这些时刻中要做出一个严肃的决定），这些时刻是独一无二的，永远不能再次出现，如同一个民族的不同历史阶段永远不能重演一样。我们将看到，如果这些过去的状态不能用语言充分表达，也不能通过简单状态的并列进行人为重构，那是因为它们在它们动态的统一性和完全定性的多样性中展现了我们真实的和具体的绵延、我们的异质绵延以及活着的绵延的多个阶段。"(*EDI* 179〔239〕)

间方式的所有元素。柏格森希望通过彻底的思考来治愈我们对空间的迷恋。但严格来说，自由问题并不是一个纯粹的哲学问题，也是一个关于欲望的问题，更是一个关系到社会生活的问题，它甚至可能被认为是一个政治问题。这些问题将是柏格森将在其最后一部著作《道德与宗教的两种来源》中重新论述的问题。

第四章 《物质与记忆：关于身心关系的论著》

正如我们所看到的，《论意识的直接材料》开始证明主观经验不能被客观化，性质（物体给我们带来的感觉）与数量（这种感觉有多少）没有共同之处。为此，柏格森在内部与外部或意识与物体之间划出了一条严格的界限。这使得我们可以对绵延进行具体说明（specification），即绵延是一种与空间无关的内在时间模式。

《物质与记忆：关于身心关系的论著》，将回过头来重新审视《论意识的直接材料》中预设的内外差异。它从《论意识的直接材料》开辟的全新角度（即绵延）出发来探索意识与物质之间的关系——或心身二元论。*在"关于主体和客体的问题应该作为时间的功能而不是空间的功能而提出"（*MM* 74［71］）这句话中，柏格森想表达什么意思？他的意思是：过去与现在的差异将比心（意识）的内外差异更重要。这在本书的标题中有所暗示，它以物质与记忆之间的差异来重新表述物质与心灵之间传统的形而上学对立。这项工作的出发点不是传统的二元论即心灵与物质的关系，而是身体与心灵之间的关系问题。在《论意识的直接材料》和《物质与记忆》出版相隔的五年期间，柏格森研究了神经生理学。

在第一部建立他的声誉的著作《物质与记忆》中，柏格森通过身心二元论的传统哲学阐述来开始论述，传统哲学将心灵的内外差异解释为 心灵与物质的差异或唯心论（观念论）和实在论之间的差异。唯心论者会说：世界全部就存在于我们的头脑（heads，即心灵）中。或者至少可以这样说：世界等同于我们心灵中的世界表象。我们记得康德提出过：关于外部世界的一切，我们所能认识的全是其表象，即因为我们的心灵

---

* 译者注：在这句话中，"心"对应于意识，"身"对应于物质（因为身体在这里等同于一种物质，而不是心灵）。

结构而产生关于外部世界的图像。这就是"现象"（phenomenon）的定义。实在论者会说，我们的感知是作为我们大脑和"身体的神经化学回路"的一种功能而发生的，它对经验世界中的各个成分进行响应。他们还会说：我们心灵中的表象可以依据物理原因来解释。

根据在《论意识的直接材料》中论述的绵延体验，柏格森决定以自己的观点来代替这两个观点。他并不关注身心二元论本身，也就是说，他对选择一个术语来支配另一个术语的做法不感兴趣。他对探索这两个术语之间的关系很感兴趣，正如副标题所示，这是"关于身心关系的论著"。在他看来，这个问题涉及三个概念，即心灵、物质以及心灵与物质的关系。这就是关于记忆问题的由来。

柏格森的第一步是解构唯心论与实在论之间的对立。尽管这两种立场看似不同，但柏格森指出，两者都有一个基本假设：知觉是为关于经验世界的真理或知识服务的。柏格森拒绝这个前提。他坚持认为，知觉服务于行动，而不是知识。它发挥的功能是使我们可以保护或满足自己的需求。由需求驱动的行动以运动的形式发生。

柏格森是如何实现基本假设的这种转变的？他在哲学分析中引入了进化论的观点。他认为，即使是原始生物也有某种形式的知觉。如果水母被戳，它会做出反应——通过反射来自动反应。人们在被戳时也会做出反应。但他们通常可以选择回应的方式。这是因为刺激会经过更复杂的大脑回路，这会延迟反射，并使思考后的反应能代替反射发生。

柏格森坚持认为，为行动服务的基本感知模型对于原始生物和高等生物是相似的。有一种物理刺激，可以用运动来描述，还有一种对这个物理刺激的反应，它也是一种运动，它返回接收到的东西，并通过物质世界的整个系统传递。这是行动的基本模型。原始有机体和拥有大脑的身体之间只有程度上的不同，在复杂程度和反应速度上不同。这种程度的差异反过来又会导致可能采取的行动在类别上的差异。只有高等生物才能够自主行动，即选择对一个刺激做出何种反应。因此，柏格森将大脑定义为"对接收到的运动（外部刺激或兴奋）进行分析的工具"（*MM* 26–27［30］），以及"对被执行的运动进行选择的工具"（*MM* 27［30］），即采取的行动。神经系统提出可能的多个行动，然后由机体选择一个行动。

　　这种强调行动而不是知识的意义是什么？这意味着柏格森从根本上将感知与表象分开，并将表象保留在记忆中。因此，柏格森所谓的"在场"（presence）和他所谓的"表象"（representation）之间的区别将是一个根本上的时间性（temporal）的差异。再次，"与主体和客体有关的问题…… 应该被视为时间的一个职能（function），而不是空间的一个职能"（*MM* 74［70-71］）。这与黑格尔式的认知场景大不相同，在黑格尔式的场景中，通过凝视（gaze）来刻画主体与客体之间的空间距离。

　　《物质与记忆》引入了自动和自愿动作之间的根本区别。这种差异是复杂性的一个功能。有机体的感觉系统越复杂，初始动作周围的不确定区域就越大。这导致刺激反应的反射中断。它的作用类似于电话线上的静态功能，可以阻断要求反射响应的消息。这种不确定性延迟了自动反应，打开了选择的视域。我们可以（通过视觉和听觉等感官系统）感知所需要经过的距离越远，不确定区域就越大，行动的隐真响应时间或选择时间也就越长。

　　"正是不确定性暗示了知觉，"柏格森写道，"即生命体与使之产生兴趣的物体的影响（与生命体的距离或多或少）之间的可变关系。"（*MM* 29［33］）因此，如果想区别原始生物的反射反应和高等生物的知觉，就不得不说，正是感觉系统或系统结构的复杂性所产生的不确定性导致了知觉。这将被具体定义为内部和外部之间的一个"可变关系"。身体嵌入其所属的物质世界并作为这个世界的一部分。但是作为一个生命体（因此也是一个行为主体）是可变的，因为它能够改变它与其嵌入的世界的关系。与无生命的物体不同，有生命的身体是"行动的中心"（*MM* 14［20］）。109

　　柏格森的物质概念涉及一个动态能量系统，其中每个点总是对其他点分别作用。它意味着嵌入性（embeddedness）。物质的一个元素必然作用于所有其他元素，"传递它所接收到的全部，而不是对每一个行动进行一个同样的或相反的反应（opposes an equal and contrary reaction to every action），最终仅是一条路径，所有变化都沿着这条路径，在各个方向，在浩瀚的宇宙中传播自身"（*MM* 29［36］）。这就是柏格森所理解的在场（presence），而不是表象。表象需要隔离和固定这个整体的一个特定特征，柏格森写道："如果我能隔离出这个特定特征，我就能把它转换成表象。"（*MM* 33［36］)[1]

柏格森的策略不仅是在知觉和表象之间，而且在知觉和记忆之间建立了根本性的差异。为了这个目的，他引入了一个完全假设的纯粹知觉概念，这让我们了解如果知觉发生在时间之外会是什么样子。纯粹知觉将实现对物质的直接景象和瞬时景象。因此，它意味着一种彻底的非人格化、一种完全的透明性和一种完全的互动性。在柏格森的物质世界观中，每一个事物都作用于其他一切事物。[2]对柏格森来说，知觉不仅服务于行动，它以动作为模型，因为动作的基本模型是作为一种接触模式而得到的。因此，纯粹知觉涉及直接接触，即一种在物质世界中运转的接触。纯粹知觉因此意味着一种隐真的整体知觉。

当我们的论述从纯粹知觉的假设模型转到实际知觉时，对于真实的知觉，我们需要考虑的不是知觉是如何产生的，而是知觉如何限制自己。因为，"知觉在原理上将是一切事物的形象，事实上，它被简化为与你的兴趣相关的内容"（*MM* 36［40］）。物质世界中的活动模型是机械的，即按照自然规律进行的自动动作，但知觉（至少在高等生物中）是在一个被定义为动作中心的身体中发生的。这是因为身体是自愿行动的起源。

110　　我们记得身体是自愿行动的中心，这是因为感觉系统的复杂结构，这个复杂结构需要协调其各个组成系统，而且能够在一定距离外感知客体。我们记得，这种复杂结构将"不确定区域"引入感觉系统。那么，在高等生物中，实际知觉将受到身体这个活动的、可变的行动中心的视界和兴趣的限制。

如果在极端假设或纯粹知觉的纯粹实例中，我们分析出知觉与表象

1　在表象和在场或物质性（materiality）之间的这种差异中，我们认识到柏格森在《论意识的直接材料》中引入的差异的一个版本，即混杂的多样性（confused multiplicity，他在意识中定位这种多样性）与清晰的多样性（他用这个多样性与外部世界联系）两者之间的差异。他似乎已经将"内在"转移到"外在"，作为一个物质的、真实的前奏，将外在于意识的绵延转换到成现实存在中，这种转换将在《创造进化论》中发生。

2　这是一个可以与混沌理论兼容的观点，我们将在后面的第六章中探讨。

无关，但实际知觉却肯定包括表象："物质的真实性在于它的所有成分与这些成分的各种行动的总和。我们对物质的表象是我们对物体可能采取的行动的衡量标准，这种表象来源于对于我们的需要不感兴趣（更一般地说，我们的职能不感兴趣）的事物的剔除。"（*MM* 35 [37-38]）

因此，通过缩减或消除与我们自己的行动无关的事物，实际知觉被转化为表象，这发生于知觉为我们的兴趣和需要而工作的过程中。"那么，你必须解释的问题不是知觉如何发生，而是知觉如何限制自己，因为在原理上，知觉是一切事物的图像，此时知觉被缩减为与您的兴趣有关的东西……知觉在原理上来讲是无定限的，但实际上，它把自己局限于描述被你称为'身体'的这种特殊图像的活动的不确定性上。因此也局限于身体运动的不确定性中。"（*MM* 38 [40-41]）

柏格森提出了以下对立，即在他所说的"物质无意识"（material unconscious，*MM* 29 [38]）与"意识"之间存在着的对立，在"物质无意识"中，物质的每一个成分都与所有其他成分接触，每个物质点"都接收和传递来自每个物质点的行动"（*MM* 29 [38]）（换句话说，"物质无意识"就是"纯粹知觉"[Pure Perception]，而意识只是在某些角度上与物质世界的某些部分发生联系。"当外在知觉发生时，意识正好存在于这种选择之中。"（*MM* 35 [38]）[3]

下文是柏格森对知觉特征的描述：

> 事实是，我的神经系统——介于触动我身体的物体和我所影响的物体之间——纯然地发挥着一个简单导体的作用，它可以传输、111 分配或抑制运动。该导体由从外围到中心以及从中心到外围的数量巨大的线路组成。从外围到中心有多少线路，空间就有多少点能够向我的运动功能提出基本问题。（*MM* 43 [44-45]）

提出的每个问题都是我们所说的一个知觉（*MM* 43 [44-45]）。因

---

3 再强调一次，虽然此处与弗洛伊德的论述有明显相似之处，但它与弗洛伊德的精神活动拓扑学也存在着各种差异。

此，知觉是向身体提出问题并且身体对其做出回应的问题。

第一节 《物质与记忆》第一章 论呈现的图像选择：身体的角色

行动：不是知识

唯心论认定世界都在我们的脑海（即心灵）中。它认定我们永远无法通过知觉（感知）来了解真正的事物。正如康德所说，我们只能知道事物的表象与现象，而不是物自身与本体。相反，实在论者说，我们的知觉仅仅翻译了身体中发生的事情，心灵中的表象可以用物理原因来解释，因此心灵可以还原为大脑。这两种立场都错误地假设知觉是一种认识论意义上的功能（epistemological function）。

柏格森认为，知觉（感知）使我们对实在物采取行动，而不是去了解实在物。知觉（感知）使我们能够保护自己并满足我们的生理需求。生命体必须行动，这是生命的法则，而感知遵循这个法则。行动，"我们必须使事物变化的功能……而且有组织的身体的所有能力似乎都集中于使事物变化这件事上"（MM 65 [63]），是受需要驱使的，并以运动的形式进行。生命体接收到一个被感知为运动的物理刺激，会产生下一个运动，而产生的这个运动将重现接收到的上一个运动并再次传递给整个系统。

柏格森成功地重新表述了一个重要的哲学问题，因为他能够从跨学科的角度看待它，将生物学和进化论与这个问题相关联。感知服务于行动，而不是知识。根据动作和运动来思考感知，改变了我们看待大脑的方式。大脑不再是一个知识中心，不再是一台产生对世界的表象的机112 器，它开始变成一个行动的中心。"大脑仅仅是一个中央电话总机。它的作用是连接通信或暂停通信。它对接收到的东西没有任何补充。换句话说，在我们看来，大脑似乎是一个与传入动作相关的分析工具，一个与已经发生的动作有联系的工具。但在一个又一个的实例中，它的作用仅限于传递和分解运动。"（*MM* 26-27［30］）大脑要么立即进行通信，在这种情况下生命体会进行自动化行动；要么暂停通信，在这种情况下，生命体可以自愿行动。

图像

从知识到行动的视角转变也改变了我们用来谈论感知的语言。诸如"事物"或"现象"之类的词属于认识论话语，一方面带有真理的含义，另一方面带有幻觉的含义。柏格森不会使用上述任何一个术语。他论述时将使用"图像"来替代上述术语。

这是《物质与记忆》的开场白："现在我面对的是意义最不确定的图像，当我的感官对外界开放时，我可以感知到图像，而当我的感官对外界关闭时，我就不能感知到图像。"（*MM* 11［17］）伴随着第一句话，我们进入了一个新的思想视域，即图像的一种。用哲学的术语来说，我们好像降落在另一个星球上。图像不是物体，尽管它们是真实的。它们也不仅仅是表象，因为即使我关闭感官不再感知它们，这些图像依旧存在。它们也在不断地运动，根据自然法则，"在它们所有基本部分中，各个图像正在彼此发生行动与回应"（*MM* 11［17］）。

那么，所给的是图像。图像是物质，同时也是知觉。图像怎么能同时是两者呢？这个问题需要一整本书的论述来回答，我们将一步步跟随柏格森的深入论述。但在这一点上有一件事是清楚的。柏格森将一个既不是唯物论者的元素（物体）也非唯心论者的元素（表象）的术语作为出发点。该术语旨在让我们暂时放弃通常的思考习惯，以便可以进行不同的思考，即根据行动而不是知识来思考。

身体

113

那么，我现在就在图像面前。但是这个"我"的状态是什么？[4] 首

---

4 "我的身体是在知觉中心形成的事物；我的人格或身体是这些行为所指的存在。"（*MM* 46［47］）

先，"我"是一个身体，因此是一个像任何其他图像一样的图像。"我"受到宇宙中其他图像的作用，并反过来作用于它们。但是这个特定的图像有一些特别之处。出于几个原因，"我"从其他图像中脱颖而出。首先，我从身体内部通过情感了解"我"，也可以从外部了解"我"。我的身体感到疼痛。它在外部世界和内部世界之间有一个"动态的边界"（*MM* 83 [78]）。其次，我身体的感觉器官很复杂。当水母被戳时，它会立即做出反射性反应，它的感知只是一个动作。然而，随着我们在进化尺度上的进步，感知器官变得越来越复杂。多种感官一起运转并提供不同的信息记录，这些信息记录以不同的节奏发生，所以必须由大脑协调。

例如视觉和听觉的某些感觉可以在一定距离内感知，而距离在延迟形式中引入了时间因素，这个延迟指的是对刺激的感知相较于刺激的实际运动之间的延迟。例如，我们会在向我们驶来的汽车撞到我们之前看到并听到它，这让我们有时间来决定走哪条路以避免被撞。协调感觉数据的各种记录——触觉、嗅觉、听觉和视觉——所需的时间与在一定距离外的感知所引入的时间一起，产生了围绕我们的区域，即柏格森所说的"不确定区域"（zone of indeterminacy）（*MM* 29 [39]）。这会干扰对刺激的即时自动反应机制。"不确定区域"打断了自动反应，并在这样做时使自愿行动成为可能："我清楚地看到外部图像如何影响我称之为身体的图像。这些外部图像将运动传递给它。我看到这个身体如何影响其他图像：它把这个运动返回给它们。那么在……物质世界里面，我的身体是一个像所有其他图像一样起作用的图像，也许有一点点不同，我的身体能够在某种程度上选择它返回已接收的能量或运动的方式。"（*MM* 14 [19]）

鉴于宇宙中大多数其他图像的行为和反应都是根据经典物理定律来进行的，但我的身体可以自愿行动。它可以决定如何以及何时对外部刺激做出反应。它可以使周围世界发生变化，为构成整个宇宙的行动和反应系统带来新鲜的事物。

柏格森将身体定义为"行动中心"（*MM* 14 [20]）。这意味着身体会对周围的图像产生影响。然而，在这个意义下，它也对知觉产生影响。由于我的身体会运动、行动并改变其环境，因此知觉无法与构成独立于我们之外的外部世界的图像世界（universe of images）完全对应。身体使知觉个体化，而身体的自愿行为则根据其自身生物学需求的特定安排而横穿周围的图像世界。这是否意味着我们的知觉是主观的？完全不是。这只是意味着我们没有得到图像的全部，而只得到其中的一部分。但我在这里说的只是隐喻。因为在柏格森看来，从某种意义上说，我们不能得到任何"图像"。大脑不是一个知识中心。假如它是一个知识中心，当它运作良好时，它会为我们提供真实的世界图景，而当它出现故障或发生化学变化时，它会为我们提供扭曲的图景。大脑根本不给我们提供图像，因为它不产生表象。[5] 它只是传递运动并导致延迟，然后，身体在这时与世界互动。

形成知觉

我们身体的行为和需求过滤了构成外部世界的图像，设置了我们感知的图像的特定配置。柏格森建议，想想万花筒或框架（*MM* 20［19］），我们的行动构成了我们有意识的知觉的框架，因此知觉总是小于各个图像的整体。我们的知觉为我们与外部世界的互动提供了一种记录或反映。它记录了我们的身体——作为一个形象同时也是行动的中心——给在它周围的图像以印刻，并从这个特定的角度被它周围的图像印刻。它记录了这些图像与我的身体可能进行的行动的动态关系：它是有选择性的。与我们的需求和行为无关的图像会像 X 射线一样直接穿透我们而不留痕迹。这是否意味着我们通过对万花筒的知觉看到的颜色和配置是自己的心理构造？完全不是。柏格森说："我的身体，即一个注定要移动 115 其他物体的身体，是……一个行动中心；它不能产生一个表象。"（*MM* 14［20］）如果知觉与所获得的材料不相符，这并不是因为它歪曲了"真实"。知觉既不是虚幻的，也不是主观的。它仅仅比"真实"要少。知

5　例如，我们不在海德格尔的"世界观"概念的世界中。从柏格森的角度来看，知觉并没有获得关于世界的一个图像。如果真的有一个世界图像，这个图像早就已经在外在性自身那里被提取出来了。大脑只是提供其观看的一种屏幕或提供其打印的纸张。

觉之于"真实"，正如部分之于整体。[6]

构成我们所谓的客观实在的图像"传达了它们收到的全部内容，并对于每个行动做出反应，这个反应与行动大小相等但方向相反。……它们最后仅仅是……一些路径，已修正的内容通过这些路径向各个方向传递，在广阔的宇宙中传播"（MM 33〔36〕）。

在图像的世界中，每个图像都传递着构成物质世界的其他图像的所有运动。然而，并非所有这些修改都与我们的兴趣相关。正如人们无法感知 X 射线或光谱中的某些颜色一样，他们"可以说，让自己被那些自己实际上毫无兴趣的外部行为穿越"（MM 33〔36〕）。根据柏格森的说法，知觉中有一种根据实用标准来对"真实"进行某种限制行为或制定框架的行动。它将图像依照我们行动的规模、范围和兴趣转换为代码之类的东西。[7]而未转换的其余内容则被删除了。

纯粹知觉

纯粹知觉的假设是康德所说的一个"规范性理念"（regulatory idea），这种理念通过提出一个描述隐真界限的实例，以帮助我们把握一个概念的边界，它向我们显示观念大体上是什么。在这种情况下，柏格森的纯粹知觉假设提供了知觉对"处在适当位置并真实活着的一个生命"的意义："但知觉专注于现在，而且能够通过消除所有形式的记忆而获得物质的一个直接和自发的视觉图景。"（MM 31〔34〕）我们可以称纯粹知觉是一种理论虚构，因为实际上，正如柏格森继续表明的那样，知觉总是包含着记忆，但不存在瞬时视觉这样的事物。然而，柏格森的观点是，如果我们首先思考没有记忆的知觉，我们会更容易理解知

116

6　知觉涉及"生命体与使其产生兴趣的或远或近物体的影响之间的可变关系"（MM 29〔33〕）。它的发生是因为身体是行动的中心，它的行动被前面提到的"不确定区域"包围。"正是因为有像自愿行为这样的事物，所以知觉是有意识的，而且我们将它与意识本身等同起来。"（MM 29〔33〕）

7　外部知觉是一种反射："生命体像一个中心，将它周围的物体对它施加的行动反射到这些物体上；外部知觉就由这种反射组成。"（MM 57〔56〕）因此，物体对身体施加一种行动，身体将这些动作作为知觉反射回物体。但并非所有外部事物接收到的行动都被反射或偏转。有些被吸收了，这些被吸收的行动就是情感。

觉和记忆之间的区别，他称这种知觉为"纯粹知觉"。

知觉原理上是非个人的、客观的。作为"潜入现实"的"新生行为系统"（*MM* 71［69］），知觉将我们置于我们自身之外，并将我们直接放置于一个图像世界中，而知觉正是在这个图像世界中与"现实"接触。8 那么在原理上，"要感知所有物体的所有点的所有影响，就要下降到物体的层次"（*MM* 48［49］）。除了纯粹知觉能因为我们的需要而被分裂或粉碎之外，图像的客观现实与图像知觉两者之间没有根本区别，"因此，关于物质的纯粹知觉不再是相对的或主观的，至少在原理上不是，而且我们马上就会看到，纯粹知觉抽象出情感，尤其是记忆，纯粹知觉因为我们多种需要而简单地分裂"（*MM* 49［50］）。

对于物质的物质性或无意识的知觉或知觉自身，我们甚至可能这样说："我们可以说：任何对无意识物质点的知觉——在其即时性（instantaneity）中——比我们的知觉更广阔和完整，因为这个物质点接收并传递物质世界的所有点的行动，而我们的意识仅从某种视角中获得了这些行动中的某些部分。"（*MM* 35［38］）9

柏格森正在唤起每个图像与其他图像之间的那种直接接触。10 因此， 117
正如已经指出的那样，纯粹知觉的假设解释了这一事实，"图像"一词被

8　知觉与情动或感觉之间的差异是种类上的差别。知觉发生在图像的外部世界中，但在我的身体之外；情感（affection）发生在我的身体里。"正如外部物体在它们所在的位置那里被我感知到，感知发生在它们自身内而不是在我体内，所以我是在我的情感状态产生的地方那里体验到情感状态，也就是说，我是在我身体的特定点那里体验到情感状态。"（*MM* 58［57］）因此，"当我们说图像存在于我们之外时，意思是它在我们身体之外。当我们说感觉是一种内在状态时，意思是它在我们的身体中产生。这就是为什么我们能肯定这一点：即使我们的身体消失，被感知图像的整体依旧存在，反之，我们不能在没有身体的情况下保持感觉的存在。"（*MM* 59［58］）在纯粹知觉中，我们将"在即时直觉中触摸到对象的现实"（*MM* 79［75］）。因此，只有根据纯粹知觉概念的论述，柏格森才可以被称作一位真正的现象学哲学家（phenomenologist）。但他工作的主旨是表明现实（actuality）永远不会与纯粹知觉重合。首先，知觉总是含有情动（*MM* 59［58］），而情动则被定义为身体对行动的吸收（*MM* 57［56］）。柏格森感兴趣的是记忆，而记忆破坏了将成为现象学关系的事物或使之复杂化。

9　知觉与物质的关系类似部分与整体的关系，因为（具有辨别力的）意识由于我们的各种需求而使我们感兴趣的东西分开。所以"物质中存在着比我们实际上被给予的更多的东西，但不存在着不同的东西"。这句话诠释了"无意识唯物论"（unconscious materialism）概念（*MM* 35,74［35,71］）。

10　物质的纯粹知觉（即客观现实）与生命体的纯粹知觉（作为行动中心）之间的唯一区别是：在有意识的存在物、具有作为行动中心的身体的存在物中，纯粹知觉将包括根据我们的需求和行动的标准选择图像的一种直接直觉。因此，纯粹知觉会小于现实的整体。

用来指代实在和知觉两者。因为根据纯粹知觉的假设，两者可以重合。而且根据纯粹知觉的假设，知觉之于实在，就像部分之于整体："要感知所有物体的所有点的所有影响，就要下降到物质性对象的状态。"（*MM* 48［49］）最终，纯粹知觉在原理上将与物质本身重合。通过纯粹知觉，我们"从一开始就将自己置于被扩展的图像的整体中"。

那么，意识在知觉中的作用是什么？根据纯粹知觉的假设，情感和记忆都在思考中被抽象出来了。意识的唯一功能是进行一个时间综合。它的作用只是"将一系列不间断的瞬间形象（visions）聚集在一起"（*MM* 67［65］）。然而，这些形象将"成为物体的一部分，而不是我们的一部分"（*MM* 67［65］）。它们不是我们生产出来的形象，它们将是物体的形象。意识的作用是将这些形象连接在一起，就像一串珠子中的珠子或记忆线上的珠子一样。

我们从纯粹知觉的假设中学到的是，知觉在原理上与意识几乎没有关系。因此，它与柏格森在《论意识的直接材料》中讨论的那种内在生活关系不大。纯粹知觉概念被嵌入"真实"和外部世界，因为它与现在息息相关。[11]

118 具体知觉

上文的所有论述在原理上都可能适用于知觉。但是，在这种纯粹的状态中，知觉实际上从未真正发生过。[12]"实际上，我们没有瞬时性（instantaneity）。"（MM 72［69］）记忆一直与知觉混合在一起，原因很简单，知觉的发生需要时间。我们记得之前讨论视觉和听觉在远处感知的方式，这种感知涉及时间延迟并引入了一个允许自愿行动的不确定区域。这表明在具体的知觉中，我们从来没有处理瞬时形象。由于感官信

11　柏格森将纯粹知觉的边界概念与外部性概念相结合。"一个非个人的基础仍然存在，知觉与被感知的对象重合……这个基础就是外在性本身。"（*MM* 69［66］）我们还从这句引文中看出，瞬时性与物质有关，而不是与有意识的存在有关。

12　"我们称之为知觉的东西已经包括记忆的工作，因此也包括我们的意识的工作，它延长了无定限可分时间的许多瞬间，这些瞬间包含在其他瞬间之中，所以我可以在相对简单的直觉中掌握它们。"（*MM* 72［69–70］）

息在大脑中循环，会产生一种在过去、现在和未来之间的时间差异，所以产生了这种延迟。因此，必须存在一种方式使得我们在时间的流逝中保持这些感知图像。"将要完成的行为的不确定性需要……知觉图像的保存。"（*MM* 67［65］）自愿行动涉及预期。柏格森认为，如果我们不能像把握未来那样相应地把握过去，那么我们就不能把握未来。"使我们活动的前进压力在这种压力后面打开了一个真空，而记忆则流入其中"。（*MM* 67［65］）[13]

这涉及的不是上文论证过的与纯粹知觉有关的那种非个人记忆，这种非个人记忆即一条记忆线，外部瞬时形象可以被这条记忆线像串珠子一样串在一起。就具体知觉而言，记忆被定义为过去图像的存活。因此，这是一种个人记忆，因为正如我们在上文所见到的，我已根据我的需要和行为对知觉进行了个性化。存在于我的知觉中并为我的自愿行动服务的图像绝对是我自己的图像。这种记忆是主观的，与意识重叠，就像纯粹知觉对应于物质一样。我们在这里将再次联系《论意识的直接材料》的基本论点。意识意味着绵延，因此记忆是知觉的必要补充。柏格森写道："感知和记忆这两种行动总相互渗透，通过这种渗透（endosmosis）过程来交换某些物质。"（*MM* 69［67］）它们总是相互渗透，因为在意识中（即在绵延内），过去、现在和未来以柏格森在《论意识的直接材料》中论述过的一种异质多样性模式相互渗透。

119

知觉：记忆的一个托词

实际上，记忆与感知相关联还有一个实用的原因。过去的图像可帮助我们选定某个动作。柏格森甚至声称，记忆图像比感知图像（perceived images）对我们更有用，因为记忆图像含有与过去行动相关的结果的知识。更激进的是，柏格森认为知觉的主要功能是激活记忆。他得出了一个令人吃惊的结论，即知觉实际上只是一个"记起的适当时机"（*MM* 68

---

13 "因此，在知识领域中，记忆是我们意志不确定性的影响（repercussion）。"（*MM* 67［65］）这里引入"知识"（knowledge）一词是因为它是一个意识和记忆的问题，因此也是一个表象问题。柏格森将表象限制在过去和记忆的工作中，正如我们在下文中将看到的，这与大脑几乎没有关系。

[66 ］)。他坚持认为，如果没有记忆，单独的知觉只会给我们带来某种属于记忆的"真实的记号"（*MM* 68 ［ 66 ］）。因此，纯粹知觉是非个人的，与外在性（exteriority）本身一致，而其他部分只有记忆！

　　首先让我们这么说吧，如果我们开始回忆，回忆大脑中保存下来的过去图像，那么这些图像会不断地与现在的知觉混合在一起，甚至可以替代现在的知觉。这些图像之所以能得到保存，是为了在将来的某个时间中具有实用性。这些图像在每个瞬间都用已获得的经验来丰富现在的经验，继而实现了现在的经验。由于这种情况一直发生，新的图像最终会覆盖并吸纳原来的图像。这是不可否定的：真实直觉（也可以说是瞬间直觉）的基础——在抑制这种直觉中，我们形成了对外在世界的知觉——但与记忆为知觉做的每个贡献相比，简直微不足道。这完全是因为先前的直觉记忆比直觉更有用，直觉自身持续与我们以前在类似情况下所经历的后续事件相关联，因此也能够使我们的下一步决定变得更清楚，所以这种记忆取代了真实直觉，而真实直觉的作用则缩减到比较有限的程度，例如招募记忆、使记忆具身化与激活记忆，从而使我们产生记忆。我们因此应该这样说，感知（知觉）与被感知对象的一致性只能存在于理论中，而不存在于实际中。我们必须考虑这样的事实：知觉仅仅是一个回忆的适当时机，当回忆开始以后，知觉就会结束。在实际中，我们是通过一个事物的实用性来衡量事物的真实程度，因此我们有兴趣将这些瞬间直觉建造成真实世界的简单记号，而这些瞬间直觉本质上与真实自身是重叠的。（*MM* 68 ［ 65-66 ］）

120

时间因素

　　抽象出纯粹知觉概念的原因之一，是强调知觉和记忆之间的根本差异（这是种类上的差异，而不仅仅是程度的差异）。人们倾向于将两者（知觉和记忆）混淆，这是因为记忆和知觉总是在一起工作。他们倾向于相信，记忆只是一种较弱的知觉形式，是一种"低度的知觉"。[14]或者，倒过来说，他们认为知觉是一种更强烈的记忆模式。但这些想法都预设了知觉和记忆皆为表象，并假设记忆只是知觉的较弱副本。当然，从柏格森的观点来看，知觉根本就不是表象。它涉及主体与客体之间的接触，主体与客体（或心灵内与心灵外）的关系必须从时间而非空间的角度来思考。从这个角度来说，知觉和记忆有着根本区别。知觉与现在牢固地结合，而记忆则同样牢固地锚定过去。柏格森声称，心理学家需要发挥的作用就是将两者分开。

为什么现在与过去完全不同（种类不同）？因为我们只能在现在行动。柏格森将"现在"定义为"现在可以行动"，而将"过去"定义为"现在已不再行动"（*MM* 71［68］）。我们自己的身体——作为行动中心——与现在的物质（或图像）相接触，它们对现在的世界产生着影响，而过去的行动是不可能对现在世界产生影响的，哎呀！过去仅仅只是一种表象。[15]"过去只是一种观念，而现在是运动反应（ideo-motor）。"（*MM* 71［68］）[16]由于现在与过去完全不同，因此知觉与记忆完全不同。纯 121 粹知觉的假设将表象排除在知觉外，所以表象在这里就回归成记忆。

纯粹知觉不是沉思性或思辨性的。纯粹知觉为行动而产生，并与现在的现实建立起联系。由各个"图像"组成的神经系统自身仅发挥"接收、抑制或传递运动"的作用（*MM* 75［72］）。鉴于纯粹知觉是客观的，"我们（具体）知觉的主观性由记忆给它带来的事物构成"（*MM* 72［69］）。记忆是主观的，它与知觉融合在一起，这是因为知觉实际上需要时间。正因为知觉是在时间中发生的，所以"我们的连续知觉从来都不是事物的真正运动，而只是我们的意识运动"（*MM* 72［69］）。换句

---

14 这就是丹纳的观点，他认为记忆是一个"缺席（不在场）的感觉"（absent sensation），参见：*De l'intelligence*, 1，p.462.

15 我们回忆起：知觉有别于表象，而且知觉是根据行动来进行定义的。随着他的继续论证，柏格森在现在和过去的时间领域中重新定义了行动与表象之间的区分（译者注：行动属于现在，而表象属于过去）。过去即记忆成为表象的领域，而知觉则以行动方式将我们与现在（现在）紧密联系起来。

16 我们现在意识到，《物质与记忆》这个书名一方面包含了行动与表象的区别，另一方面也包含了现在与过去的对立，始终与按照时间而不是空间来探讨主体和客体问题的命令（injunction）相一致。

话说，它们饱含着绵延。

> 我们对宇宙的连续知觉在性质上是不同的，其产生的原因是这些知觉中的每一个都在一定深度的绵延中将自身扩展，而记忆使在我们看来同时出现的（尽管是连续出现的）大量多样性的颤动得到浓缩。为了从知觉到物质、从主体到客体，我们只能将无法分割的时间深度在思想中分割，以区分所需的运动的多样性，用简单的一句话来说，就是消除所有记忆。……正是……在这种延展的知觉中，主体和客体将首先在知觉的主观层面（由记忆操作的浓缩组成）上结合起来，而物质（即客体）的客观现实则与多样和连续的颤动相融合，而知觉则分解于这种融合中。（*MM* 73-74［70-71］）

记忆

柏格森将纯粹知觉描述得仿佛与意识基本上无关，仿佛它只是与现实直接接触的一种方式。我们记得，纯粹知觉的唯一工作就是将现实的瞬时图景（instantaneous vision）相互联系起来，就像串上的珠子一样。122 在仔细分析后，柏格森揭示出不存在瞬时图景这样的东西。他解释说："我们所称的那个名字（即瞬时图景）已经包含了记忆的工作，因此也包含了我们意识的工作，它延长了无限可分割的时间中的许多瞬间，使得一个瞬间被包括在其他瞬间中，以便它们可以被认为是一个相对简单的直觉。"（*MM* 72［69-70］）

在具体的知觉中，记忆以两种重要的方式起作用。首先，它将过去与现在交织在一起，使得记忆实际上与知觉密不可分。其次，它将绵延的多个瞬间聚集在一起，并将它们浓缩成一个单一的直觉。[17]

我们从第一章学到了什么？让我们从身体开始。身体是当前行动的一个行动中心。生命体的神经系统仅仅是"各种运动的通道，这些运动

---

[17] "正是由于记忆的这种双重功能，我们（在意识中）才能感知物质，但是从原理上说，我们是在物质中感知。"（*MM* 76［72-73］）

以兴奋的形式或反射动作或自愿动作的形式传输而被通道接收"（*MM* 77［73］）。由于感觉系统的复杂性，身体能够自主行动，这就将时间因素引入知觉行为、围绕着柏格森所说的"不确定区域"的行动了。大脑的功能只是执行运动。由于大脑可以协调不同的感觉信息的记录和节奏，它将这些记录和节奏作为某种神经兴奋或运动来接收，它延迟了人体的自动反应。这一点，再加上记忆中过去图像的保存，使自愿行动成为可能。

意识协助身体应对时间。时间总是在运动。通过将绵延的异质性节奏综合到过去、现在和未来的时间视野中，意识将身体作为行动的中心来提供服务。意识或多或少等同于记忆，因此等同于过去。现在是根据行动来定义的。其他一切都已经过去了，即使它们走向未来！除了行动的瞬间与现实接触的事件之外，并没有现在的瞬间，而其余的所有本质上都是记忆。

柏格森论证的逻辑是这样的：身体通过与物质接触的知觉在现在行动。记忆向我们提及过去，过去不再起作用，纯粹是观念。现在与过去根本不同。因此，记忆一定是一种完全独立于物质的力量。记忆在这个意义上证明了心灵独立于物质。这本质上是一个论证，以证实将心灵的"真实"概念与某种不能还原为物质原因的东西一样："因为纯粹知觉给出了物质的整体性或者至少是物质的基本要素，又因为剩余部分来自记忆并使自身加入物质，那么记忆在原理上一定是一种绝对独立于物质的 123 力。因此，如果心灵是一种实在，那么正是在这里，我们应该能在记忆现象中通过实验来检验它。"（*MM* 76［73］）

正如我们将要看到的，柏格森处理心身问题的方法的显著特征在于他的分析的跨学科特征。他没有用形而上学的术语谈论意识，而是仔细研究与记忆功能和功能障碍有关的实验。他不仅利用了同时代人对失语症广泛研究的临床结果，而且在撰写《论意识的直接材料》后，花了五年时间研究神经生理学，在对身心关系的分析中引入科学和社会科学的视角。

柏格森在本章末尾宣布：正是通过记忆现象，我们可以通过实验来检验意识，而且"能够以最明显的形式把握思想"（*MM* 77［74］）。通过记忆，我们可以具体地审视思想的运作，并探索思想与身体的相互作用以及思想独立于身体之外时的情形。在接下来的章节中，柏格森将诉诸心理学来阐述他关于知觉和记忆相互作用的理论。然而，从形而上学的角度来看，这种相互作用为柏格森处理身心二元论的哲学问题提供了答案。因为思想不能被还原为物质，物质也不能被还原为思想，所以就有了一种二元论。但在功能上，思想和身体始终在具体知觉中相互作用。对于柏格森来说，根据形而上学的论证，记忆成为"意识与物质之间的接触点"（*MM* 77［74］）。我们在回想中可以欣赏到柏格森的论证策略。

　　在第一章中，他将事物设置成知觉与物质对应（这是纯粹知觉假设的要点），而记忆与意识或心灵对应。由于知觉和记忆在具体知觉中交织在一起，身体和心灵已经隐隐地处于一种（使得任何一种严格的二元论复杂化）彼此相互作用的关系中。

124　　　然而，与此同时，一些棘手的问题仍然存在。最值得注意的是，记忆与身体的关系是什么？为什么记忆依附于身体上，以及如何依附？身体对记忆有什么影响？记忆从哪里开始，又在哪里结束？这些将是柏格森在下一章中要探讨的问题。

第二节　《物质与记忆》第二章"论形象认知　记忆与大脑"

　　正如柏格森将在他的结论中解释的那样，"构成我们研究中心的记忆理论应该同时是我们纯粹知觉理论的结果和实验验证"。[18] 柏格森的策略是去挑战大脑定位理论，这些理论将根据生理原因来解释记忆功能，将心灵还原为大脑。

　　柏格森的这部著作的第二章开头给出了一些提示，这些提示与正如上文中与纯粹知觉概念相关的得到理论化的身体相关。"我们说过，身

18　Ibid., p.91. 关于柏格森的记忆理论与其同时代的心理学家塞奥杜勒·里博特（Théodule Ribot）的记忆理论之间的联系，参见：Worms, *Introduction à Matière et mémoire,* p.106.

体介于作用于它的物体和它影响的物体之间，只不过是一个导体，负责接收运动并传输它们……对于某些运动机制而言，在反射动作中是被决定的，如果该行动是自愿的，则是被选中的。"（*MM* 81〔77〕）

鉴于这个解释，那么身体只能通过运动机制来保存过去，我们称之为记忆图像的东西必须以其他方式保存。在此基础上，柏格森提出以下三个指导性假设。

A. "过去以两种独特的形式存活，一种是运动机制，另一种是独立的回忆。"（*MM* 82〔78〕）

B. "对一个现在对象的认知，发生于认知从对象出发的运动过程中，认知以表象的形式从主体出发。"（*MM* 82〔78〕）

C. "通过微小的改变过程，一个人在时间中排列的记忆过渡到了运动，这些运动标志着它们在空间中的初始动作或可能动作。脑损 125 伤会影响这些运动，但不会影响记忆。"（*MM* 83〔79〕）

记忆的两种形式

记忆的问题涉及过去如何在现在生存。柏格森认为它有两种不同的方式：一种涉及身体，通过运动发生；另一种涉及图像，通过表象发生。

像往常一样，柏格森从举一个例子开始。想想当我们用心学习一个文本（例如一首诗）时会发生什么。在不断重复中进行的死记硬背（rote learning）将与习惯及一种身体记忆结合起来。但是，与重复记忆这种学习方式相交叠的是我们记得各种阅读行动都是记忆行动。当我们思考这些独特的阅读活动时，我们意识到每一次阅读都是独一无二的，每一次阅读都在时间中进行或有精确的语境。柏格森将其称为想象记忆（memory of imagination）或自发记忆（spontaneous memory）。柏格森写道："我们怎么可能不承认通过重复实现的事物与在本质上不能重复的事物之间存在着根本差异？"（*MM* 88〔83〕）他补充说："自发记忆即时就是完美物；如果时间没有使自发记忆变性（denaturing），那么时间不能给它的图像添加任何东西，时间将为记忆保留其位置和日期。相反的是，当我们学会一堂课后，已被习得的记忆就会脱离时间，它会变得越来越非个人化，对于我们过去的生活来说变得越来越陌生。"（*MM* 88 ［83］)[19] 他总结道："在我们刚刚区分开的两种记忆中，第一种似乎是最126 卓越的记忆。而心理学家研究的通常是第二种记忆，是**记忆形成的习惯**（habit informed by memory）而非记忆本身。"（*MM* 89 ［84］)。柏格森的记忆理论将沿承他举的第一个例子（即用心背诵文本）展开论述。

自动记忆

到目前为止，我们已经将身体视为静态框架中的运动导体。然而，谈论记忆就是谈论时间——流动的时间。从这个角度来看，我的身体总是位于过去刚刚结束并开始一个行动的精确点（*MM* 83 ［78］)。在这种情况下，身体被重新定义为过去和未来之间的可移动界限。它"就像一个移动着的点，我们的过去将这个点推向了我们的未来。因此，我们将身体视为运动或能量的导体，但这是从静态角度来看的。当我们从时间的角度考虑身体时——相对于流动的时间——它总是位于我的过去刚刚结束并开始一个行动的精确点"（*MM* 83 ［78］)。过去将自己变成一种运动习惯。例如，当我上车时，我会自动将钥匙插入点火开关，我甚至不用去想它，就仿佛我的身体自己记住了要做什么。这就是柏格森所说的运动记忆或身体的记忆。它是自动的。它是通过重复产生的，并作为重复发生。柏格森说，当运动记忆习惯性地重复一个手势或动作时，它会在现在执行（*MM* 87 ［82］）过去。柏格森认为，在知觉与行动相关的意义上，伴随着重复的动作，随着时间的推移，运动记忆形成反射或习惯。"传入神经将兴奋传递给大脑，大脑在理智选择其反应后，将兴

---

19 将这里的文字与普鲁斯特联系起来很重要。尽管柏格森没有像普鲁斯特那样将两种类型的记忆称为自愿记忆和非自愿记忆，但他确实将一种记忆与习惯和实用性联系在一起，而另一种记忆则与形象和生活经验的特定具体性有关。柏格森写道："第一种记忆是通过努力实现的，并且仍然取决于我们的意志；第二种记忆是完全自发的，在其再现（reappearance）中表现出的不断变化（capriciousness）与在其储存中的恒定一样多。"（*MM* 94 ［88］）特别是参照巴塔耶对普鲁斯特的探讨和内在体验中的图像的崩溃，柏格森与普鲁斯特思想上的关系值得进一步的细致探究。

奋传递到通过重复而产生的运动机制。这样就产生了适当的反应……总之，适应就是生命的目的。"(*MM* 89 [84])正如我们所见，这种记忆应该从生物学（或进化）的角度来理解，即作为一种适应外部世界的机制。它形成于神经系统中。[20]

想象记忆

127

然而，还有另一种记忆，它以图像的形式自发地保留过去，图像带有他们所生活的独特瞬间的标记。柏格森称这是一种想象记忆（memory of imagination）。这是一种这样的记忆：可以回看一个人经历过的事件中的所有具体细节以及"这些事件的轮廓、色彩以及其在时间中的位置"(*MM* 94 [88])。柏格森宣称，这种记忆是由"自然必然性"(natural necessity)运作的(*MM* 86 [80])。在原理上，这种自发记忆（spontaneous memory）记录了具体的真实在各个方面的细节，没有疏漏。它记录了"我们日常生活中发生的所有事件"(*MM* 86 [81])。柏格森称其为"回溯记忆"(regressive memory)，因为它与现在无关。它为我们的梦提供图像。"一个人要想以图像的形式唤醒过去，能离开现在的行动、给不实用的事物赋予价值以及有做梦的愿望，这些都是必需的。"(*MM* 87 [82-83])在醒着的时候，因为行动的指令，习惯的运动记忆会抑制图像记忆。想象记忆与行动无关，而且因为它是一种纯粹表象或观念，所以也与大脑无关。正如我们在上一章中了解到的，大脑无法产生表象(*MM* 96 [73])。柏格森分析的根本特征是记忆与大脑无关。与我们在上一章中遇到的纯粹知觉概念相类似的是，想象记忆概念是柏格森在下文将继续阐述的概念，柏格森将其视为纯粹记忆。

纯粹记忆是完全隐真的。它自发地运作，它的记忆图像"必定即时印刻在我的记忆中"。正如弗雷德里克·沃尔姆斯（Frédéric Worms）所

---

20 沃尔姆斯注意到这里的正文与另一本著作（Félix Ravaisson, *De l'habitude: Métaphysique et morale*）的联系，这部著作将习惯视为"心灵活动的最低形式和第一个标志"。参见：*Introduction à Matière et mémoire*，p.102. 这部著作的所有译文（英译文）是由我（即本书作者）完成的。

写的那样，"因为发生于时间中，一种知觉仿佛可以自动地转化为一种记忆，即在个人史的进程中，通过生成不仅是关于某物，而且还是关于某人的意识或知觉"。正如沃尔姆斯进一步解释的那样："一旦过去即一旦它成为我的过去，图像的意义就会发生变化：关于一个知觉或一个客体的这段记忆就不再是知觉或客体，它只是为了一段记忆或一个主体而存在。因此，时间的每个瞬间、每个知觉都具有双重意义，或具有'最初用以描述一个客体的图景与一个主体即时形成的记忆之间的交集'这种意义。……柏格森的所有其他的论证（demonstration）和心理学依赖于最初的这种双重化。"[21]

128 　　然而，柏格森的这部著作的其余章节将致力于研究实际记忆（actual memory），正如我们将看到的，实际记忆涉及先前在理论上已区分的两种类型记忆的实际协作。两种类型的记忆"并肩工作并相互支持"（*MM* 91 [86]）。当然，这段论证只会引出柏格森的更广泛论证，它们涉及身与心的紧密的功能性互动。

　　柏格森用这种双重记忆理论取得了什么成就？首先，他扭转了将记忆视为与身体相对立的二元论的一个概念的倾向。因为这就好像柏格森通过"记忆"这个术语——将记忆视为身体记忆和想象记忆的二者合一——直接消除了"观念"与"实在"的对立（the ideal/real opposition）。其次，柏格森在这两种类型的记忆之间建立了一种种类上的差异，并将其中的一种记忆（身体记忆）与作为行动中心的身体等同起来。这就排除了任何将图像记忆诠释为仅留于身体中的一种记忆的做法，这也确立了柏格森将继续阐述的纯粹记忆的根本独立性。

　　纯粹记忆原理上（即使不是事实上）与上一章引入的纯粹知觉概念对应。我们记得柏格森提出了其独创的术语"纯粹知觉"（Pure Perception，它是非个体的和在时间外的），然后详细阐述了他对实际知觉（actual perception，它是个体的并充满记忆）的描述。他在这里以同样的方式提出了一个他随后将称之为纯粹记忆（Pure Memory）的术语，即图像的自发记忆（一种重温的 [re-voir] 记忆）。然后他继续展示这种

21　*Introduction à Matière et mémoire.*, pp.102, 103.

记忆实际上怎么样只与知觉进行相关的工作。在这两种情况下，这都是将现在与过去联系起来的问题：可根据行动来定义现在，因此现在与将被视为一个行动中心的记忆和一个将被视为初始行动中心的大脑有关；至于过去，其可被定义为"不能行动"或"无力"（powerlessness），因此，过去"不能行动"。

然而，记忆图像在交流方面发挥着作用。事实上，没有记忆图像，就没有自愿行动。如果记忆和知觉通常是协同工作的，那么用这么冗长的论述来区分它们有什么意义呢？这只是因为研究记忆的心理学家倾向于将两者混在一起，然后仅根据自动记忆来分析这个组合。这就是那些忽视想象记忆的特殊性的理论产生的原因，而这些理论想要根据大脑位置或大脑损伤来解释所有记忆功能，这些理论都是在将"心"还原为"身"。

认知

129

于是，形象记忆就作为一种实际上只与知觉有关的纯粹记忆运转，而形象记忆本身包含了对身体的某种记忆。知觉和记忆之间相互作用的机制（而且这是一条在知觉与记忆之间的双向街道）是认知，"我们通过认知这一具体行动在现在再次找寻到了过去"，这清晰表达了过去和现在、记忆和知觉以及两种类型的记忆。它提供了实际发生的"混合状态"，自发记忆在这种状态中可以促成运动记忆的自主方向或重定向。《物质与记忆》第二章的第二部分因此也命名为"论一般而言的认知：记忆图像和运动"（Of Recognition in General: Memory Images and Movements）*MM* 96［90］。在这里，柏格森接受、批评并重新设计了一个纯然的认知概念，该概念源自熟悉的但仍然令人不安的体验——"似曾相识"（déjà vu）。根据柏格森时代的心理学家广泛接受的这一观点，认知仅仅是我们在知觉和记忆之间建立的联系。柏格森通过对记忆病理学的多个具体临床案例进行细致的分析，批评了联想主义心理学家所持有的这一理论。我在这里不再论述了（上文已有论述）。

然后柏格森提出了自己的认知理论（*MM* 100［92］）。他仅从对身体的体验开始："作为一个极限示例，首先存在着一种瞬时认知，一种身体本身就能够完全做到的一种认知，而无需任何明晰的记忆图像的介入。它包含在一个行动中，而不是一个表象中。"（*MM* 100［92-93］）他提供了以下示例：

> 我第一次去一座城市散步。在每个街角，我都踌躇不前，不知道自己将去哪里，我不确定。说"不确定"的意思是，我的身体面对着多种替代方案（即有多个方向可走，但不知道走哪个），而且我的运动是不连续的。……在多种态度之中，没有一种可以预示随后的态度并为之做好准备的。晚一些时候，也就是我在这座城市久留之后，我会自动地在城市转转，对走过的地方没有独特的知觉。我开始处于一种只能识别出知觉的状态。我最终将达到一种状态，即我几乎不再意识到我的自动化动作：介于两者之间是一种混合状态，在这种状态中，知觉因为一种新生的自动化动作而变得突出。（*MM* 101［93］）

130

柏格森分析了来自身体的熟悉感及身体的认知方式。在这个例子的基础上，他得出以下结论：最简单形式的认知依赖于运动。

正如我们所见，知觉是为行动服务而不是为知识服务的。根据上一章所介绍的纯粹知觉假设，知觉早已是一种行动模式。因此，它意味着有组织的运动反应。在这个意义上说，认知发生在身体中。根据柏格森反复援引的一个对立概念（这将在他对《笑》中的喜剧分析中起主要作用），他说"我们通常在思考之前就已经开始认知"（*MM* 101［95］）。以学习如何使用工具的问题为例：例如，身体的初始运动像反射一样跟随着知觉，帮助我们学习如何使用锤子（*MM* 101［94］）。我们通过发展"运动冲动"（motor impulses）（*MM* 101［94］）来学习如何使用工具或机器。[22]认知（即柏格森所说的"认知的原始状况"）发生在身体中，

---

22 正如沃尔姆斯所指出的那样，柏格森关于身体记忆的理论可以与康德的图式（schematism）概念联系起来进行有效的思考，而康德正是通过图式概念将直观与概念联系起来的（114）。

我们执行或扮演着它，而不是思考它。

就像运动反应那样而最终完善的这种熟悉感，可以自我组织起来形成习惯。"运动倾向"，柏格森写道，"因此足以给我们带来一种认知感，但是……通常会添加其他内容。"（*MM* 103［95］）

注意性认知

就柏格森有时也将其称为"分心性认知"（recognition by distraction）的这种自动认知而言，现在已经到了必须添加另一种涉及记忆图像的识别模式"注意性认知"（attentive recognition）的恰当时刻了（*MM* 107［98］）。[23]

然而……运动机制在知觉影响下被激活，于是运动机制能被身 131
体越来越好地分析，而我们以前的心理生活就在那里，它……与时
间定位的事件的所有细节一起继续存活。由于这种记忆总是为现在
实际和实用的意识所抑制，也就是总是在知觉与行动之间的张力
中的神经系统的感觉动作的平衡下，这种记忆只是在等待一个间
隙——实际印象和随后发生的运动之间的间隙——来宣告自身，从
而使记忆图像投射进这个间隙。当我们沿着我们过去的历程去回
溯，并试图发现已知的、得到定位的、个人的记忆图像（而这种记
忆图像与现在相联系）时，通常需要付出努力。通过这种努力，我
们放弃了知觉引导我们做出的动作，这将促使我们面向未来，但又

---

23 柏格森对分心和注意力的讨论的有趣之处在于与本雅明的理论相关，本雅明的理论与他称之为"经验"（Erfahrung）的经验结构（与"现代性"相同）过渡到他称之为"经历"（Erlebnis）的经验结构（与"分心"相同）有关。译者注：本雅明首先将关于生活的经验和关于精神情感的经验在其理论中做了区分，利用对两个与经验相关的德语词的区别：erfahrung 与 erlebnis。前者基于一种对经验（集体的、无意识的）的完整储备，它来自人对情感、见闻、事件的吸收，建立这种储备的能力与传统实存有很大关系，此意义上的经验获取与模拟有关，它的感知需要形成一个"辨识-感知-行动"的回环，故此与所在周遭环境关系紧密；后者则是指一系列可被还原为原子化、孤立的瞬间的情感，它们之间彼此孤立，无法被整合成生活经验（似乎是更偏向情绪方面的感知）。参见：Walter Benjamin, "On Some Motifs in Baudelaire" and "The Storyteller," in *Illuminations*, trans. Harry Zohn.

不得不返回过去。尽管过去的全部图像依然呈现在我们面前，但这依旧是必需的，在所有可能的表象中选择与实际知觉相类似的那个表象。……运动——无论是已完成的还是初始的——都要准备这种选择，或者至少划出一个范围，可以在这个范围中选择（与实际知觉相类似的那个表象）。正是凭借着神经系统的结构，我们是现在的印象可在适当的动作中延续自身的生物体。如果旧的图像认为适合在这些运动中延长自身，它们也会抓住机会潜入实际知觉并被这种知觉采用……因此，我们可以说，引起机械认知（mechanical recognition）的运动一方面抑制了图像识别，另一方面又可通过图像促进认知。现在在原则上取代了过去。但是，正是因为对旧图像的压制与它们被现在的态度抑制有关，那些形式上能纳入这种态度框架的旧图像遇到的障碍比其他图像要少。……正是与现在的知觉相类似的那些图像能够克服障碍。（*MM* 103［95-96］）

132　　柏格森试图在这个稍长而细致入微的段落中证明，记忆图像如何既能够将自身插入大脑运动，又不被还原为这样的运动。[24]

当"记忆图像有规律地重新加入现在的认知"（*MM* 107［99］）时，认知被认为是注意性的。运动（或自动）认知和注意性认知之间有一个令人相当惊讶的区别："而在自动认知中，我们的动作扩展了知觉以产生实用的效果，并在这个程度上将我们从这个感知对象中移除，相反，注意性认知将我们带回对象以强调其轮廓。因此，记忆图像在这里发挥了主导作用。"（*MM* 107［98］）

柏格森暗指记忆图像在认知性知觉（cognitive perception）的行为构成中起到了重要作用。我们已经看到，在他看来，感知服务于行动。这就是柏格森在说运动认知"将［我们］从对象中移除"时所想的。为了回应我们的知觉，我们已经在走向未来将采取的行动的路上了。可以这么说，身体已经让我们开始运动了。那么，归功于注意力认知的补充，认识论的瞬间直到这时才到来。当我们富有想象力地强调或重新绘制对

24　沃尔姆斯提出了这个要点：Worms, *Introduction*, p.112.

象的轮廓时，我们才更接近对象。通过这个姿态，我们实际上促进了它作为可被人们了解的一个知觉对象的出现，我们现在可以有意识地认知这个对象。[25]

本章的第三部分题为"从记忆到运动的逐渐发展过程"（Gradual Passage from Memories to Movements）（*MM* 107［99］）。在这里，柏格森写道，"我们到达了辩论的最大要点（essential point）"（*MM* 107［99］），这与以下问题有关：在注意性认知中，现在的知觉是否决定了对特定记忆图像的回忆？记忆图像是在知觉行动中自发地投射出来的吗？柏格森宣称，对这些问题的回答将决定记忆与大脑关系的性质（*MM* 108［100］）。

为了回答这个问题，柏格森必须更深入地研究实验心理学的问题。他将不得不更详细地探索"知觉、注意力和记忆之间的普遍关系"。（*MM* 109［100］）在本节中，他将关注注意力的问题，并援引意识层次的更普遍的心理学，而这些内容，他将在《物质与记忆》的第三章中更全面地阐述。

注意力

"什么是注意力？一方面，注意力……使知觉更加强烈并带出其细节，从物质上考虑，这相当于知识状态在某种程度上的扩大。但是，另一方面，意识肯定了这种强度增加与由更高水平的外部兴奋引起的强度增加之间存在不可还原的形式差异。它似乎来自内部，并见证了理智所采用的某种**态度**。"（*MM* 109［100］）柏格森承认我们在这里遇到了一个问题，因为我们无法确切地说出一种理智的态度可能意味着什么。

柏格森提出了一种不同的解释。"让我们假设，"他写道，"注意力

---

25 沃尔姆斯写道，"完整的记忆要求一个作为对客体的一种知识形式的优先权：矛盾的是，通过超越使身体受限的直接效用（immediate utility），它（完整的记忆）并没有在主观意识的深处迷失自我。相反地，鉴于'身体的知识'（knowledge of the body）是完全有利益的（interested）和实用的，一种补充性知识或认知以其无利益性（disinterestedness）为主要特征，这将准确地探索客体的深处，不是为了利用它们，而是为了了解它们，即为了它们自身而了解它们"。参见：*Introduction*, p.116.

133

意味着心灵的回归，它放弃追求现在知觉的任何实用的目的。首先会存在一个运动的抑制、一个暂停。但是很快，其他更微妙的动作就会使自身嫁接到这种态度上……它的作用是超越被感知对象的轮廓。伴随着这些运动，注意力的积极工作开始了，而不是只有消极的工作。它由记忆继续。"(MM 110 [101]) 那什么是注意力呢？它是一个不可测量物，而例如强度或精神活动的增加这样的可测量物可以被还原成一个物理事件。柏格森提出，这是拒绝追求现在知觉的效用目的的那一部分意识或心灵的一种转向 (MM 110 [101])。[26]

134　　下文阐述注意力的工作原理。正如我们已经看到的那样，知觉会物理地影响我们的身体。知觉激发我们的运动来刻画物体的轮廓。当我们准备好应对它时，就好像物体在运动层面上正在给我们的身体留下物理印记。然后记忆将来自过去的与接收到的知觉输入（依旧被视为在物理层面上）相似的旧图像指向这个知觉输入。我们的动作已经勾勒出物体的线条，然后我们将这个记忆图像投射到这个框架中，仿佛是为了填充或补充这个临时草图。

　　这个态度可以从两个方面来理解。首先，这意味着我们的记忆重建了最初的知觉。这肯定是必要的，因为时间已经流逝，所以我们需要进行一个时间综合。这是赋予记忆的第一个功能。然而其次，这意味着记忆可以用与接收到的知觉数据类似的记忆图像来代替这个接收到的知觉数据 (MM 111 [101])。如果这个记忆图像与它没有在各个细节上完全对应，"记忆图像都会向记忆中的最远处发出呼叫，直到其他已知的细节被投射到那些我们没有注意到的细节上"(MM 111 [101])。这种操作可以永远持续下去，记忆"强化和丰富知觉，这反过来使记忆变得越来越成熟，吸引着越来越多的记忆细节补充进来"(MM 111 [101])。

　　根据柏格森拒绝的模型，注意力就像一束光，"它可以扩散或集中在一个点上"(MM 111 [102])。对于柏格森来说，注意力更像是一位电报员，"他在收到电报后，将其逐字逐词拼写出来，并把电报返回发

26　请注意，这里柏格森的论述与康德将审美判断力描述为"没有目的的目的性"(purposiveness without purpose) 具有相似性，并且审美判断力在这种意义上不同于认知判断力。

件人，以验证其准确性"（*MM* 111［102］）。然后为了获得这个图像，我们在知觉中收到一个图像，为了验证这个信息的准确性，我们必须能够重现图像，通过一种综合的努力重建它（*MM* 111［102］）。正是认知的第一层次（身体的自动识别）产生了"假设"（*MM* 112［102］），使这种重建成为可能，也就是说，它为我们提供了作为运动图式的一个特定框架，在这个框架中，图像必须与记忆相符。[27]

因此，注意力涉及对记忆的积极诉求。在注意性认知中的基于"融 135入现在的知觉了"。[28] 正如沃尔姆斯所说："因此，注意力不是身体的一种反作用力，也不是心灵的一种无目的的力量，它会瞄准空间中的一个与身体或心灵无关的点。注意力揭示了纯粹知觉的对象和纯粹记忆的记忆之间的联系，这要归功于同时具有运动和大脑结构的双重过滤器。" [29] 柏格森认为，注意力认知所阐明的知觉和记忆是通过反射行为（"被主动创造出来的图像的外部投影"）发生的（*MM* 112［102］）。因为多种理由，这种图像至关重要。记忆就像一面镜子。但是，由于时间的动态流动，我们必须把它视为积累了大量过去图像的一面魔镜。它可以激活一定数量的过去图像，并通过知觉返回刚刚接收到的图像的回声（或反射）。过去图像的数量实际上没有限制。

柏格森对知觉的分析主要基于与阅读行为有关的临床研究。从这个意义上说，在用临床经验来证明他的记忆理论的过程中，他回到本章前文展示的图像，提出两种类型的记忆，阅读一个文本，这是一种用心学习的记忆类型。与上文所坚持的相反，柏格森断定我们不会逐字逐句地阅读。取而代之的是，大脑挑选出这个文本的某些特征，并用投射到这个文本上的记忆图像来填充其余部分。这些记忆图像替代了真正打印在页面上的文字（*MM*，113［103］）。因此，柏格森反对阅读（和知觉）

27　"提示假设并从远处进行它们的选择［即图像的选择］的那个运动是模仿运动，知觉通过模仿运动继续进行，模仿运动还将作为一个共同框架，知觉和被记住的图像可以共同使用这个共同框架。"（*MM* 112［102］）该分析基于心理学实验数据。柏格森的分析主要依赖于有关失语症或其他记忆障碍病例的临床研究。他认为，出发点是"视觉后像"（after image）现象，它实际上早于或属于相关知觉。

28　Worms, *Introduction*, p.121.

29　Ibid.

的线性模型，而提倡循环模型："我们的独特知觉实际上就像一个封闭的循环，在这个循环中，指向心灵和记忆图像的知觉图像被投射到空间中，一个接一个地循环。"（*MM* 193［103］）

　　因此，对于柏格森来说，知觉不是根据洛克等人提出的线性模型发生的，根据该模型，物体产生感觉，进而产生观念。这意味着记忆图像是由知觉引起的，而大脑决定了所有的记忆。相反，柏格森提出认知（或记忆）更像是一个电路："从物体离开的任何一个兴奋都不会在进入
136　心灵深处的途中停止。它必须始终返回到对象本身。"（*MM* 114［104］）（在这里柏格森暗示了意识和记忆水平的普通心理学理论，他将在《物质与记忆》的第三章中详细阐述这些理论。）

　　柏格森的注意力理论依赖于对象和记忆之间的动态回路概念。他认为，注意力或注意力的增加需要对起作用的记忆图像的范围进行拓宽。[30]这种拓宽涉及嵌入工作，即通过一个情境化（contextualization）行动来解释已感知的图像。因此，我们挖掘的记忆层越深，对现实的实际感知就越多，就可以赋予现实更多的意义。[31]就好像真实与对真实的解释两者几乎是一回事。随着"记忆的更大扩展"（在越来越大的记忆回路中发挥作用），"反射获得了更深层次的现实"（*MM* 114［105］）。特定的精神紧张（或注意力的集中程度）决定了对知觉产生影响的记忆图像的范围（根据柏格森提供的图式，即指记忆圈的面积）。注意力涉及一定程度的心理或精神的紧张，这与或多或少广泛地诉诸记忆图像的情境化力量相关。

　　记忆图像可以服务行动，然后，通过影响解释传入的感知，这反过来又会影响对自愿采取的行动的选择。或者，它们可以完全脱离行动。在这个层面上，记忆图像承载了更多过去的细节，它们更深植于它们过去发生的具体时刻。这就是在梦中回到我们身边的画面。

　　有用的记忆图像（即那些从过去走出来并被插入服务于行动的感

30　我们看到柏格森并没有放弃描述理智的增大可能意味着什么的尝试。之前他在这个阐述前退缩了，故无法在他的早期著作中解释它，因为它涉及创建一个普遍的心理学理论，而这反过来又需要详细说明"注意力"。

31　参见柏格森的文本的图3，这张图在本书第153页。

知行为的图像）失去了其细节和具体性。这使它们能够与传入的知觉数据相匹配，以适应在自动识别中运行的运动脉冲产生的框架。当记忆接近其自身与行动的界面时，"越来越多地收缩或更锐利，直到它仅将其刀锋呈现给经验，并在这个经验中呈现其自身"（ *MM* 116-117 [106]）。但即使是这种狭隘的或紧密集中的记忆图像在知觉中的嵌入（intercalation），也将本来是纯粹自动的行动（非个人的，例如在纯粹知觉的模型上）转变为自愿行动。知觉始于运动层面。这提供了一种蓝图，然后由提供颜色和细节的记忆图像来填充。 137

我们看到阅读的形象对于柏格森的记忆分析多么重要。它使他能够区分两种类型的记忆。它还使他能够确认记忆图像的产生是自发性的（spontaneity）。最后，语言问题使他能够探讨赋予世界意义的认知操作。

柏格森再一次依靠临床证据经验性地审视他的模型。同样，这将是一个学术问题，涉及脑损伤及其与各种记忆功能障碍，这些记忆功能障碍包括认知问题（精神性的失明或耳聋）和各种形式的失语症。[32] 因为柏格森认为，大脑损伤抹去了以某种方式存储在大脑的一个特定区域的记忆，所以他反对大脑损伤直接导致功能障碍的观点。

柏格森首先思考人类对口语的接受状况，因为这种失语症已在临床上得到广泛研究。研究已经证实，语音识别涉及大脑的特定区域。因此，这个例子为柏格森所反对的立场提供了一个很好的测试案例，这个立场即大脑存储记忆的理论，以及脑损伤可以在因果上解释失语症。柏格森根据患者对其听到的单词进行识别的临床经验，看看患者是否能将他在其交互理论中提出的感知和记忆两个瞬间分别定位出来。患者能否将（1）自动感觉运动过程和（2）记忆图像主动投射的瞬间两者区分开？这个具体的例子涉及让这个患者听一门外语，因为患者没有学过这门外语，所以他听不懂。这与失语者对他或她自己的母语体验类似，因为失语者忘记了他或她以前听过这种语言。在这种情况下，没有记忆可

32　正如摩尔指出的那样，在失忆症（amnesia）与失语症（aphasia）的问题上，柏格森"大量地引用了同时代的让-马丹·沙尔科与弗洛伊德的作品"，参见：*Bergson: Thinking Backwards*, p.5.

以发挥作用。声音发生在一个纯粹的物理层面上。它被患者体验为纯粹的噪声或大量嘈杂声。[33]

　　柏格森问道："问题是一门语言知识（这仅是记忆）以何种方式改变现在知觉的具体内容（materiality）？"（*MM* 120［109］）学术界通常如何解释这个问题？答案是大脑损伤抹去了记忆，中断了声音知觉和单词记忆之间的联系。但柏格森反对这个通常的答案，指出这遗漏了一个中间步骤：在身体中的环路（the detour through the body）。当一个人听到他人的口语时，真正发生的是使身体做出重复反应。身体试图自动模仿声音，并在这样做时开始解析（parse，本义是"作语法分析"）它接收到的声音。身体将听到的声音分解成多个部分，从而将声音的整体（即柏格森原文中的 masse sonore）区分为不同的声音部分或是罗曼·雅各布森（Roman Jakobson）所说的"各个独特的零件（distinctive features）"。[34]"因此，在我们的意识中，一种事物以新生的肌肉知觉（nascent muscular sensations）的形式出现，我们称其为口语的运动图式（motor schematism［*schème moteur*]）。"（*MM* 121［111］）换句话说，身体（或其运动倾向）无法清晰表达（disarticulates）外语的声音。这个过程涉及在耳朵中接收到的声像（impressions）和发音肌肉之间的协调，这是关于使一种运动伴随（accompaniment）逐步得到完善的一个问题。根据这一分析，大脑病变会损伤运动图式（*MM* 127［115］），但不会损伤记忆图像本身，而这才是最关键之处。柏格森并不想削弱大脑在知觉和记忆中的重要作用，他只是想将记忆图像与大脑隔离开来，因为他坚信大脑与这些记忆图像无关。*这就是纯粹记忆假设（postulate）的全部意义所在。

　　接下来是探索第二步的问题，即关于记忆图像的投射的问题。柏格森的前提是：如果想让记忆激活，记忆需要一个"运动支持"（motor support［*adjuvant moteur*]）（*MM* 133［120］）。他反对这种理论：理解过程是从声像（或知觉）开始发展到记忆，再从记忆发展到观念（*MM* 136［124-125］）。

138

33　Worms, *Introduction*, p.124 n.1. 主要参考关于柏格森的分析与索绪尔的语言学之间联系的探讨。

34　Roman Jakobson, *Essais de linguistique générale*, vol. 1.

*　译者注：柏格森的这个观点实际上已经被后来的科学发展推翻。

以往常见的分析方法是将这三个成分分开，并将它们定位在大脑中，将它们还原成物理原因和工作。柏格森坚持认为，这不是一个可以定位的问题，而是一个动态过程的问题，通过这个过程，一个事物（知觉）变成另一个事物（记忆），而且过程可以完全反过来（the other way around，即记忆变成知觉）！同样，我们必须联想到电流和电路。注意性（即有意识的）知觉涉及两种电流：一种是向心的（centripetal），它从外部对象开始并诉诸记忆，另一种是离心的，它从纯粹记忆开始并与身体相互作用以帮助建构知觉对象（*MM* 142 [130]）。[35]

纯粹记忆：隐真

139

在第二章的最后几页，柏格森发展了第一章中偶然引入的隐真（the virtual）概念。柏格森认为纯粹记忆等同于观念和意图（intention）。

> 来自记忆深处的观念和纯粹记忆将它们自身发展成某种记忆图像，这种图像越来越有将自身插入运动图式的能力。随着这些记忆具有一个更完整表象的形式，它们变得更具体和更有意识，它们往往越来越与吸取它们或其轮廓被它们采用的知觉混合在一起。所以……大脑中不可能有一个位置让记忆凝结和积累。大脑损伤对记忆图像的所谓破坏，只是记忆在实现自身的持续过程中遭受到的一个中断。（*MM* 140 [125-126]）

记忆图像无法被保留在大脑中，这是因为纯粹记忆是隐真的！记忆在通过与知觉的互动或在梦的模式中实现自身之前，是不存在的。

柏格森认为，心理学家犯的最大错误是用静态的方式思考。正如我们在《论意识的直接材料》中看到的那样，这必然导致将所有话语术语

---

35 关于口语图像（verbal images）的认知（即在朗读的情况下），离心运动（centrifugal movement）最终是有特权的："无论被插入术语的数量和性质是怎么样的，我们都不是从知觉到观念，而是从观念到知觉，而认知的独特过程不是向心运动而是离心运动（centrifugal）。"（*MM* 145-146 [130]）

都定位于空间中的倾向。当我们思考记忆时，重要的是要记住进行动态的思考，即在时间中思考！谈到记忆功能的大脑定位理论时，柏格森写道："人们静态地设想明晰的知觉和记忆图像，仿佛它们都是物体，这样，第一个图像（知觉图像）被假定已经完成而无需第二个图像（记忆图像），但是，实际上我们应该思考的是一个图像过渡到另一个图像的动态过程。"（*MM* 142［127］）

　　纯粹记忆没有物质性存在物（material existence）。它是纯粹的观念或意图，纯粹的隐真性（virtuality）。只有在通过运动图式的中介与为行动服务的知觉接触时，它才能得到自我实现。"换句话说，基本感觉诞生的中心可以从前面或后面激活。从前面，它们从感觉器官那里，也就是从一个真实对象那里接收印象；从后面，它们从一个接着一个的中介那里受到隐真对象的影响。"（*MM* 145［129］）[36] 从这个角度来看，注意性知觉的发生顺序与通常认定的顺序相反。

　　隐真图像向着一个隐真感觉进化，而这个隐真感觉又向着真实运动进化。"这个运动在实现其自身的过程中也实现了感觉（这个运动是感觉的自然延展）以及想要在感觉中具身化的图像。"（*MM* 146［131］）换句话说，随着行动的发生，感觉和图像都得以实现（*MM* 146［131］）。过去实现了自身。记忆不会从现在返回过去，它是在实现自身的过程中从过去进入了现在。如果你觉得这很难想象，那是因为你在静态思考，而不是动态思考。不妨再试一次，在时间中思考。

第三节　《物质与记忆》的第三章：论图像的存活、记忆与思维

　　在柏格森结束《物质与记忆》的第二章论述，开启第三章的时候，他将记忆问题与《论意识的直接材料》中阐述的问题联系起来：绵延、直接意识和自由。这将是一个"精神（l'esprit）如何通过记忆行动

36　这里的"前"和"后"指的是未来和过去在不可逆转的动态生成运动中的时间维度。

来定义自身"的问题。[37]

现在

思想是一种运动。它包括三个要素：纯粹记忆变成记忆图像，然后进入知觉。这三个术语——纯粹记忆、记忆图像和知觉中的每一个都与其他两个相互作用。没有一个是孤立存在的。所有这些都包含在一个过程中，而前一章曾按照图示向我们展现了这一过程的路线。现在柏格森将把绵延的持续力重新引入那个图式，将时间与记忆联系起来，并将两者都与直接意识联系起来。

柏格森如何帮助我们理解纯粹记忆的隐真性？他让我们想一想试图 141 找回记忆的实际经历。[38]发生什么了？我们将意识从实际的现在瞬间拉回来，并把我们自身置于过去——普通意义上的过去中。然后我们尝试定位过去的一个特定瞬间。这是一个试错（trial and error）的问题，柏格森将其与相机聚焦的行为进行了类比（MM 148［134］）。但此时记忆仍处于隐真状态。[39]我们还没有以图像的形式即显真（actual）记忆来掌握这个瞬间。"它一点一点地以一种凝结的星云物质（nebulosity）的形式出现，记忆从隐真状态转化为显真状态。"（MM 148［134］）在记忆的自我实现过程中，它"倾向于仿效知觉"那样的方式使自己变得鲜活（animates）起来（MM 148［134］）。然而，柏格森补充说，"因为这段记忆位于过去的深处，所以它依旧附属于过去"（MM 148［134］）。最重要的一点是这个过程的流动性，而这正是我们必须思考的隐真与显真（the virtual and the actual）两者之间的差异。这也正是柏格森所批判的心理学理论，特别是那些倾向于将过程简化为固定元素的联想主义心理学家所忽视之处，这样，无疑牺牲了"从真实到稳定的过程以及从开始

---

37 Worms, *Introduction*, p.139.
38 我们可以回想一下普鲁斯特在《追忆似水年华》中关于小玛德莱娜蛋糕（madeleine）的这个情节。译者注：在这部长篇小说中，小玛德莱娜蛋糕是在扇贝形状的模子上烤出的小蛋糕，普鲁斯特笔下的主人公在品尝蛋糕的时候，身心瞬时为之一震，立刻沉浸到对已经流逝的时光的回忆之中。从此以后，小玛德莱娜蛋糕成为普鲁斯特及其文学的一个文化符号。
39 这里"隐真"指的是与"无意识"大致相似的事物。

到结束的过程的不稳定性（instability）"（*MM* 149［135］）。[40]

联想主义一贯的错误在于，它用并列着的无生命元素的不连续的多样性取代了生成过程的连续性，而这种连续性就是活着的真实（living real［*le réel vivant*］）（*MM* 148［134］）。在联想主义这样做时，它将知觉简化为两个元素：感觉和图像（*MM* 149［134］）。这些理论家简化了知觉的过程，也中断了这一过程，在此之后，他们认定记忆只是知觉的较弱版本。知觉和记忆之间的差异只是程度上的差异，而不是种类上的差异。这种误解是不可避免的，因为联想主义心理学家完全忽视了实现的时间过程（the temporal process of actualization），这一过程即从纯粹记忆到记忆图像的过渡。因此，记忆和知觉都被视为表象，而对现在的知觉则被简单地认为是一种比记忆更强烈的表象。记忆（作为过去的表象）和知觉类似，但只是一种较弱的表象。

142

柏格森坚持认为，这种思维方式使得过去和时间的生成（becoming of time）彻底变得晦涩难懂。我们无法在现在找到过去，这就与在光明中无法找到黑暗的道理一样。与过去实现接触的唯一方法是进到过去的晦涩中，或者，在这种情况中，我们更准确地说，就是进到过去的隐真性（virtuality）中。"但事实是，如果我们不是从一开始就置身过去，我们将永远无法回到过去。过去在本质上是隐真的，如果我们不跟随并接受一种运动——从过去发展到一个现在图像的那种运动，并使过去从黑暗处走到日光下——否则，我们就不能把过去作为过去来掌握。"（*MM* 149–150［135］）*

---

40 这里主要参照的是：Taine's *De l'intelligence.* 参见：Worms, *Introduction*, p.143. 这一页探讨本章中探讨的问题（尤其是对联想主义的批判）与认知科学中的当代问题的相关性。沃尔姆斯在这里暗示了杰瑞·福多（Jerry Fodor）和丹尼尔·丹尼特的观点。

* 译者注：这一段很难懂，译者参考了三个译本。1. 格拉克的译文："But the truth is that we will never reach the past if we don't place ourselves in it from the start. Essentially virtual, the past cannot be grasped as past unless we follow and adopt the movement by which it opens［*s'épanouit*］into a present image, emerging from the shadows into the light of day［*émergeant des ténèbres au grand jour*］."（*MM* 149–150［135］）2. 法语版第 111 页：Mais la vérité est que nous n'atteindrons jamais le passé si nous ne nous y plaçons pas d'emblée.Essentiellement virtuel, le passé ne peut être saisi par nous comme passé que si nous suivons et adoptons le mouvement par lequel il s'épanouit en image présente, émergeant des ténèbres au grand jour. 3. N. M. Paul & W. S. Palmer, 英译本 135 页：But the truth is that we shall never reach the past unless we frankly place ourselves within it.Essentially virtual, it cannot be known as something past unless we follow and adopt the movement by which it expands into a present image, thus emerging from obscurity into the light of day.

记忆和知觉在种类上是不同的，因为过去与现在有着根本的不同。正如我们所见，柏格森将现在定义为行动的时间。我们记得，身体被定义为行动的中心。身体从过去切入未来，标志着现在的那个时间点。鉴于现在是行动，过去是没有能力行动的。既然现在和过去在种类上是不同的，那么知觉和记忆也必处于不同的种类中。如果记忆不仅仅是一种较弱的知觉形式，那么它一定是与知觉完全不同的东西（*MM* 151［136-137］）。由于知觉是（通过纯粹知觉的边界概念）以其与物质（即作为物质行为）的关系来进行定义的，我们可以看到柏格森的记忆理论将我们引向心灵现象。

但仅仅区分过去和现在，显然是不够的。我们必须将绵延引入现在本身。这就是导致（一方面是）纯粹知觉与（另一方面是）真实知觉两者差异的原因。同样，绵延对于纯粹记忆和真实记忆两者之间的区别至关重要。那么，什么是"现在"？我们可以将其抽象地视为一个几何点。但真正的现在、我们生活或体验的现在，并不是一个稳定的或固定的点。它更像是一个在过去、现在和未来的时间循环中移动的目标："我所说的'我的现在'既影响我的过去，也影响我的未来。首先，对于我的过去来说，'我说的这一瞬间（现在）已经离我远去'，对于我的未来来说，这一瞬间将面向未来。我倾向面向未来，如果我能固定这个不可分割的现在，即时间曲线的无限小成分，现在将显示出未来的方向。"（*MM* 153［138］）因此，"我称之为'我的现在'的心理状态必须既是对即时过去的知觉，又是对即时未来的决定"（*MM* 153［138］）。实际上，现在的即时过去（immediate past）是我们所说的感觉，而即时未来（immediate future）则是我们所说的行动或运动。换句话说，我的现在是感觉-运动。

我已有的对自己身体的意识构成了我的现在。我的身体在空间中延展，既体验着感觉，同时也执行着运动，因此，感觉与运动被定位在这个延展物（即我的身体）中的多个确定点上。在任何一个给定的时刻中，只能存在着唯一的运动与感觉的系统。……处于作用于它的物质与它所影响的物质之间，我的身体是一个行动中心，被接受的印象（impressions）在这个行动中心中可以理智地选择将这些印象转换成已完成的运动的适当方式。它因此展现出了我在生成过程中的各个真实状态，而在我的绵延中，它正处于形成过程中。从广义上说，在这种生成的连续性，即现实本身中，现在的瞬间由似自发的切面（quasi-instantaneous cut）所组成，我们的知觉在处于流动过程中的物质中工作，而这个切面，我们称之为物质世界。我们的身体占据了这个世界的中心。在这个物质世界中，我们正是通过它（身体）直接感受到流动。我们现在的现实性由它（身体）的实际状态组成。在我们看来，物质——被视为空间中的延展物——应该被定义为一个始终处于生成状态的现在。相反，我们的现在正是我们存在的物质性，也就是说，它仅仅只是感觉和运动的集合。（MM 153-154［138-139］）

在这里，柏格森回到他的出发点，即身体作为行动的中心，并赋予身体新的意义。身体也是一个与生成过程相关的中心。作为中心的身体位于时间视域，让我们区分现在、过去和未来。此外，它也暗示物质性的概念与一个时间视域即现在相一致，现在与作为行动中心的身体和因为行动服务而发生的知觉联系在一起。

过去

我的现在存在于我对自己身体的意识中（MM 153［138］）。物质
144 "被认为是空间的延伸，应该定义一个不断重新开始的现在。相反，我们的现在是我们存在的物质性，即感觉和运动的一个混合物，没有别的事物"（MM 154［139］）。换句话说，我的现在是感觉-运动。

如果"现在"概念与作为行动中心的身体（即感觉和运动）有关，那么"过去"可以确定为一种与身体无关的事物。"纯粹记忆……与我身体的任何部分无关。"我们记得，纯粹记忆是纯粹知觉的对应概念。从"过去"这个词的两种意义上来说，它都是非物质的。在过去通过与身体及其动作和知觉发生关联而被实现为记忆图像之前，直到过去与它

们混合并为它们做出贡献之前，它都不是物质，而且在它没有能力行动的这个意义上说，它也不重要。

纯粹记忆这个启发式概念的重要性在于，它将记忆和知觉之间的根本差异（种类上的差异）带回家。记忆并不是知觉的较弱版本。知觉（这曾是纯粹知觉理论的范畴）根本不是一种表象，而是一种行动。记忆是纯粹的，即隐真表象。除非记忆被实现，否则它不会参与现在的视域，只有通过将纯粹记忆嵌入图像或具身化为图像的转换之后，它才与现在接触。记忆存在于别处，必须被唤醒，从而在现在开始行动，将自身具身化为图像，并进入与意识和绵延相关的记忆和知觉的回路（circuitry）或与其相互作用。

大多数心理学家都弄错了，因为他们从一开始就把（作为图像的）记忆物质化了，所以就忽视了让记忆成为图像的实现过程。他们还将知觉理想化为表象（*MM* 155［139］）。现在是即将发生的行动（*MM* 156［140］）。当记忆成为记忆图像时，记忆与这个即将发生的行动相联系，因为记忆进入了现在。"图像是一种现在的状态。记忆图像留下纯粹的记忆，让过去（以没有能力行动、不可延伸性等为主要特征）进入现在。"（*MM* 156［140-141］）

现在就是正在发生的事情（法语为 ce qui se fait）（*MM* 166［150］）。但是由于时间的不断流动，"没有什么比现在更少，如果您将现在视为将过去与未来分开的不可分割的界限"（*MM* 166［150］）。由于时间的不断流逝，"实际上我们只能感知过去"（*MM* 166［150］）。

145

无意识

我们现在面临这个问题：纯粹记忆在哪里或如何自我保存？可以这么说，它在哪里生活？我们记得柏格森在《论意识的直接材料》中提出了一个关于时间的类似问题。答案藏在无意识中。"如果意识是正在行动中的现在的独特标志，那么不行动的事物*可以不再属于意识，但依

---

* 译者注：在这里指的是无意识。

然与意识共同存在。"（*MM* 156［141］）意识一直与身体联系在一起，也就是与身体的运动图式（motor schematisms）和预形成（preformations）联系在一起，因此意识与现在进行的行动联系在一起。柏格森现在将无行动或没有能力行动展现为一种"无意识的心理状态"（*MM* 156［141］）。过去是一种无意识的心理状态，无意识就是过去！

　　我们倾向于只考虑有意识的心理状态，并认为它们是唯一存在的。但是一旦我们思考了时间的流动，也必须思考过去。当我们这样做时，认识到意识只是现在行动的事物的一个独特标记。不行动的事物——过去——也是存在的。柏格森必须得出"过去是存在着的"这一结论，因为从某种意义上说，现在和过去的存在看上去同样微不足道。正如我们之前提到的，"没有什么是比现在更小的了"（*MM* 166［150］），因为时间是动态流动的。因为我们处于绵延之中，即处于真实的时间流之中，因此从某种意义上说，现在将永远成为过去。

　　在心理学领域中，意识并不是存在的同义词，而是真实行动或直接功效（immediate efficacy）的同义词。当我们以这种方式限制"意识"这个词时，可以接受一种无意识心理状态的观念，这种状态即"没有能力去行动"（*MM* 157［141］）。"意识的主要作用是管控（preside over）行动并进行选择"（*MM* 157［141］），也就是使自发行动成为可能。那么，这里的一个要点是柏格森可以要求我们思考无意识的心理状态，因为他是根据行动——而不是知识——来重新定义"意识"或"知觉"。正如我们在上文中已经看到的，在这个意义上，意识（根据定义）只阐明了现实（实在）的一部分，而这一部分与它即将发生的行动的趣向相关。对于意识来说，一切真实的事物都是现实的（actual），而其他的事物则是隐真（实际上真实但不在场）的，隐真的事物也许会变得晦涩难懂，但它并没有因此而不再存在或不再真实。"'过去一旦被感知就会自我消失'这种说法的理由不会多于'假设物质性对象在我不感知它们时就会消失'这种说法的理由。"（*MM* 157［142］）

　　柏格森不断提醒我们，时间和空间一样真实。我们实际上承认存在着超出我们直接知觉或意识范围的物体，例如：我知道我的女儿在隔壁房间睡觉，尽管我不能直接看到她；我知道纽约市一直在（其地理方

146

位）那里，尽管我现在住在加利福尼亚州。柏格森问道：为什么当涉及空间中的物体时，我们就会承认在我们意识之外的客体的存在，但当涉及主体（*MM* 158［142］）或时间中的存在物时，我们却不承认存在呢？这是因为我们将存留（conservation，即"存在的保持"）的力量归于空间，但我们不愿意将这种力量授予时间。我们接受客观性的视域，因为我们认为空间是它的保证者。我们认为空间承载着事物，但我们不愿意相信时间承载着在其中连续发生的各种心理状态。

然而，当我们重新引入行动的视角时，空间就变成了时间的一个译本（translation）。[41] 我们在一个特定的时间间隔中超距地感知着我们将要对其发挥作用的客体或对我们发挥作用的客体。

> 因此，空间同时为我们所有人提供了我们即时未来的图式。而且，由于这个未来是无限流动的，象征着未来的空间具有在其静止状态下无定限地保持开放状态的特性。……但是鉴于我们感觉到我们暂时停留在这些物质性客体上，我们将现实赋予现在［即使它们可能不在我们的视线范围内］，相反，我们过去的记忆则是如此沉重，由于我们必须承受这些重担，所以我们宁愿装作我们早就卸下了这些重担。我们凭借着一种本能无定限地打开我们面前的空间，而同样是这种本能，使我们在时间流逝时可以关闭我们身后的时间。而在延展模式中的现实在我们看来似乎在无限地延伸，并延伸到知觉之外……在我们的内在生活中，只有从现在这一时刻开始的事物对我们来说才是真实的，而其余的事物实际上被摒弃了。所以，当一段记忆再次浮现在意识中，在我们看来，它就像一个鬼魂，必须依靠特定的原因来解释它的神出鬼没。实际上，这种记忆 147 对我们现在状态的依附关系与"我们没有感知到的客体与我们感知的客体之间的关系"绝对有可比性，而**无意识**在这两种情况中发挥着同类的作用。（*MM* 160-161［144-145］）

---

41 与《论意识的直接材料》的视角相比较，这句话显示出已经发生的轻微的改变。

　　柏格森在这段话中强调了一种相似性，即我们在空间中同时并列放置的物体与随时间发展的各种心理状态之间的相似性。

　　柏格森所说的"无意识"是什么意思？从字面上看，无意识就是超出我们直接意识范围的一切事物。在这个意义上，在空间别处的物体和在时间别处的记忆都是无意识的，以相同的方式，在相同的程度上——"无意识在这两种情况下都发挥着同类的作用"（*MM* 161［145］）。柏格森坚持，我们需要更多地关注某些结构相似性，即在空间中同时在我们面前自我呈现的对象领域与在时间中出现的一系列连续状态之间的结构相似性（*MM* 161［145］）。[42]

　　这两个系列之间的根本区别在于：空间中物体的顺序是必然的——必须遵循欧几里得几何定律——而在时间中，连续出现状态的次序是依情况而定的（contingent）。当我们谈论存在于直接意识的知觉（direct conscious perception）之外的事物时，这种区别就会发挥作用。我们将存在物归于这种必然的排序中。然而，柏格森认为，在内心体验中，有一个关于空间中事物的必然排序的类比。他称之为"性格"（character）（*MM* 162［146］），他根据我们的过去给予我们身份（identity）的次序来解释这个"性格"。他写道：我们的性格是所有过去状态的实际综合（*MM* 162［146］），它不决定我们的现在状态，但可以对其发挥影响（*MM* 164［148］）。我们以前的心理状态以这种浓缩的方式继续存活，因为我们永远都得背负着它们。过去总是与我们同在。它为我们所做的一切提供相应的信息。[43]

　　但是我们已经偏离了过去如何自我留存的这个指导性问题。"我们如此沉迷于空间图像，"柏格森写道，"以至于我们一定会问记忆在哪148 里保存。"（*MM* 165［148］）但是通过问"在哪里"，我们已经将这个问题空间化了。过去在哪里？最简单的答案是"在大脑中"。因为我们认为一切事物都包含在空间中，所以我们习惯在空间上概念化一切，习

42　这里暗示了显影（development）这个摄影概念，这是从纯记忆的隐真状态向记忆图像的具体状态过渡的一个图景。

43　再一次，我们在对过去的探讨中认识到一种进化的观点，过去影响但不决定现在。从这个意义上说，"特性"将使适应和其定向成为可能。

惯从接纳物体的容器那个角度来思考。以上的这个答案似乎是必然得出的。"根本的错觉在于，我们把在时间绵延中分割的瞬间片段，按其发生的次序，转变成了时间绵延本身"（L'illusion fondamentale consiste à transporter à la durée même, en voie d'écoulement, la forme des coupes instantanées que nous y pratiquons）（*MM* 166［149］）——而现在这个最大的部分，我们却倾向于将其置于空间中。

> 但是，根据假设，已经不复存在的过去如何能够自我留存？这里不存在一个真正的矛盾吗？……我们回答说，问题正是要知道过去是否已经不复存在，或者过去是否不再有用。你将现在定义为事情正在发生的那个瞬间。如果你将现在定义为将过去与未来分开的那个不可分割的界限，那么没有什么比现在这个瞬间更重要了。当我们思考这个现在的瞬间应该是什么的时候，它就已经不再存在了，而当我们想象它存在的时候，它已经成为过去……所有的知觉早就成了记忆。（*MM* 166-167［150］）

所有的知觉都已经成为过去。我重复这段话，以便我们有时间来理解这段话："在一秒（对光的最短暂知觉发生于此）的片段中，发生了数万亿次振动，在第一个振动与最后一个振动中存在一个间隔，这个间隔可以被分割为数量巨大的更小片段。虽说你的知觉是瞬间形成的，但都包含着无数被记住的元素，事实上，所有的知觉都早已经是记忆。实际上，我们所感知的只有过去、纯粹的现在存在，过去通过不可知的进展使自身侵入未来。"（*MM* 167［150］）

当谈到我们的思考习惯时（例如，我们倾向于询问记忆在哪里保存自身），这不仅仅是一个形而上学错觉的问题，还有一个意识形态因素在起作用，或者应该称之为生物因素。就生命的法则就是行动而言，我们真正感兴趣的是最近的未来，它将为我们展开并随之成为我们最近的过去。这是行动的范围，也是社会生活要求我们参与的范围，以应对面临的挑战。换句话说：我们按照自己的方式思考是为了适应环境并生存。我们有兴趣的是保持未来的开放性，而不是已经发生的事情。 **149**

心灵

通过对过去可能被存储在哪里的问题进行问题化，并通过赋予时间维度以自主价值（这种自主价值与以往赋予空间的自主价值相称），柏格森开辟了主观性（subjectivity）的领域。与此同时，他赋予主观性以可与客观性的价值相比较的价值，主观性的价值与客观性的价值平行。通过无意识的概念，柏格森使过去时间的存在成为一个可行的概念。以往的哲学家将"现在"假定为几何学的一个状态，并解释为线性时间中的一个点，而柏格森正是通过质疑这个假定，从而开辟了存在的概念。他将"现在"重新诠释为一个永恒的重新开始（re-beginning），朝着最近的未来运动，同时也朝着最近的过去运动。根据绵延（即作为生成的一种连续性）而对真实做出的阐述提醒我们，空间的视域是一种抽象物。

柏格森没有问记忆存储在哪里（他已经有效地否定了这个问题），而是探索了它是如何存储的，柏格森在探索过程中返回到双重记忆理论，双重记忆包括对身体（的习惯和重复）的记忆和对图像的自发记忆。他从涉及这两种类型记忆关系的时间角度来探讨它们之间的相互作用问题。这使他能够在他的讨论中始终参与现在和过去（以及身体和意识），这是一个重大的举措，因为我们正在用一个作为时间生成的真实（作为绵延的真实）模型取代原先的静态空间模型，静态空间模型在物体（大脑）中定位孤立的对象（记忆）。从这个角度来看，柏格森可以扭转整个问题。"这是一种错觉，"他评论道，"想要定位过去甚至现在的知觉在大脑中的位置：这些知觉不在大脑中，反而是大脑在这些知觉中。"（*MM* 169［151］）

正是在关于两种记忆模式相互作用的这个修订的论述中，柏格森得以在理论上定位主观世界或心灵。到目前为止，柏格森只谈到了意识活动，并将其与生命法则（行动）和作为行动中心的身体联系起来。性格（character）这个概念为他提供了生命个体的统一时间视域的一个组织原则。我们现在有一个行为主体（agent）的概念（暂时不提主体问题），它包括一个空间定位和时间深度的视域，这个视域即现在和过去之间的循环。

150

柏格森的关注点回到他在上一章区分的两种类型的记忆，以研究它们之间的相互作用。"我们最初分开的两个术语将被结合在一起"（*MM* 168［151］），柏格森在探索两者之间的积极互动时说。[44] 换句话说，柏格森现在将他在上一章中以静态模型展示的内容回归并嵌入实在，嵌入持续的绵延生成，而这些内容现在被理解为"普遍生成"（*MM* 168-169［151］）。[45] 在柏格森戳穿以往将"现在"视为一个静止点的神话，并将绵延引入现在以后，柏格森就可以做到这一点了。

柏格森用倒锥体（即倒置的圆锥体，inverted cone）图式描绘了"在我的记忆中积累下来的记忆的总和"（*MM* 169［152］），这个记忆的总和也是两种记忆（身体记忆和图像记忆）的整体。

"圆锥的点 S 与平面 P 接触。点 S 代表我的现在，但它被认为是一个移动的点，总是在时间中前进。在这里，我们找到了身体的图像，这个图像仅限于接收和返回从该平面的所有图像中生成的行动（actions which emanate from all the images of the plane）。"（*MM* 169［152］）我们看到柏格森恢复了《物质与记忆》开篇的语言风格，在那里我们可以读到：

> 在"图像"这个词最模糊的意义上，我在这里面临着图像的在场，当我使用感官时，可以感知到这些图像，而当我关闭感官时，就不能感知这些图像。所有这些图像根据自然法则相互影响并彼此做出反应。（*MM* 11［17］）

S 标记动作的移动位置（或者，如果我们静态地考虑这个图，它标记了纯粹知觉的位置）。倒锥体的底部，标记为 AB，代表"我记忆中积累的全部记忆"（*MM* 169［152］）；它"位于过去"（*MM* 169［152-153］）。因此，AB 是固定的，尽管它是隐真的（实际上真实但不在场）

---

44 回忆一下，《物质与记忆》的副标题是"关于身心关系的论著"（"Essay on the Relation of the Body to the Mind"）。
45 我们在这里看到，与许多批评家所指出的正好相反，在《创造进化论》写作之前，柏格森就已经将绵延作为本体论事实。

或无意识的，而 S 点是可移动的，"在普遍生成（universal becoming）的倒锥体上产生一个横截面（a transversal cut）"（*MM* 169［152–153］）。

151　下图（图 4.1）显示了身体记忆与图像记忆的合成。当一个动作激活这个图时，这个动作可以唤起身体记忆与图像记忆的"相互支持"，这两种记忆在它们的持续互动中可以彼此借用。

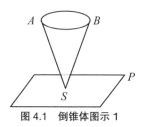

图 4.1　倒锥体图示 1

　　一方面，过去的记忆［在倒锥体的底部表示为 AB］向感觉–运动机制提供了所有记忆，这些记忆能够指导感觉–运动机制完成任务并按照以往的经验教训所建议的方向来为运动反应指引方向，这些就是邻近性（contiguity）或相似性产生的联系。但另一方面，感觉–运动机制为没有力量的事物（即无意识记忆）提供了具身化（embodied）、使自身成为现实（即变成在场）的手段。为了让一个记忆重新出现在意识中，记忆必须从纯粹记忆的高度下降到动作发

152　生的精确点［S］……记忆响应的请求来自现在，而记忆从现在动作的感觉–运动元素中借到了赋予其自身生命的温暖。（*MM* 169–170［152–153］）

　　这两种记忆（以及与它们在一起的现在和过去、身体和心灵）就这样相互作用，"彼此融入对方"（*MM* 170［153］）。正是这种互动影响了我们所说的性格。一个行为主体或多或少地参与行动，或者，或多或少地涉及记忆——在这种情况下，她或他可能被视为一个做梦者。

　　我们看到，柏格森在《物质与记忆》中的阐述不是线性的（实际上是循环的）。他在这个循环上又转回到了上一章分析过的认知现象，而且现在给认知一个动态显现（dynamic rendering），这个显现重新组合了他在之前的分析中仔细区分的各个元素。在这一章中，他的阐述一直在循环。

　　倒锥体图（图 4.2）一方面可以说是描绘了两种记忆之间的关系（在这个意义上描绘了身体和心灵之间的关系），另一方面也可以被解释为描绘心灵——法语原文中的 l'esprit（精神，灵魂）——本书将在下一章进一步阐述这个词。当柏格森通过将截面引入倒锥体来适应他的初始图式时，这一点变得更加清晰，我们现在在倒锥体中发现"我们心理生活的成千上万次重复，由同一个倒锥体的许多截面 A′B′、A″B″ 等来表示"（MM 181 [162]）。[46]

　　随着近乎无限数量的中间层级（intermediary levels）的引入，锥体开始代表心灵，它具有两个极端的瞬间或活动：一方面是行动，另一方面是梦想。从这个角度考虑，倒锥体的底部 AB 现在代表心灵的做梦的功能，而 S 再次代表行动，现在实用的行动。就梦与行动相分离而言，记忆图像可以自由地传播并相互吸引，而无需与行动相关的实用性。再一次，行动和梦想是规范观念。在其通常的操作中，心灵的能量在由倒锥体的各个横截面所显示的各种意识平面之间移动。这些部分的区别在于紧张程度（或注意力的集中程度）的差异，当我们接近 S（行动的确定地点）时，意识就会更紧张，而当我们接近 AB（梦的精神层面）时，意识就会更放松。

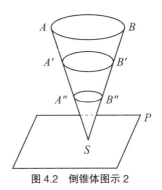

图 4.2　倒锥体图示 2

　　人们必须再一次将这个图动态化才能让它变得有意义。在上一章柏 153 格森的认知理论中已经谈到，正是在不同层次的精神张力中上下的两个运动在记忆和知觉之间的相互作用中起作用。从这个角度来说，与梦相

46　德勒兹和加塔利合著的《千高原》（*Mille Plateaux*）的书名与这句话之间的关系是不言而喻的。

关的 AB 层也代表纯粹记忆，S 代表纯粹知觉。从柏格森在这部著作的开头所介绍的意义上而言，AB 代表纯粹的"去身化"（disembodied）的观念，而 S 代表图像。

在底部 AB 和倒置的顶点 S 之间的倒锥体中，上下流动的"双重趋向"（double current）代表了已经理论化的知觉和记忆回路。它产生了一种观念和图像（或思想和物质）的混合以及在语言层面上的能指（signifier）*和所指（signified）*的一个混合。[47] 这种双重趋向现在在一种普遍心理学的背景下运转，其主要特征是"收缩和扩张的一对运动，通过这种运动，意识会紧缩或扩大它的内容的发展"（*MM* 185 ［166］）。就好像心灵被认为是一个隐真的键盘乐器，它为我们的精神生活提供了多种音调。根据你在一个特定瞬间发现自己处于哪一层，会获得不同的精神生活的音调（tonus），并呈现出一系列不同的音调（tonalities）。[48]

> 一方面，感觉-运动状态 S 引导记忆，它是实际和活跃的端点，另一方面，这种记忆本身连同我们过去的整体，两者可以轻易地施加一种压力或向前推动，将自身最可能多的部分插入现在的动作。在这种双重努力中，每时每刻都可能产生无数可能的记忆状态，这些状态由我们的模式 A′B′、A″B″ 等横截面表示出来。可以说这是我们过去生活整体的一次次重复。但是这些横截面中的每一个面积或大或小，这取决于它是更接近倒锥体的顶尖还是底部。更重要的是，过去的这些完整表象中的每一个只能够适应感觉-运动框架的记忆。这 …… 类似于现在知觉——如果从将要被完成的动作的观点来看。（*MM* 87 ［168］）[49]

---

* 译者注：在意指作用中，将用以表示具体事物或抽象概念的语言符号称为"能指"。

* 译者注：在意指作用中，将语言符号所表示的具体事物或抽象概念称为"所指"。

47 《物质与记忆》原版第 180 页尤为重要，因为这一页的内容显示出在柏格森的记忆分析中所蕴含的语言理论，这一页在许多方面上暗示了索绪尔（Saussure）的结构语言学（structural linguistics）。

48 柏格森谈到"我们精神生活的各种'音调'"（*MM* 188 ［169］）。

49 正如这些页的内容所分析的那样，对这一论点的更详细分析将思考相似性和接近性（contiguity）在认知操作中发挥的作用。

是什么从一个层次移动到另一个层次，跨越意识层面？正是精神。"我们假设精神不断跨越其两个端点之间的间隔，或在行动的层面和梦的层面之间不断跨越。"（*MM* 192［172］）那身体呢？"身体固定了我们的精神。"（*MM* 193［173］）它只是"接收到的兴奋和完成动作之间的交汇点（rendez-vous）"（*MM* 193［173］）。为了保持自己的平衡，心灵需要身体的锚定和对生活的务实关注。

梦

当一个人的注意力没有被身体的感觉－运动平衡所锚定时，发生了一种心理状态，这就是梦（*MM* 194［174］）。由于记忆不是针对现在（或即将发生的行动）的特定需求，因此对各个图像之间发生的关联不再有任何限制，因为最终"每一个图像都与其他一切图像相似"（*MM* 187［168］）[50]。在梦境（不需要真正的睡眠）中，图像特别生动，因为当我们回到过去时，记忆会有更多具体的细节。它们没有被现在瞬间的限制概括或抽象，这些限制将选择类似或符合那次遇到的知觉需求的图像。因此，梦涉及一定程度的心理活动，在这种活动中，生动而详细的图像可以自由流通。

柏格森对梦表达了许多不同的看法。有时，他将梦视为一种唤醒，好比从实用行动和压制绵延的社会世界的约束中解放出来一样。他写道，要体验绵延，"人们必须做梦"。梦想也与艺术家的活动有关，而且柏格森在《创造进化论》中将梦视为本能而不是智力。有时它与精神上的疏离感或疯狂有关。然而，对于柏格森来说，梦证实了"记忆存在于它与物质的根本区别中"的论点，是很明显的。身体的大脑或神经系统的功能是将记忆定向到现在，并将其与真实的行动世界联系起来。记忆是绝对独立于物质的东西（*MM* 198［177］）。大脑的功能是唤起有用的记忆，但也拒绝其他记忆。它不想与它们有任何关系。"我们看不到记

---

50 这里指的是绵延的终极统一，这意味着发生在不可逆时间中的每个事件的具体独特性，每个事件都通过越来越广泛的隐真情境化（contextualization）领域与其他事件联系起来。

忆如何存在于物质中。"（*MM* 198［177］）

第四节　《物质与记忆》第四章图像的划分与固定：知觉与物质：灵魂与身体

　　我们记得柏格森在《物质和记忆》中的广泛主题涉及身体与心灵之间的关系。记忆理论为这种更广泛的分析指明了方向。本书的前三章确立了身体在知觉和记忆方面的功能。由于（in view of）行动的存在，身体限制了心灵的生命。心灵发挥一种选择机制，将那些对知觉有用的以及适应由身体运动勾勒出的框架的那些记忆图像提供给知觉。这些都强调了柏格森的主要观点：身体既不产生表象，也不将表象储存在大脑的某个特定部分，身体只是在选取某些图像。然而，在这样做的同时，身体也将这些图像有形化（materializes），从纯粹记忆中提取记忆图像，并使它们参与认知过程，而在该过程中，知觉在其朝向行动的路途中发生。

　　在《物质与记忆》的最后一章，柏格森回到了形而上学的二元论问题，他曾在本书的第一章提出了这个问题，但当时并未探讨。我们回想起第一章开头的话："我们暂且假定我们对物质理论和心灵或精神理论一无所知，对关于心灵外的世界的现实或理想的探讨一无所知。"（*MM* 11［17］）

　　这些问题是柏格森回归到此处的形而上学问题。现在他可以从"物质和心灵在种类上完全不同，即两个概念中的一个概念不能还原为另一个概念，也不能依照另一个概念来进行解释"的这一前提来展开论述。这个关键处面临的挑战是如何阐明原先被视为两个完全独立的实体——"身体"和"灵魂"——的结合（*MM* 201［180］）。[51]

　　在这一章中，柏格森此时在他刚刚进行的心理学研究的基础上回归到形而上学的问题。柏格森已经探讨了关于失语症的临床研究，关于脑损伤影响的临床证据，而且提出了他自己的、涉及身心相互作用的知觉

---

[51]　柏格森几乎是在互换使用"âme"（灵魂）和"esprit"（心灵）这两个词，尽管 âme 倾向于在形而上学二元论的语境中使用，而 esprit 则倾向于在临床心理学的语境中使用。

理论（以往的哲学理论认定身体和心灵彼此完全独立）。正如我们在上文中所见的那样，身体和心灵在行动中相遇，而且相互支持。

在这一点上，柏格森将他的心理学分析的要素重新转换为形而上学的术语。为避免我们没注意到这些，他明确地提醒我们，"纯粹知觉"和"纯粹记忆"这两个术语虽然是隐真（实际上真实但不在场）术语（virtual terms），但两者已经被铭刻在身体和灵魂的形而上学二元论中。"纯粹知觉会让我们真正地置身于物质中，而在记忆的帮助下，我们实际上已经洞察心灵。"（*MM* 200［180］）更重要的是，他暗示说，"揭示物质和心灵之间区别的那个心理学洞见实际上也实现了两者的结合"（*MM* 201［251］）。柏格森不接受形而上学二元论问题的解决　157方案。（唯物主义或唯心主义中）任何一个方案都试图将一个术语（物质或心灵）从属于另一个术语，或试图从另一个术语中推导出这个术语。

> 在这两种对立的学说中，一种理论［唯物主义］将真正创造的天赋赋予身体，另一种理论（唯心主义）则将其赋予心灵。第一种［唯物主义］坚持大脑产生观念或表象，第二种［唯心主义］坚持我们的理解力（知性，understanding）构建了自然的蓝图。为了反驳这两种学说，我们援引了相同的证词，即意识的证词。这个证词表明我们的身体是一个图像，而理解力是一种分离和在逻辑上区分对立的两个概念的功能，而不是一种创造或构建（身体或物质世界）的功能。（*MM* 201-202［181］）

柏格森的心理分析取得了什么成就？通过将形而上学二元论推向极致，它为"数量与性质"和"延展性与非延展性"（extended/nonextended）等形而上学的对立概念之间的重新结合（*rapprochement*）铺平了道路，而这些对立概念使得形而上学二元论问题的任何一种解决方案都变得复杂起来（*MM* 202［181］）。

柏格森这本书的这一章对前三章给出的分析提供了解释或诠释，而在前三章中，纯粹知觉理论看上去有点令人困惑。例如，当我们知道柏格森要专心致志地探讨"绵延"（一种生成的全新时间性），我们可能想知道的是"为什么柏格森要从纯粹知觉的概念（这似乎意味着绝对的瞬时性［instantaneity］）开始展开论述"。他在这里向我们展示，他的纯粹知觉理论就他所提出的心理分析而言并不特别重要，但就心理分析有意要澄清和取代的形而上学问题而言至关重要。柏格森在此肯定：纯粹知觉将知觉放回物体本身（dans les choses mêmes，即康德的"物自身"概念）中。因此，物体的知觉图像不再作为表象而位于身体（或大脑）内，它们已经明确无误地位于身体（或大脑）之外的世界本身中。我们应该记得这个观点是这本书的出发点："在最模糊的意义上，我面对着'图像'的呈现，在我使用我的感官时，我就在感知着这些图像，而在我不使用它们时，我就不再感知这些图像了。"（MM 11［17］）柏格森继续坚持认为，这些图像就在外部世界那里，而不在我的心灵中。

158   在这里，当柏格森试图将早先关于知觉的心理学论证放置到更广泛的形而上学框架中时，他实际上是在将《论意识的直接材料》的核心论证放置其中。这个进程是复杂的，让我们试着跟随这个进程。

    首先，柏格森批判了传统的形而上学立场：唯物论、唯心论、经验论和独断论。然后他转向康德。他认为，我们对事物的认识并不像康德所说的那样，即"与我们心灵的基本结构相关，而仅与心灵获得的表面习惯相关，而这个表面习惯与心灵从我们的身体机能和次要需求那里得到的偶然形式相关"（MM 205［184］）。这个洞见奠定了一个基础，即柏格森在解决目前的形而上学问题（即身心之间的关系问题）时所准备采用的方法基础。这与他在《论意识的直接材料》中建立的批判方法相同，即不要将单纯的偶然适应（contingent adaptation）误认为事实（MM 203［183］），而是"从经验的源头处寻找经验"（MM 205［184］）。

    换言之，这是一个柏格森在《论意识的直接材料》中称之为"直接意识"（immediate consciousness）的问题。这是一个与现实直接接触的问题："我们必须将自己置于纯粹的绵延之中，绵延的流动是连续的，事物在那里通过细微的渐变，从一种状态到达另一种状态：一种真正的、活着的连续性……为了普通知识的便利而被人为地打破。"（MM 207［186］）

　　《物质与记忆》与《论意识的直接材料》正好在哪里汇合？在柏格森用行动代替知识（或思辨、沉思）的关键点上。因为行动的含义就是自愿行动（否则就应该简称之为运动），自发的行动意味着自由，以上就是《论意识的直接材料》的中心论点。理解"行动的亲密本性"本身就是一种"自由理论"（*MM* 208［186］），这是必要的。这是一个批判性地将虚假绵延从真实绵延中剔除出来的问题，在虚假绵延中，"我们看到彼此发生作用"，而在真实绵延却正好是"我们行动的位置"（*MM* 207［186］）——这种绵延正如我们在《论意识的直接材料》中看到的那样，我们的各种状态在其中相互融合。

　　哲学面临的挑战是：我们能否通过思想将自己置于绵延之中（*MM* 207［186］）？问题的症结在于对康德的再次超越（dépassement）。返回直接意识意味着什么？"将自身从空间中分离出来但保持其延展。"（*MM* 208［187］）柏格森在这里又回到了这个语言问题。"如果人们能够确定这些困难、这些矛盾、这些问题主要来自覆盖于它们之上的象征性形象（symbolic figuration），我们已经开始将这种形象视为现实本身，这种形象的厚度是否只能通过一种独特的、强烈的努力才能穿透？"（*MM* 209［187］）柏格森放弃了关于物质的批判理论，这种理论将以对空间和广延之间差异的批判性分析为出发点。但他确实勾勒出这种理论可能的方向。本章的其余部分将详细阐述四个要点。 159

1.运动是不可分的

　　开始于静止并结束于静止的所有运动是绝对不可分割的（*MM* 212［190］）。为了从直接经验（或绵延经验）的角度取代形而上学问题，首先需要重新考虑运动——对运动的动态的、非空间化的理解。这就是柏格森在《论意识的直接材料》中关于流星形象的观点。"运动的不可分割性意味着瞬间的不可能性。"（*MM* 212［190］）我们产生可以将运动分成各个组成部分的错觉是因为我们希望将运动映射到空间中。柏格森重述了《论意识的直接材料》中的论点。错误是期望空间能够给出绵延的整体表象（*MM* 212［189-190］）。当你试图将运动映射到空间时，你就是"用运动轨迹代替运动本身"（*MM* 211［190］）。一旦运动停止而且没有任何物体在运动，人们只能在事后绘制运动轨迹！由于正在发生的运动本身还没有指定的终点，因此无法对其进行映射或划分。这种错觉，正在进行的事件与这个事实在空间视域上的重新呈现之间的混淆，正是造成芝诺悖论的原因。[52]

　　柏格森声称，这意味着将"转换"变成一种有用的东西，即一种为我们提供信息的表象。当我们思考什么是有用的，或者当我们以对我们有实用性的方式思考事物时，这通常意味着将事件映射到空间，然后为
160　一个事物选中某个运动（*MM* 213［191］）。考虑这个运动本身是没有用的。这就是为什么我们"不再倾向于思考运动的内部组织，就像工人从来不思考其生产工具的分子结构一样"（*MM* 213［191］）。[53]

2.真实运动

　　关于运动的第二个事实是：存在着真正的运动（*MM* 215［193］）。理解这一事实有助于将一个人的视角从数学转向物理。数学家根据距离的变化来表示运动（*MM* 215［193］）。而物理学涉及具体的运动（*MM* 216［193］）。它认识到运动是真实的。这个区别很重要。对于运动的数学或几何学处理（源自笛卡儿）将认为运动是相对的，而且（尽管柏格森在这里没有明确说明这一点）是可逆的。在物理学处理具体时间的意义上，它可以更容易地认识到运动和时间的根本不可逆性。[54]

52　芝诺悖论涉及运动的无限可分性，以至于其可分性的无限回归（infinite regress of its divisibility）与其作为运动的继续相冲突。柏格森认为，当正在进行的时间和运动与空间混淆时，就会出现这种情况。这是柏格森哲学生涯中的一个基本洞见（译者注：实际上柏格森也知道这个悖论在数学领域中如何解悖，他曾经说过：阿喀琉斯在跑过一定距离后，就一定会超过乌龟）。

53　对"分子结构"的统计也许是柏格森通过他所谓的"直接直觉"超越普通知识的空间配置的兴趣的关键。具体参见本书第二章。

54　如前所述，这个问题是现代物理学的基础。随着玻尔兹曼以数学方式重新阐述热力学第二定律，运动的数学处理和物理处理之间的区别变得非常明显。这个数学的全新阐述使"时间之箭"不再存在。斯滕格斯认为，正是玻尔兹曼拒绝承认具体运动的重要性（以及时间过程的不可逆性），使得柏格森相信只有哲学才能思考时间，而不是科学。参见：Ilya Prigogine and Isabelle Stengers, *Entre le temps et l'éternité*, p.34.

柏格森得出结论，照此接触运动的最佳方式就是"当运动从内部出现时，将其视为状态或性质的变化"（*MM* 219［196］）。因此，将运动转化为数量，就像所移动距离的数量，是一个错误。当运动的现实使我感到它是一种状态或性质的变化时，我就会触及运动的现实。"（*MM* 219［196］）甚至可以通过性质的变化直接感知到外部运动："在光明与黑暗之间，在各种颜色之间，在各种细微差别之间，差异是绝对的。"（*MM* 219［196］）因此，要感知运动，我们必须拥有尼采所说的"可细致入微的手指"（fingers for nuance）。[55]

3.隐真划分

第三个事实如下：任何将物质划分为具有绝对确定边界的单个物体的行为都是隐真的划分（*MM* 220［196］）。绵延暗示着柏格森所说的"运动的连续性……一切都在变化，同时保持不变 。为了通过物体来表现其永恒性，通过其在空间中的同质运动而表现其变化性，我们如何才能将永恒（permanence）和变化这两个术语分开？"（*MM* 221［197］）

柏格森说得很清楚。诉诸直接经验并不是一种彻底的主观论（subjectivism）。直接意识（独立于形而上学错觉的意识）和科学都"向普遍连续性观念回归。"（*MM* 221［197］）"科学和意识在根本上是一致的，只要我们根据最直接的材料来设想意识、以科学的最远大抱负来设想科学。"（*MM* 221［197］）

考虑到柏格森以往关于科学与哲学对立的一些陈述，[56]他将科学与意识的结合令人震撼。它帮助我们理解：诉诸直接经验（以及随后对直觉）是在这些科学发展的背景中形成的，而这使得普通经验的框架问题化（problematize）。"在意识和科学之后，"柏格森写道，"还有生命。"（MM 221［198］）然而，也正是生命——按照需要和适应的生物学规则来思考——通常促使我们忽视真实世界（the real）的连续性，而根据

55 Friedrich Nietzsche, *Ecce Homo*, trans. Walter Kaufmann, p.223.

56 关于哲学与科学之间的对立，可参见：*Creative Evolution* and the short text "Qu'est-ce que la métaphysique"，in *La pensée et le mouvant;* in English: *The Creative Mind: An Introduction to Metaphysics.*

"分离的单元"来思考物质。在谈到需要影响知觉的方式时，柏格森写道："在可感知现实中被分割开来的各个部分之间建立这样的特定联系，而这就是我们所说的活着（living）。"（*MM* 222［198］）

柏格森在这里关注生物学和认识论之间的关系——为了适应的目的，需要沿着特定的路线来构建知识。这不仅仅是个人的倾向。事实上，整个科学都是根据生物学的思想习惯而构建的。因此，柏格森对当代化学领域中坚持根据粒子来思考物质的趋势表示遗憾。他坚持说："在物理学家的凝视下，原子的物质性正在分解的过程中。"（*MM* 223［199］）[57]

162 接下来的几页很有趣，不是因为这几页深化了形而上学的论证，而是因为它们揭示了柏格森的思想在多大程度上可与当代科学的发展展开对话。这几页的注释中不仅有麦克斯韦的科学论文，还有开尔文勋爵关于原子涡旋（vortex atoms）和气体的分子迁移率（molecular mobility of gases）理论的科学论文。现代（19 世纪）物理学教给了我们什么？科学家们"向我们展示了调节、扰动以及通过具体的延伸而发生的张力或能量变化，而不是别的"（*MM* 226［201］）。在这个意义上，科学发展与柏格森刚才展现给我们的关于运动的心理学分析的主旨相吻合，这种分析将运动视为绝对的。运动是一种独立的现实，而不仅仅是之前指定了的事物的状态变化（或对象之间关系的偶然变化）：它们将运动呈现为一种独立的现实。在科学术语中，越来越多地按照"力"来思考物质："我们看到'力'将自身具身化，'原子'将自身理念化，这两个词在一个共同的边界上汇聚，宇宙因此也再次找到了其自身的连续性。"（*MM* 225［200］）

就物理学家而言，柏格森写道，"涡流和力线……只是一些实用图，旨在图示这些计算过程。但哲学必须问：为什么这些符号比其他符号更合适，而且还可以走得更远"（*MM* 226［201］）。他问道："如果它们（这些符号）所对应的概念至少指明了我们探索真实物的表象的那个方向，那么我们是否可以通过深加工这些符号来重新与经验产生联系？"

57　毫无疑问，这是关于光的波粒二象性理论和量子力学奥秘的预示的一个问题。

（*MM* 226［201］）这也许是人们能找到的关于柏格森哲学抱负的最明晰的陈述，它与物理学中目前正在进行的全新研究有着极为密切的关系。

4.状态改变

这是关于运动的最后一个命题：真实运动是一个状态，而不是物体的输运（*MM* 226［202］）。

这些命题的主旨是什么？主旨是性质（意味着异质性）和运动（意 163 味着同质性）这两个词之间的和解（*MM* 226［202］）。正是在这一要点上，柏格森开始试图超越对《论意识的直接材料》中的分析，他之前在那部著作中展现了知觉心理分析，而现在正在这个分析基础上继续研究。在《论意识的直接材料》中，他的目标是强调性质与数量之间、异质与同质之间、内部（关于性质的感受在这里得以体验）与外部（我们用空间与同质性这些概念展现和了解外部）之间的差异。

这个转变是什么？柏格森仍然保持着质与量之间的根本区别。然而柏格森现在想表明，将心灵内外的绝对差异等同于性质和数量之间的差异的做法可能并不完全正确。柏格森在《论意识的直接材料》中将异质性（仅限于意识和感觉的内在体验）等同于绵延，但他现在表示，这种异质性与物质本身相关！这是柏格森走向绵延本体论的第一步，在他的下一部重要著作《创造进化论》中，柏格森公开地引入了这个本体论，并将绵延扩展到普遍存在。"问题的关键就是要知道真正的运动是只表示运动之间定量意义上的差异，还是它们本身就是一种性质，好比是一种内在的振动，在无数的运动中搜索自己的存在。"（*MM* 227［202］）

柏格森现在建议：外部世界的物质运动在自身中被测量而不是被投射到空间上，从而转化为数量，这一定与我们自己的意识在持续经验中的连续性有某种相似处。这正是柏格森将通过《创造进化论》中的生命冲力（élan vital）概念明确地追求和发展的那种相似之处。因为"力学所研究的运动，[58] 不过是一种抽象，或者一种象征……一个公分母

---

58 柏格森很可能又一次暗指玻尔兹曼对热力学第二定律的数学化阐释。

（common denominator），以便科学家在所有真实运动之间进行比较。但是，这些（真实）运动就其本身而言是不可分割的，它们充满在绵延中，以一前一后（a before and an after）为前提，并通过一条性质多变的线将连续出现的时间瞬间结合在一起"（*MM* 227［202-203］）。

在《物质与记忆》中柏格森为绵延的思考引入了一个新特征。这样绵延有多种节奏（rhythms），不再只是单一的。

164　　　　实际上，绵延没有一种独特的节奏。人们可以想象出许多不同的节奏，它们或快或慢，可以测量出意识紧张或放松的程度，并以此方式确定它们各自在一系列存在中的位置。这种弹性不同的绵延表现可能给我们的心灵带来痛苦，所以心灵需要得到抚慰，这是因为我们的大脑已经养成了一种习惯，即用同质性的与独立的时间来取代被意识体验到的真实绵延。（*MM* 233［207］）

那么在这一切中，记忆变成了什么？到目前为止，柏格森谈到了物质和知觉。根据我们行动的节奏，知觉将作为具体延展的物质真实连续性即可感知性质的连续性进行划分。[59] 记忆在这里可以发挥其作用了。"记忆（重新）将事物的连续流动固化为可感知性质。"（*MM* 236［210］）记忆"将过去延伸到现在，因为我们的行动将以一个精确比例来缩合未来，这个比例就是我们因记忆而增强的知觉缩合过去的那个比例"（*MM* 236［210］）。

此时，必然性和自由都是根据绵延的节奏而得到其定义。必然性意味着一个人（可以说是在绵延中）对一个行动（或运动）进行志同道合（on the same wavelength）的响应或反应。它涉及对物质的节奏的容纳："物质要以直接反应来响应它接收到的行动，直接反应浓缩了节奏，以同样的绵延在现在继续存在，而现在总是重新开始，复为现在。这就是物质的基本法则（fundamental law of matter）；其中也包含着它的必然性。"（*MM* 236［210］）这相当于将行动视为一种自动化过程。自由意

59　柏格森已经在这里修订了康德关于一种行动哲学的先验美学概念（*MM* 237［211］）。

味着来自物质的节奏的一种变化。"如果有自由行动，或者至少是部分自由的行动，那么它们只能属于这样的存在者：能够每隔一段时间（de loin en loin）固定与自由行动的自身生成紧密连接的生成（s' applique），这些存在者还能将生成固化为不同的瞬间，以这种方式浓缩其物质，并通过吸收物质，在反应运动（movements of reaction）中消化它，而这种反应运动将能通过自然必然性的网眼（即可以规避自然必然性）。"（*MM* 236［210］）[60]

康德的批判哲学是对形而上学独断论的一种反叛，而独断论则坚持认为同质的空间和时间是事物本身（things themselves）的一部分。当 165 然，对于康德来说，我们只能拥有对事物的表象，但对物自身（things in themselves）本身一无所知。而且，表象正是空间和时间进入我们思想的入口，它们明显是在根据我们思想的操作结构来排列我们对事物的表象。空间和时间被称为我们感性（sensibility）的先验形式。与康德的方法一样，柏格森的做法是展示两种对立的立场（独断论与批判哲学）的共同点，一是感知服务于思考（contemplation），二是对于空间和时间则有一种思辨的兴趣（*MM* 238［212］）。柏格森为这两种立场提出了一种活力论的替代方案：同质空间和同质时间是被引入真实世界（the real）中并（如前所述）进行划分和固化（solidification）的原则，它们与我们的行动形式，而非我们的知识相关。柏格森写道，时间和空间"是我们对物质采取行动的图式"（*MM* 237［211］）。

柏格森反对康德的观点，他认为真正的绵延和真正的延展（étendue）与物自身有关。它们通过直觉直接向心灵展示自身。在绵延和真实延展之下，存在着同质空间和时间的图式，我们引入了这些图式，就是为了将行动强加于真实世界上，也就是说，为了区分现实世界的连续性，为了使生成过程变得稳定，并为我们的行动提供"应用点"

---

60 此处引文很难懂，可参见法语原文：S'il y a des actions *libres* ou tout au moins partiellement indéterminées, elles ne peuvent appartenir qu'à des êtres capables de fixer, de loin en loin, le devenir sur lequel leur propre devenir s'applique, de le solidifier en moments distincts, d'en condenser ainsi la matière et, en se l'assimilant, de la digérer en mouvements de réaction qui passeront à travers les mailles de la nécessité naturelle.

（points d'application）（*MM* 238〔212〕）。

如果不能理解空间和具体的延展之间的概念差异，将会导致许多误解。这些误解不仅使形而上学二元论陷入僵局，也无法解释心灵与外在现实之间的交流或相互作用。

柏格森开始着手揭露导致这种僵局（impasse）的误解。柏格森通过论证证明形而上学的唯心论和实在论有一个共同的假设，即均质空间是对可感知性质的体验的基础，从而在实质上解构了这两种立场。他说，唯心论"在可感知性质那里仅仅只看到感觉，而在感觉中仅仅只看到心灵状态"（*MM* 238〔212-213〕）。实在论也将延展与可感知性质区分开。这种做法只是将延展全部从知觉中排除。这两种立场都认为，延展（即物质）和非延展（即心灵）之间存在着根本的不连续性。

为了理解具体的延展应该是什么，因为它不同于同质空间的概念，有必要坚持这种观点（正如柏格森所做的那样）：我们不应将延展视为166 仅仅与我们的触觉有关，实际上我们的所有感觉都与延展相关。当我们这样做时，可以更欣然地意识到：不应将可感知的性质（或具体的延展）视为空间中的某种存在物，应该将空间视为我们强加给具体延展的某种事物，这种事物类似于帮助我们绘制行动图的网格。

具有身心二元论的传统形而上学已经完成了柏格森所说的"对真实的颠倒"（*MM* 245〔218〕）。这涉及静止先于运动的信念，也涉及这样的信念，即固定性（immobility）是我们将运动绘制为一个空间轨迹的基本参考点。从这个角度来看，运动仅仅是距离的变化，似乎只是与可感知性质无关的纯粹数量。正是这种"对真实的颠倒"导致了物质与思想的彻底分离，或者如柏格森所说的运动与性质的分离。然后，性质停留在心灵中，而作为物质的运动（或数量）停留在空间中。这样就没有充分的方法来解释它们之间的任何联系或对应关系。

但是，柏格森认为，所有这些都只是一个神话，是某种思考的建构物。直接经验告诉我们，在运动和性质之间，在被感知到的事物和我们对它的感知之间没有本质的区别（*MM* 218〔245〕）。根据柏格森在前几章中概述的理论，知觉本身（纯粹知觉）存在于事物中，而不是在心灵中。如果这只是一个隐真范畴，那是因为真实世界中没有瞬时性

（instantaneity）。没有纯粹知觉能达到使记忆总是参与具体知觉的程度。就记忆综合了不同的时间瞬间的程度而言，正是记忆为我们对性质的体验增加了主观性。

在具体的知觉中，正如柏格森所分析的那样，物质（即具体的延展）和意识（即记忆）相互作用。就此而言，柏格森已经证明了身体和灵魂的形而上学术语之间的互动二元论。

柏格森的提议是激进的。它肯定在其本身中的物质与意识并没有太大区别："作为一个整体考虑的扩展物质就像一种意识，在这种意识中，一切都处于平衡状态，自我补偿并中和自身……它确实提供了知觉的不可分割性。"（*MM* 247［219］）

真正将物质与意识区分开来的是空间，它在这两个词之间"就像一道不可逾越的障碍"。但空间只是一种抽象，仅仅是一种符号或一种图 167 示。在直接经验的层面上（这是哲学直觉的视域），意识和物质在连续性中相互接近。只是行动的要求使得必须有一个空间的抽象框架，这个抽象框架实际上与真实并不相关。柏格森总结说，"对物质起作用的一个生命体的活动对空间感兴趣，但思辨心灵本质的心灵活动则不对空间感兴趣"（*MM* 247［219-220］）。柏格森现在回到了他研究的基本问题：身体与灵魂或物质与心灵之间的关系（或联合）问题。他回到之前宣布的公设（axiom），主要内容（to the effect that）是说：主体与客体（或思想与物质）之间的关系应与时间有关，而不与空间有关。正如他在分析心灵的两个状态末端（一个末端是梦，另一个是行动）时已经证明的那样，心灵在行动的那一瞬间（即当心灵实现其自身时）与具体的延展物（物质）接触。在这个范围内，心灵"可以在纯粹知觉的行动中与物质接触"（*MM* 248［220］）。心灵与物质完全不同，但心灵作为记忆、作为对过去和现在的时间综合（为了将来）的一种操作，它是**在时间中**（temporally）有别于物质。记忆"缩合了物质的各个瞬间，……以便于利用这些瞬间并通过行动表现记忆自身，而**行动**则是它与身体联合的**最终目的**（raison d'être）。"（*MM* 248［220］）

因此，一方面，实用的行动阻止我们认识身体与心灵的结合或互动。实用的行动促使我们将具体广延概念化为空间。它将同质空间的概念插入物质和思想之间，作为两者的缓冲区。另一方面，正是行动本身实现了物质与心灵两者或物质与记忆两者之间的结合（接触或相互作用）。

在最后一章中，柏格森分析了他自己的记忆心理学，以揭示其形而上学的含义。庸俗二元论无法解释心灵如何作用于物质或物质如何作用于心灵，这两种作用一直是一个谜，然而柏格森在这里展示了他的心理学如何消解庸俗二元论。现在只剩下两个秩序之间的一种相似性（parallelism）或者某种形式的前定和谐（pre-established harmony）这样晦涩的概念有待诠释。柏格森对这两个概念之间的具体相互作用进行了说明。在他的理论中，身体和心灵在原理上仍然完全不同，但实际上它们是相互作用的。柏格森通过在时间中思考而在非空间中思考，解决了这个形而上学难题（conundrum）。

168　　根据柏格森的分析，心灵在时间综合的行动中与物质接触，而时间综合的行动即"将事物的绵延的连续瞬间连接起来"的行动（*MM* 249 [221]）。[61] 因此"记忆"这个词有两个含义。第一个指的是这种时间综合行为，它收集了物质的连续时刻。这是物质与心灵之间最原始的接触或互动方式。但是一旦我们承认了这个接触点，就会认识到有无限程度的接触或互动。在高级生物中，主体相对于（vis-à-vis）物质会变得越来越独立，正是因为主体享有第二种意义上的记忆——记忆是一种储存过去的时间并保持现有状态并使其（过去的时间）影响未来的能力。这是在更有限、更普通意义上的记忆。然而，柏格森认为，这只是一个关于"不同绵延在程度（或收缩）上的差异"的问题。其余的问题是一个关于"记忆强度和绵延节奏"的问题。因此："在第一个假设（即根据空间来设想身体和心灵之间的差异）中，身体和灵魂就像两条以直角交会的铁轨，在第二种假设中，两条轨道在曲线上彼此对齐，因此我们可以不知不觉地从一个轨道转换到另一个轨道上。"（*MM* 250 [222]）

我们现在认识到柏格森在书中概述论证的各个步骤在策略上的重要

61　重申一次，我们要注意到在《论意识的直接材料》中完全没有谈及的"事物的绵延"（duration of things）这个观念，柏格森将在《创造进化论》中对这一观念进行理论化。

性。纯粹知觉，即没有记忆的心灵，已被呈现为"在物质中"。实际知觉为这种交互增加了记忆。但是对于物质而言，记忆并不陌生，因为物质有它自己的记忆模式——重复，这样记忆的过去就被赋予现在了。这就是柏格森通过必然性而得到的认识。

第五节 《物质与记忆》的摘要与结论

1. 身体是行动而不是表象的一种工具：它解释了我们的行动，而不是我们的观念，它不储存表象或记忆。柏格森似乎肯定了一种激进的二元论，甚至将其推向了极端。他认为，尽可能有力地维护二元论是最终重新表述这两个术语的唯一途径。这是他通过纯粹知觉和纯粹记忆这两个概念所追求的策略。

2. 当我们认为身心是彼此的复制品时，就会产生错误的思考，这是一个原则的两个译本，现在依旧很神秘。二元论总是在唯心主义和唯物主义之间摇摆不定。当一个人以这种方式思考的时候，就不可能体会到身心的相互影响，因此就牺牲了"自由"概念。再说一遍，这种思考方式的根本错误是认为知觉和记忆都是为纯粹知识服务的，但实际上，知觉和记忆都服务于行动，而不是知识。记忆使绵延缩短，使得行动在必然性（necessity）的节奏中被释放出来。

3. 那么，应从行动的力的角度考虑知觉。由于知觉取决于身体在物质世界整体中的位置，因此我的知觉在某种意义上属于被感知的对象本身（*MM* 257 [228-229]）。我的知觉存在于事物中，但事物却不存在于我的认知中。知觉根据行动的需要选择图像。它的作用是从图像的整体中消除所有不关注我的行动或与对我的身体需求不感兴趣的图像，这就是纯粹知觉的假设。

柏格森确定了这一点，即他在实在论和观念论之间采取了一种立场（*MM* 257 [229]）。他解释说，当他最初称事物为"图像"时，这是对观念论的让步。这暗示着所有现实都与意识有关。但柏格森最终超越了唯心论，他解释说：从"实在超过了知觉"这个意义上来说，图像在各个方面都超过了知觉。再说一遍，这种超越可以通过以下事实来解释：知觉选择与行动要求和身体需要相关的图像。它不会以与纯粹知识相关的无利益（disinterested）方式运转。反之，实在论的问题在于它无法解释意识。柏格森论证说，这是因为实在论在物质和意识之间设置了同质空间这一障碍，而同质空间使两者分开，但空间有某种特权。这就好像先给定了一个空间，然后再添加各个物体来占据空间中的位置。正如我们在上文中见到的，柏格森认为空间是在我们对物体的知觉发生之后才添加到它们周围的。他坚持认定他所谓的"具体延展"（concrete extension）先于空间。延伸先于空间，它只与我们的行动有关。空间就像"我们在物体的物质连续性上撒上一张网，以便管控这种连续性，在活动和需要的意义上对它进行分解"（*MM* 260［231］）。

当我们认定延展先于空间时，就不再遇到延展的物体与对它们的知 170 觉两者的障碍。在这种情况中，我们从一个实在论的角度出发可得到一个结论，这个结论与我们从观念论的前提出发得出的结论相同：知觉存在于物体中。知觉包括物体对我们的隐真行动和我们对物体的隐真行动。这就是"纯粹知觉"概念的含义。从这个角度来看，心身之间没有根本性的差别。大脑不是知觉的原因、结果或相似物。大脑延续了知觉，因为知觉是隐真的动作，而且大脑的状态是我们动作的开始（*MM* 262［232］），知觉实际上是现实的一个片段：这至少就是纯粹知觉假设的含义。

4.实际上，知觉主体向他或她的知觉增加了情感（即知觉主体对自己身体内的知觉）以及对先前瞬间的记忆。现在已经到了将情感和记忆这些主观因素重新整合到意识中的时候了。以前主体是在一个数学点的模型上考虑的，现在它被开放为包括主体性（来自身体内部的情动感觉）和客体性（图像的外在性［exteriority］）的双重视域。情动是我们添加到知觉中的一种"杂质"（impurity），而我们从自己的身体出发将情动投射到所有其他对象上。主体性存在于情感性感觉的内在性中（*MM* 263［234］）。

5.我们已经思考过这个问题，甚至提出：被定义为图像的物质宇宙本身是一种意识，其中每一个图像都补偿或抵消其他图像。但是这时还没有谈到心灵。为此，必须思考在现在延长和保存过去的一种个人意识，并在这样做时逃避必然性定律，而必然性定律则意味着过去只是存在于自我重复中。因此，在从纯粹知觉到记忆的过程中，我们将物质领域留给了精神或心灵领域。

6. 柏格森指出，作为他研究核心的记忆理论既是他的纯粹知觉理论的理论结果，也是对它的实验验证（MM 265［235］）。首先，记忆与知觉完全不同。纯粹知觉理论告诉我们，被知觉感知的对象是在场（present）的对象，即一个改变我们身体的物体。然而，记忆是一种表象（而不是物体），即一种不在场（absent）对象的表象（MM 265［236］）。记忆不是一种较弱形式的知觉。它是与知觉完全不同的某种事物，甚至是在种类上与知觉不同的某种事物。现在和过去之间的联系不是通过大脑中存储记忆的那个区域发生的，而是通过认知过程进行的，171该过程将知觉行为与认知行为结合起来。

7. 就记忆只是一种较弱的知觉形式的这种假设来说，当我们思考这将带来什么推论（corollary）时，就显得很荒谬了，因为推论是"知觉仅仅是一种更强的记忆形式"！这个论述倒像是贝克莱这样的哲学家的唯心论的萌芽。事实上，记忆并不涉及从现在到过去的回归。相反，记忆涉及从过去到现在的进展。我们总是从过去开始，从一个隐真状态开始，然后遵循一系列意识层面，直到纯粹记忆在一个记忆图像中使自身得以实现并在一种实际知觉中使自身具身化。它进入了一种现在状态和活动状态。从这个角度来看，我们开始理解，现在是身体及其行动的状态。"我们的现在……对我们发挥影响然后促使我们采取行动，现在是感觉的，也是运动的。"（MM 270［240］）我们的现在是身体的一种状态。相反，因为过去通过将自己插入现在的感觉并借走现在感觉的活力，所以过去是不再行动的，但是能够行动或者即将进行行动。在这一瞬间中，记忆将不再是一种记忆而变成一种知觉（MM 270［240］）。

8. 联想主义所忽视的东西是多种意识层面中的思想，这些思想处于行动（一方面）与梦（另一方面）两者之间。记忆以背景意义或背景细节的不同程度呈现自己——根据记忆发现这种程度的精神层面。

9. 当我们以这种方式，即根据行动（或物质）和梦（或观点）这两个端点之间的精神活动层面来思考记忆时，就可以确认我们已经做出的关于身体作用的论述是正确的，而此时我们正在为身体和心灵之间的和解铺平了道路。

于是，具体知觉则是纯粹知觉（物质）与纯粹记忆（心灵）两者之间的综合。因此，它为身-心联合问题提供了一种解答方案。

柏格森从他的记忆心理学中得出三个形而上学的结论：

1. 如果一个人在身与心之间坚持严格的二元论，他会发现两者之间没有任何共同之处。但是知觉与物质之间的这种对立是人为的，是根据自己的需要构建真实的一种知性工作。真实所被给予的东西是在分隔的扩展物（物质）和纯粹的非扩展物之间的中介物。柏格森将此称为扩展性（extensif）（*MM* 276［245］）。

172　　2. 性质与数量的对立就是意识与运动的对立。意识并不关注未扩展的知觉的一个内部系列。柏格森提出，物质与意识、事物与这个事物的知觉之间没有根本的对立。具体的运动（正如他在前一章中所论证的）与意识非常相似。归根结底，物质与意识之间、事物与事物的感觉之间、数量与性质之间只有绵延的缩合节奏的差异（*MM* 278［247］）。一个动态词"张力"（tension）消除了数量和质量之间的对立（*MM* 278［247］）。

3. 物质与精神相互作用的论证，以及延展性和张力的有节奏的波动，最终导致对自由与必然性相互作用的肯定。"自由将根植于必然性中。心灵从物质那里借来知觉并从知觉那里得到滋养，并以运动的形式返回给物质，而这些运动已经带上了心灵本身的自由印记。"（*MM* 280［249］）

　　莫里斯·梅洛-庞蒂在 1950 年出版了一部短篇作品，在作品中呈现了两个柏格森形象，即早年"勇往直前"的柏格森以及晚年陈旧的（clichéd）的柏格森，而柏格森这位哲学家的思想在经历过各种重大转变之后，开始变得肤浅和平庸。[1]梅洛-庞蒂写道：第二个柏格森已经损坏了第一个柏格森，而且让我们忘记了他"以直接、冷静、即时以及非同寻常的方式来重新发明哲学（refaire la philosophie）"。[2]现在的问题是要回到早年的柏格森，那个勇往直前的柏格森。

　　1966 年，吉尔·德勒兹出版了一本名为《柏格森主义》（*Le bergsonisme*）[3]的短篇著作，将柏格森重新介绍给或多或少忘记了他的那一代读者。对于德勒兹来说，在新兴的结构主义与后结构主义知识背景下，柏格森是一个反哲学家（anti-philosopher，与莱布尼茨和尼采一样），他是与其他人有着显著差异的思想家，也是用新方法来进行证实的哲学家。德勒兹著作的英译本《柏格森主义》（*Bergsonism*），于 1988 年出版。该版本包括一段后记，德勒兹在以下话语中发出了回到柏格森的呼吁："'回到柏格森'不仅意味着对一位伟大哲学家的重新钦佩，而且，也是现今对他的研究的更新或拓展，这种更新或拓展与生活和社会的变革有关，与科学的变革并行。"[4]

　　自 20 世纪 90 年代以来，出现了许多关于柏格森的书，它们以某种 174

1　Maurice Merleau-Ponty, *Éloge de la philosophie*, p.238.（本书作者译。）

2　Ibid., p.239.

3　Gilles Deleuze, *Le bergsonisme*. References will be to *Bergsonism*, trans. Hugh Tomlinson and Barbara Habberjam (New York: Zone Books, 1988).

4　Ibid., p.115.

方式响应了德勒兹的呼吁。[5] 正如我们从这种活动中看到的那样，今天哲学家们正在以多种大为不同的方式回到柏格森。我们应该知道这是为什么。也许这是因为随着哲学家的兴趣转向文化研究领域以及新媒体和技术提出的问题，结构主义或后结构主义话语的局限性越来越明显。又或许是因为德勒兹的柏格森主义直到 1988 年才以英文出版，所以我们现在才回到柏格森，也可能是因为德勒兹的许多主要作品直到 20 世纪 90 年代才以英文出版。[6] 无论如何，今天，研究者以新柏格森的名义回归那个大胆的老柏格森。当约翰·穆拉基（John Mullarkey）在 1999 年以《新柏格森》（*The New Bergson*）这个书名来出版他的专著时，他说书中的文章试图将柏格森解读为"当代哲学家"而不是"历史上的非凡人物"。[7] 175 在与德勒兹联系的时候，柏格森在今天往往变成"当代哲学

5　在 1996 年，摩尔出版了 *Bergson: Thinking Backwards*, 这是一部研究柏格森哲学与分析哲学的各个流派，特别是和维特根斯坦相关的问题的书。1997 年出版了 *Bergson et les neurosciences,* ed. Gallois and Forzy。同年，Philippe Soulez 和 Frédéric Worms 的 *Bergson: biographie* 出版。沃尔姆斯还出版了对《物质与记忆》的严格分析: *Introduction à Matière et mémoire*，我则出版了 *Literary Polemics: Bataille, Sartre, Valéry, Breton*，通过柏格森的互文文本（intertext）来重新解读法国现代主义文学。Jonathan Crary 的 *Suspensions of Perception: Attention, Spectacle, and Modern Culture* 包含了对柏格森的大量讨论。John Mullarkey 在 1999 年出版了 *Bergson and Philosophy*, 而且在同一年，他编辑出版了 *The New Bergson*. Keith Ansell Pearson 的 *Philosophy and the Adventure of the Virtual: Bergson and the Time of Life* 于 2002 年出版。同年，Brian Massumi 的 *Parables of the Virtual: Movement, Affect, Sensation* 出版，从柏格森的视角提出了文化研究的重新定向。2004 年，Mark B. N. Hansen 出版了 *New Philosophy for New Media*, 该书呼吁了新媒体的一种"柏格森主义使命（Bergsonist vocation）"。在 2004 年的法国，沃尔姆斯对柏格森的综合研究著作 *Bergson ou les deux sens de la vie* 出版，同时，柏格森的《道德与宗教的两种来源》的修订版出版: *Les deux sources de la morale et de la religion*, ed. Arnaud Bouaniche, Frédéric Keck, and Frédéric Worms. 也可参见: Frederick Burwick and Paul Douglass, eds., *The Crisis of Modernism: Bergson and the Vitalist Controversy*; Mark Antliff, *Inventing Bergson: Cultural Politics and the Parisian Avant-Garde*; Manuel De Landa, *Intensive Science and Virtual Philosophy*; Dorothea Olkowski, *Gilles Deleuze and the Ruin of Representation*. 该书详细讨论了柏格森的思想。*Becomings: Explorations in Time, Memory, and Futures*, ed. Elizabeth Grosz。在哲学家对柏格森重新产生兴趣的背景下，请注意以下关于时间或隐真的研究著作: Philip Turetzky, *Time (The Problems of Philosophy)*, and Pierre Levy, *Becoming Virtual: Reality in the Digital Age*, trans. Robert Bononno.

6　德勒兹的两部最重要的著作《差异与重复》（*Différence et répétition*）和《感觉的逻辑》（*La logique du sens*）在法国分别出版于 20 世纪 60 年代和 70 年代初，但英译版到了 20 世纪 90 年代才出版，1980 年出版的《千高原》，英译版于 1988 年出版。

7　Mullarkey, *The New Bergson*, p.12.

家"。[8]

如果今天存在一个对柏格森的"回归",那么很大程度上要归功于吉尔·德勒兹,他自己的工作已经刻画出新柏格森的轮廓。这不仅是因为德勒兹论述了柏格森,也因为德勒兹自己的思想与前辈的思想有着深刻的联系,即使德勒兹没有明确地提及柏格森。[9]

然而,从接受的角度来看,人们重新对柏格森产生兴趣,最大的影响可能来自这两部专门讨论电影的著作。[10] 这两部探讨电影的著作在各个层面上发挥了作用。对于一直沿承德勒兹思想的哲学家来说,这两部著作不仅记载着重要的哲学发展,而且更清楚地展示出自 20 世纪 50 年代以来一直贯穿于德勒兹著作之中(但未受到太多关注)的柏格森主义。对于其他人来说,这些书提供了一部有趣的法国电影史,并在某种程度上介绍了柏格森,这种介绍指的是德勒兹对《物质与记忆》中涉及运动、图像、认知和时间概念的特定篇章进行了大量评论。我们可以说,德勒兹关于电影的著作给对电影、电影理论和文化研究感兴趣的全新读者群进行了有关柏格森的异花授粉(cross-pollinated,即指将相同的论述传播给不同的人群)。因而,《电影 I》的英文译本出版的两年后,"图书地带"(Zone books,1985 年成立的一家独立出版社)在 1988 年决定出版德勒兹所著的《柏格森主义》的英文译本,可能并非偶然。

8　皮尔逊写道:"应该如何思考新事物?这个问题仍然处于哲学争论的最前沿,有趣的是,它再次以柏格森主义与其批评者相遇的形式出现,阿兰·巴迪欧和吉尔·德勒兹之间的冲突与 20 世纪 30 年代巴什拉反对柏格森的抱怨相呼应。"参见 *Philosophy and the Adventure of the Virtual*, p.70。我们还应该记住,德勒兹对于说英语的人来说是当代的,因此对于新柏格森的读者来说也是如此,因为 1968 年在法国出版的《差异与重复》的英语版(1994 年出版)只是在《新柏格森》(1999 年出版)五年前出版的。

9　有些人认为柏格森对德勒兹的影响比任何其他哲学家都要重大,基于尼采对德勒兹的重大影响,这种观点无疑是一个强版本的主张:在德勒兹 1962 年出版的一本重要著作《尼采与哲学》(*Nietzsche et la philosophie*)中,尼采无疑是其主题,该书的法语版由休·汤姆林森(Hugh Tomlinson)翻译为英文版(*Nietzsche and Philosophy*)。德勒兹的批评者巴迪欧提出了这个强版本主张。皮尔逊在引用巴迪欧的这一说法时没有提出异议,而且我至今也没有看到任何人对此提出异议。约翰·马克斯(John Marks)表示同意,并肯定地说:"关于柏格森对德勒兹的重要性,评估得再高都不过分。"参见:*Gilles Deleuze: Vitalism and Multiplicity*, p.67。

10　*Cinéma 1: L'image mouvement*, trans. Hugh Tomlinson and Barbara Habberjam as *Cinema 1: The Movement Image*, and *Cinéma 2: L'image-temps*, trans. Hugh Tomlinson and Barbara Habberjam as *Cinema 2: The Time Image*.

176　　　"图书地带"出版的《柏格森主义》英文版比在法国出版的《柏格森主义》（这个法语原版基本上被公众忽视）的出版时间要晚上二十多年，假如我们想要探讨传输和阻挠现在美国和英国对柏格森产生兴趣的各种力量，这就是症结所在。考虑到这两个十年大致对应法国的结构主义和后结构主义年代，[11] 这种出版上的延迟产生了有趣的效果。例如，一位学者认为德勒兹在《柏格森主义》中追溯性地将柏格森转变成一位后结构主义的先驱。[12] 而其他人似乎首先转向德勒兹，然后转向柏格森，以此作为超越后结构主义的一种方式。[13] 一定数量的作家创造了一个全新的实体，即思想史上一个奇特的混合体："德勒兹·柏格森"（Deleuze Bergson）。[14]

德勒兹的柏格森主义

鉴于现在对柏格森的兴趣在很大程度上嵌入了德勒兹的语境，以及皮尔逊所说的"德勒兹的柏格森主义的高度创新特征"，[15] 我想勾勒出德勒兹的柏格森主义的某些特征。

德勒兹对柏格森的兴趣至少可以追溯到 20 世纪 50 年代中期。《新柏格森》收录的论文中有一篇是"柏格森的差异概念"（La conception de la différence chez Bergson）的英译本，德勒兹曾于 1956 年在《柏格森研究》期刊（*Les études bergsoniennes*）上发表过这篇论文，这比他的重要论著《尼采与哲学》（*Nietzsche et la philosophie*，1962 年出版）还早

11　当然，后结构主义在 20 世纪 80 年代后期还在继续发展。然而，它在法国的重要性在这个时候开始下降，尽管代表这些运动的一些主要作品（尤其是德勒兹的作品）在 20 世纪 90 年代才首次以英文出现。

12　Paul Douglass, "Deleuze's Bergson," in *The Crisis in Modernism: Bergsonism and the Vitalist Controversy*, p.377.

13　我说的其他人主要指布莱恩·马苏米与伊丽莎白·格罗茨（Elizabeth Grosz）。

14　奥尔可夫斯基（D. Olkowski）在 *Gilles Deleuze and the Ruin of Representation* 中反复地使用了德勒兹·柏格森这个合成词。马克斯在 *Gilles Deleuze: Vitalism and Multiplicity* 中也使用过这个合成词。但皮尔森的一部副标题为"柏格森与生命时间"（"Bergson and the Time of Life"）的著作花了很多页的篇幅来探讨德勒兹，却没有将柏格森与德勒兹联系起来。事实上，他的这部著作对描绘这两位思想家很有帮助。

15　*Philosophy and the Adventure of the Virtual*, p.88.

了六年。在 20 世纪的法国，我们又身处何处？当结构主义反对占统治地位的存在主义现象学（existential phenomenology，萨特、梅洛-庞蒂）时，我们正处于结构主义的风口浪尖。[16] 1947 年，科耶夫的《黑格尔导读》（*Introduction à la lecture de Hegel*）*出版。梅洛-庞蒂在 20 世纪 30 年代就参加过科耶夫的演讲，他写道："黑格尔是哲学在过去的一百年里取得的一切伟大成就的源泉。"[17]科耶夫自己曾写道："这是有可能的：世界的未来以及（因此）现在的意义和过去的深远意义最终取决于我们今天诠释黑格尔著作的方式。"[18]

德勒兹很快就对黑格尔思想进行反叛并寻求另一条道路，他并不是持这种态度的唯一独行者。正如列维-施特劳斯在《忧郁的热带》（*Tristes tropiques*）中揭示的那样，他转向人类学的原因中至少有一部分是他渴望摆脱法国大学持续兴盛的黑格尔主义环境。列维-施特劳斯于 1949 年出版了《亲属制度的基本结构》（*The Elementary Structures of Kinship*）。《结构人类学》的第一卷在九年后出版。根据德贡布的说法，对黑格尔哲学和胡塞尔哲学的反驳发生在 1960 年之后（在那一年，第一期《原样》[*Tel Quel*]*评论杂志出版），当时哲学界的尼采转向启发了一种关于差异的哲学（a philosophy of difference，下文中简称"差异哲学"）。[19]正如我们将要在下文看到的，德勒兹在这场竞赛中处于领先地位。到 20 世纪 50 年代中期，他已经在寻找一种哲学用于取代黑格尔，最后在柏格森身上找到了这种哲学，并将柏格森视为一位关于差异的哲学家。柏格森引领了德勒兹后来在 1962 年出版的研究尼采的著作《尼

16　这种存在主义现象学在很大程度上归功于柏格森。事实上，成为柏格森思想的顽固敌人的朱利安·班达在他的《存在主义的传统，或生命哲学》（*Tradition de l'existentialisme ou les philosophies de la vie*）中辩称，存在主义仅仅是柏格森主义的翻版（参见我的 *Literary Polemics*, chap. 7）。

*　译者注：本书已有中文版，参见科耶夫著，姜志辉译，《黑格尔导读》，译林出版社，2005 年，第 12 页。

17　引自：Descombes, *Le même et l'autre*, p.23。来自本书的所有译文都是我翻译的。

18　Ibid., p.21.

*　译者注：Tel Quel 也音译为"泰凯尔"，作为一种杂志，《原样》是季刊，自 1960 年至 1982 年在巴黎定期刊发，总共有 94 期。"泰凯尔"是一个多义的名称。它是一种文学杂志，一个文学团体，一场文学和文化理论运动，也是一种意识形态。

19　Ibid., p.13.

采与哲学》的方向，德勒兹的这本书最终产生了相当大的影响。

在他 1956 年的论文中，因为柏格森在内部差异或自我分化（self-differentiation）的哲学以及具体的与活着的差异哲学中展现出"差异概念的极大深化"，[20] 德勒兹大力提倡使用柏格森来取代黑格尔。德勒兹仔细地将柏格森这种关于生命差异（vital difference）的思想与他在黑格尔那里发现的"统一性的抽象对立与差异"思想区分开来。他写道：在柏格森那里，差异是对新颖性和不确定性的肯定。根据德勒兹的说法，柏格森提出的内在差异是：

178
　　　　必须与矛盾、他异性和否定区分开来。而这就是柏格森关于差异的理论和方法与另一种方法、另一种差异理论完全相反之处，而后者被称为"辩证法"，而柏拉图的他异性辩证法与黑格尔的矛盾辩证法一样，都暗示着对立面的力量和在场……将内在差异视为"纯粹的内在差异"来进行思考，以得到纯粹的差异概念，并将差异提升为绝对观念，以上正是柏格森努力的方向。[21]（CD 49）

因此，德勒兹在柏格森（在转向尼采之前）找到了黑格尔的哲学替代品。对于德勒兹来说，柏格森加深了差异的思想，因为他认为差异是与生物进化过程相关的自我差异。"生活是差异的过程。"（CD 50）相比之下，黑格尔的差异是抽象的。它源自并受以下逻辑原则的约束：提出假设和进行否定（positing and negating）。在黑格尔那里，否定的作用是决定（determination），而在柏格森那里，"重要的区别不是决定……它自身倾向于非决定性。柏格森始终坚持生命形式的不可预测性：'非决定性的'（indeterminate）即不可预见"（CD 50）。正是与柏格森思想的内在差异和非决定性这两个特征相关联，德勒兹将隐真概念在他自己的思想中如何定位将变得如此重要："自我分化是隐真实现自身的运动。"（CD 51）在柏格森那里，"由于有隐真的概念，事物首先立即即与自身不

20　Deleuze, "Bergson's Conception of Difference," in *The New Bergson*, p.62. 下文简写为 *CD*。
21　我们难以避免地注意到这一阐述的黑格尔主义痕迹，因为它援引了（黑格尔主义中）"纯粹概念"与"绝对概念"（"the pure concept" and "the absolute"）两者的对立。

同。"（*CD* 53）辩证法中的对立（在黑格尔哲学中是必需的）并非必需的。因此，柏格森的隐真概念使差异"比否定更深刻，比矛盾更深刻"（*CD* 53），简而言之，柏格森比黑格尔更深刻。[22] 那么什么是隐真（the virtual）？"隐真成为纯粹的差异概念……这样的概念与'细微差别程度'（degrees of nuance）可以共存，记忆是这种可能的共存的名称。"（*CD* 55）简而言之，就德勒兹的这篇早期论文而言，"绵延即隐真"（*CD* 55），它"现在定义了一种绝对积极的存在模式"（*CD* 55）。

　　我对这篇论文仔细思考了很久，不仅是因为它清晰呈现了德勒兹 179 的柏格森思想诠释中的某些特征，也是因为它提供了德勒兹的某些观念的一种隐真起源，德勒兹在这篇论文后将通过他自己的哲学思维发展完善这些思想。"不仅绵延和物质在性质上不同，"德勒兹在这篇文章中写道，"差异本身和重复也是如此不同……我们的指导思想是（内部）差异与（本质上）重复不同……柏格森努力向我们展示这种差异依然是一个重复，但重复早就已经是一种差异了。"（CD 57）就他的下一部主要作品《差异与重复》（在对尼采进行了研究之后出版）而言，我们可以说，德勒兹对柏格森的解读直接指导了他自己的思想活动。《差异与重复》可以被看作对《物质与记忆》的一种改写，这个改写以尼采哲学的某个视角为导向，同时，自然更是从柏格森哲学的某个视角出发的。[23]

　　十年后，也就是 1966 年，德勒兹在《柏格森主义》上发表了这篇文章的经过大规模修改的扩展版本。而 1966 年，我们又在哪里呢？那年我们正处于后结构主义的风口浪尖。虽然德里达直到次年也就是 1967 年才出版《写作与差异》（*L'écriture et la différence*），该卷中收录的许多文章在 20 世纪 60 年代初就已经出版。《演讲与现象》（*La voix et le Phénomène*，［英文版书名为 *Speech and Phenomena and Other Essays on*

22　我们在这里再次看到德勒兹是如何通过柏格森来发展他自己的隐真概念并用以反驳黑格尔的。"其他术语对真实术语的否定只是对隐真性的积极实现，这同时包含了两者。因此，正是由于对隐真的视而不见，我们才相信矛盾和否定。两个术语的对立只是实现了包含两个术语的隐真性。"（*CD* 53）
23　皮尔逊写道："德勒兹在《尼采与哲学》中一直通过柏格森哲学的透镜来解读永恒的回归。"参见：*Philosophy and the Adventure of the Virtual*, p.201.

Husserl's Theory of Signs,《演讲和现象以及关于胡塞尔的符号理论的其他论文》])是德里达对胡塞尔现象学的一次重要批判，将于 1967 年出版。《论文字学》(*De la grammatologie*)也在 1967 年问世，比德勒兹的《差异与重复》的出版时间早一年。在《论文字学》中，德里达提出了他对语言学的批判，并将符号的语言学更换为一种写作理论，我们事后发现如下陈述非常有趣："与控制论项目相关的整个领域将是写作领域。假设控制论可以使自身摆脱所有形而上学的概念——灵魂／心灵、生命、价值以及记忆选择——而这些概念曾经用于论述人类和机器的差异。"[24]

上段话末尾中的情形与下列情形相似：德勒兹在 1966 年的《柏格森主义》中仔细地删掉了柏格森思想中的所有似乎具有"形而上学"的特征（灵魂、生命、价值、记忆选择）、所有那些将人类与机器区分开来的特征，这些都暗示着对经验和现象学视角的诉求。或许正是这种姿态能最清楚地描绘新柏格森的轮廓。

在德勒兹对柏格森的第二次陈述中，他明显受到了一种新兴的后结构主义（post-structuralism）的话语环境的影响，也受到一个事实的影响，这个事实即在公立大学的世界中，柏格森思想由于受到以往的非理性主义指控所造成的挥之不去的影响，仍然处于边缘化状态。《柏格森主义》非常枯燥地（与德勒兹后期作品的修辞学热情相比而言）呈现了德勒兹早期论文的一个更系统或更合理化的版本。[25]《柏格森主义》分析了柏格森的直觉并将其视为他的哲学及其阐释的基本方法。德勒兹的《柏格森主义》恰恰淡化了柏格森思想的某些特征，而柏格森的早期论文通过他对黑格尔辩证法机制中的抽象概念的反驳提出了这些概念——直接性、具体性和生活经验等，而这些概念正是柏格森思想的一些重要特征。"绵延不仅仅是活着的体验，"我们在这里还可以读到，"绵延还是被扩大的甚至是超越体验的体验，它已经是体验的一个条件了。"[26]《柏格森主义》避开主观性、意识或绵延的心理体验等问题，而这些问题都

180

24　*De la grammatologie*, p.19 n. 3.（本书作者译。）

25　一个理性主义者的风格（或格调）在结构主义的环境中有一个价值评估。但因为受到后结构主义的挑战，这个价值评估也相应发生了改变。

26　Deleuze, *Bergsonism*, p.37.（强调为作者所加。）下文中引用该文献时简写为 *B*。

是柏格森第一部作品《论意识的直接材料》的重要特征。[27]

德勒兹的柏格森主义以这样的断言开头："绵延、记忆以及生命活力标志着柏格森哲学的三个主要阶段。本书首先明确这三个概念之间的关系，其次是明确它们涉及的进展。"（*B* 13）德勒兹研究的两个重要特征突显出来。首先，虽然柏格森毫无自我辩护之意地（unapologetically）说"我没有哲学体系"，[28]德勒兹却将柏格森的哲学描述为体系哲学。其次，他肯定了柏格森思想发展的进步，当柏格森思想从早期作品的现象学特征（phenomenological cast）转向创造性进化的纯粹本体论特征时，柏格森思想似乎是自我修正（self-correct）的。

德勒兹尽可能将绵延与心理经验和主观性分开。他将根据前面文章中阐述的自我分化过程来解释。记忆将几乎完全等同于纯粹记忆，而隐真记忆是完全隐的。正如我们所见的那样，对实际记忆的关注要少得多，它涉及在感知中起补充作用的记忆图像。"柏格森所说的'纯粹回忆'（pure recollection），"德勒兹在柏格森主义中写道，"没有心理存在。这就是为什么它被称为隐真的、不活跃的和无意识的。"（*B* 55）记忆与任何主体、身体或行为主体的概念都被切断了。[29]德勒兹在这种抽象意义上提到了"回忆"，并写道："只有现在是'心理的'，而过去是纯粹的本体论，纯粹的回忆只有本体论的意义。"（*B* 56）然后他引用了他所谓的柏格森的"跃入本体论"（leap into ontology）（*B* 57），他将其描述

181

27　这种倾向位于结构主义和后结构主义两者共同对主体、人文主义和现象学的批判的语境中。我们在这里读到，"心理学的绵延应该只是一个清楚确定的案例，一个通向一种本体论的绵延的开口"（*B* 49）。

28　引自法文版 "(*Je n'ai pas de système*)" in *The New Bergson*, p.5.

29　我并不是说德勒兹的解释是错误的。然而，在《论意识的直接材料》中，柏格森确实根据主体意识（subjective consciousness）来展开论述。但在《物质与记忆》中，记忆是主体性的场所，因为现实化的记忆（真实记忆与纯粹记忆不同）与生活经验的具体新奇性有关。问题部分来源于我们往往试图将柏格森的思想描述为一个整体，但柏格森的思想从来就没有体系化的打算。柏格森晚期的阐述有时与早期的阐述不同。然而，柏格森从未将自己的思想与《论意识的直接材料》分离开来。相反，柏格森在他的晚期作品中还是经常引用《论意识的直接材料》的内容，并明确指出，当他在《创造进化论》中将绵延延展到生命时，他正是在延展他的意识模型。参见我的："The 'Zig-zags of a Doctrine': Bergson, Deleuze and the Question of Experience," *Pli* 15 (2004), pp.34–53.

为"完全离开心理学的一个案例"（ *B* 57 ）。[30] 在此基础上，绵延可以重新被定义为"隐真共存"（ *B* 60 ）。"就好像生命融入分化的运动，并处于分支系列中。当绵延出现在这个运动中时，准确地说，应将'绵延'称为生命。"（ *B* 94-95 ）

我们得出以下结论："差异从来不是否定，而是创造，差异从来不是消极的，而是本质上积极的和创造性的。"（ *B* 103 ）德勒兹再一次，甚至比之前的文章更直率地将他对柏格森思想的陈述集中在它对黑格尔的明显挑战上："因此，我们看到柏格森哲学的所有批判方面如何成为一个主题的一部分：对限制的否定、反对的否定以及一般观念的否定的一种批判。"（ *B* 47 ）[31]

182　　德勒兹是否像保罗·道格拉斯（ Paul Douglass ）所说的那样"将柏格森重新想象为'后结构转向'的先驱"？[32] 也许，只有我会重新表述这一观察，并说德勒兹适应了 1966 年人们对柏格森的接受状况。他在一种新兴的后结构主义的话语领域内进行思考，这不是在寻找其先驱，而是对这种后结构主义可以说什么以及如何说施加压力。

然而，道格拉斯的诠释提出了一个有趣的问题。即使德勒兹可以用一种后结构主义的语言重写柏格森，为什么我们在后结构主义的语境中反而不再听到关于柏格森的消息了？为什么他没有在这种语境下被接受，例如，就像列维纳斯那样为德里达和布朗肖所接受？尽管对弗洛伊德（拉康）、尼采、海德格尔和马克思（阿尔都塞）的重读发生在后结构主义的语境中，但对柏格森的重读却一直没有发生，直到 20 世纪 90 年代德勒兹的《柏格森主义》出版后才产生了一点点影响，而且，柏格森被重读的情况与马克思和弗洛伊德的被重读大为不同，柏格森的重读

30　德勒兹坚持要消除（ erasure ）主观的和心理的。"再一次，"他写道，"人们必须避免对文本进行过度的心理解释。"他继续强调："因此，存在一种'一般过去'，它不是特定现在的特定过去，而就像一个本体论元素。"（ *B* 56 ）

31　显然，这是 1966 年德勒兹最喜欢的单一主题。1988 年，在英文版的后记中，他援引了一个不同的主题。他对"回列柏格森"的呼吁基于三个主要特征——"直觉、科学和形而上学"（或两个概念的接近，在柏格森的作品中曾论证"绵延成为现代科学的形而上学的关联物"中两者的接近）和多样性——"一种多重性逻辑的构成符合源自黎曼的物理数学概念"（ *B* 116 ）。

32　Paul Douglass, "Deleuze's Bergson," in *The Crisis in Modernism*, p.377.

在 20 世纪 90 年代中没有成为其他思想家共享的话语领域的一部分。[33]

这就提出了另一个问题：为什么新柏格森会在 20 世纪 90 年代又开始引起人们的兴趣，而这时某种后结构主义反而正在失去它的理论权威？正如道格拉斯提醒我们的那样，情况确实如此，德勒兹与德里达和福柯等后结构主义思想家有很多共同之处。但重要的是要思考他的与众不同之处。这种与众不同之处将使人们更容易看到，今天人们如何将转向柏格森视为摆脱后结构主义的一种方式，这有点类似于德勒兹在 1956 年将转向柏格森视为摆脱黑格尔辩证法绝境（impasse）的方式。

事实上，柏格森看上去并没有成为后结构转向的先驱，而是（又一次）为后结构主义所埋葬，即使柏格森在 20 世纪 30 年代为黑格尔的话语所埋没，但通过科耶夫的著名演讲，柏格森哲学还是得到了普及。在结构主义的新理性主义背景下，柏格森背负着非理性主义的污名（stigma），这是伯特兰·罗素和朱利安·班达攻击他的结果，甚至在 1914 年，天主教会把柏格森的名著列入《禁书索引》。[34] 更重要的或许 183 是，在德里达对现象学的批判取得胜利的时代，柏格森却被设想为一名现象学家。

这个问题很复杂。在《原样》这本杂志的语境中，德里达对现象学的批判成为反对萨特的存在主义人文主义（existential humanism of Sartre）及其意识形态的文学表现的一个障碍。然而，正如利奥塔所指出的，萨特和梅洛-庞蒂都曾经渴望自身与柏格森分离。[35] 具有讽刺意味的是，这主要是因为他们发现柏格森离黑格尔（或胡塞尔）还

33　一些哲学家与这个方向相反，并做出了明确的表态。Ann Game 的著作 *Undoing the Social: Towards a Deconstructive Sociology* 探讨福柯、弗洛伊德和露西·伊利格瑞的一些内容，与探讨柏格森的部分被包括在名为"通向一位唯物论者的符号学"（"Towards a Materialist Symbolics"）的一章中，这部著作探讨时间的一章里面还涉及柏格森和弗洛伊德。

34　Guerlac, *Literary Polemics*, p.197. 进一步的讨论见：Grogin, *The Bergsonian Controversy in France*.

35　Lyotard, *La phénoménologie*. 皮尔逊在提及利奥塔的研究时也提到了这一点。他写道："对于萨特来说，问题的中心正是他认为，柏格森对这个主题的描述中缺乏对思想的有意特征的'积极描述'。在他 1953 年的研究中，利奥塔指出，现象学正是在时间问题上将自己与柏格森主义区分开来。"参见：*Philosophy and the Adventure of the Virtual*, p.169. 这里的关键文本是 Sartre's *L'imagination* (1936)［*Psychology of Imagination*］，其中包括从胡塞尔的角度对柏格森的批判性阅读。

有一定距离，也就是说，柏格森哲学离现象学还有一定距离（not phenomenological enough）。萨特抱怨说，在柏格森的思想中，主体并不是一个有意图的意识，他批评道，"（柏格森的思想中）没有一个有合成行为的旋律合成，没有一个有组织力的组织"。[36] 换句话说，对于德勒兹所钦佩的柏格森哲学，萨特则表示哀叹。

柏格森今天读起来很有趣，正是因为他的思考方式避免了一种批评，即胡塞尔受到德勒兹的极为有效的批评。柏格森的哲学诉诸直接经验（柏格森从不否认这一点）和直觉。从这个意义上说，它可以被称为现象学的。然而，他的思想取代了德里达批评胡塞尔时所攻击的预设。正如我们在上文所见到的，在柏格森那里，知觉本身并不是一种直接体验（它需要注意性的认知并诉诸记忆，记忆根据紧张的不同程度或对行动的准备程度而得到调节）。知觉也不是为知识服务的，正如我们所见，它与行动有关。最后，在柏格森那里，它从来都不是自身在场（self-presence）的问题，甚至在直觉行为中也不是。柏格森所说的纯粹知觉根本不能被称作体验，而且真正的知觉也不是直接的。柏格森从一个认知模型到一个行为模型的转变显著地取代了德里达对胡塞尔的批判所涉及的许多问题。

胡塞尔的现象学表现了一种在活着的直接经验中找到科学真理的尝试。正如利奥塔所写，它首先是"对知识的沉思，一种知识的知识（knowledge of knowledge）……它知道知识是作为具体的或'经验的'科学发生的，它想知道这种科学知识的基础是什么"。[37] 胡塞尔的现象学发展了一种哲学方法，可以通过知觉产生本质。在反对新康德主义哲学的激进姿态中，胡塞尔提出真理被嵌入感性体验本身。胡塞尔现象学的方法涉及一种反思，它可以净化感性体验（empirical experience），从而产生关于"物自身"的知识。它代表了将康德的本体世界（物自身的

184

36　引自：Sartre's *Psychology of Imagination* by Pearson. 参见：*Philosophy and the Adventure of the Virtual*, p.169. 关于时间问题，皮尔逊的结论是：在现象学的背景下，存在着对一种对柏格森的"不充分的阅读"。当然，还有其他原因使萨特想把柏格森拒之门外。如上所述，1947年的《存在主义的传统》（*Tradition de l'existentialisme*）曾指责，存在主义只不过是炒剩饭似的（warmed-over）的柏格森主义而已。参见我的：*Literary Polemics*, pp.194–197.

37　Lyotard, *Phénoménologie*, p.4.（本书作者译。）

世界）与活着的体验世界（康德意义上的现象世界）重新联系起来的尝
试。[38] 因此，它试图为经验的客观世界提供确定性，并证明实证科学的
绝对客观性。从这个意义上可以说，胡塞尔走的是孔德、勒南、丹纳所
开辟的道路。[39]

"知识与知识理论的观念在其自身中难道不是形而上学的吗？"德
里达问道。[40] 在胡塞尔的现象学中，它难道不包括一个预设，即世界上
的物体以一种在场的方式将它们自身呈现给意识吗？[41] 归根结底，正是
意识作为某种可以给自身呈现的东西的预设——我思（Cogito）显示
出的笛卡儿式确定性——被德里达打上形而上学的标签。德里达巧妙
地在胡塞尔的思想中定位了这一姿态，尽管这一姿态自称"时间上的
参与"。[42]

根据德里达的说法，"作为理想性的存在的决定以一种矛盾的方式 185
与作为在场的存在的决定相混淆"。[43] 作为推论，时间性被简化或集中在
"现在"，即一种在场模式。在现象学中，归根结底，存在是在场或对
在场的一种修正。[44] 德里达承认，普遍哲学"是……一种关于在场的哲
学"。[45] 德里达只提出了一种"思考的可能性……哲学的对立物不一定能
够接近真正的关键……即时间概念"。[46]

---

38 利奥塔写道："胡塞尔在《逻辑研究》的第二卷中扩展了他的本质理论，将其带到了经验主
义、知觉的有利领域。想象变化的过程给了我们本质本身，即对象的存在……本质是在直接直觉
中体验到的。"参见：*Phénoménologie*, pp.11–12.（本书作者译）。
39 参见上述文献的第二章。然而，正如利奥塔所解释的那样，它还包括一个前理性（ante-
rational）（即使不是反理性）的时刻，这种观点后来被梅洛–庞蒂等思想家加以扩展，而梅洛–庞蒂
在这个意义上非常接近于《论意识的直接材料》中的柏格森思想。参见：*Phénoménologie*, pp.5–6.
40 Derrida, *La voix et le phénomène*, p.3.（本书作者译。）
41 Derrida, "The evidence that gives meaning has a full and original intuition." 参见：*Voix et le phénomène*, p.3.
42 尽管德里达承认胡塞尔思想的激进性质，也承认事实上它（胡塞尔思想）在许多方面上对形
而上学进行了批判，"与尼采或柏格森的思想具有某些特定的相似性"，但德里达这样论述是为了
展示胡塞尔文本继续存在的方式是被铭刻在，或是不知不觉地被重新铭刻在"在场（presence）和
自我在场（self-presence）的形而上学预设"中。参见：*Voix et le phénomène*, p.27 n. 1.
43 Ibid., p.60.
44 Ibid.
45 Ibid., p.70. 德里达接着说，这也是"一种非在场（non-presence）的思想，即使它并不必然是
在场哲学的对立面"。
46 *Voix et le phénomène*, p.70.

那么，真正的问题是时间概念[47]。这是德里达根据言语和写作之间的差异而阐述的问题，也就是说，这种差异存在于一种将被称为文字学（grammatology）的差异哲学中。文字学将肯定直观性（immediacy）的错觉和以符号为中介的必要性。换句话说，德里达将用符号学的术语阐述一种时间哲学，这与可以被问题化（problematized）的"意指"问题相关，而这种问题化又与弗洛伊德、尼采和海德格尔相关。对于德里达来说，写作将"时间性"这个真正的要点（*l'enjeu véritable*）铭刻为"差异"。

德里达——通过展现在建立"自我在场"（self-presence）、"自身意识的在场"（the presence of consciousness of itself）理论的尝试中，时间有所涉入——解构了胡塞尔。因此，在我看来，德里达从一个与柏格森的观点非常接近的优势角度来解构胡塞尔：批判西方形而上学对时间的压制，这是一种得到话语语言（discursive language）强化的压制。

而具有悖论意味的是，"因为柏格森在后结构主义语境中是一位现象学家，所以被学术界摒弃"。[48] 现象学批判是一种对在场哲学的批判。然而，正如我们在上文中已经看到的那样，柏格森认为任何一种认识论和所有的理性哲学都必然地压制作为绵延的时间，而作为绵延的时间则是生成和差异的一种动力。德里达唤起了一种"非在场（缺席）的思维"（thinking of non-presence）：尽管德里达谈到了现象学与一种时间思维之间的冲突，但这种思考并不必然会成为形而上学的对立面。

"超越'同一性逻辑'是一种辩证法上的超越，还是一个超越辩证法的问题？"樊尚·德贡布问道。他补充道："但这个问题也是德里达自问的一个问题：对辩证法的超越（beyond dialectic［l'au-delà de la dialectique］）难道不是必定会成为一种超越的辩证法（a dialectical

---

47 关于列维纳斯对柏格森的欣赏，参见：Emmanuel Levinas, *Time and the Other*, trans. Richard Cohen, pp.127–133. 关于柏格森与海德格尔的联系、柏格森与胡塞尔的联系，参见 p.130 n. 5, p.131 n. 6。

48 在伦敦大学召开的一个关于《原样》的研讨会上，我试图探讨一下柏格森，但我的这一尝试被立即驳回，这说明所有人都一致认定柏格森是一位现象学家，换句话说，他们对柏格森没有兴趣。

beyond［un au-delà dialectique］）吗？"[49]德贡布总结道："没有人能说清楚辩证法的同一性和差异性是不是完全（one and the same）就是一回事……在这种游戏中……如果你说'同一性'，它马上就变成了差异性，但如果你定位了差异，它就会变形（metamorphoses）成为同一性，所以最终我们很难说清楚黑格尔辩证法的成败（既可以是胜利，也可能是失败）。辩证法的游戏是无止境的。"[50]

在德里达的《声音和现象》（初版于 1967 年）出版的一年后，德勒兹出版了《差异与重复》（初版于 1968 年），德勒兹在这部著作中提出了这个同一性和差异性的问题。正如德贡布后来所诊断的那样，我们可以得出这个结论：正是德勒兹感觉到同一性和差异性的辩证法游戏的不可决定性（undecidability），促使了他转向柏格森并坚持解读与黑格尔哲学完全相反的柏格森哲学。然而，德里达对表象的批判方式与德勒兹对表象的批判方式之间存在着重要区别。与德里达不同，德勒兹并没有致力于关于差异问题的一种符号学阐述（a semiological formulation of the question of difference），即没有致力于对"与意指（signification）问题相关的差异"的阐述。我们可以说，德勒兹沿承了德里德的现象学批判的柏格森特征，设想将时间视为绵延的真正要点（real stakes），他从纯粹的自我差异（pure self-difference）的角度来解读，并根据"隐真"概念进行理论化。一些问题仍有待探索，但我在这里无法探讨，[*]首先是"德里达的作为写作实践的解构主义理论"与"柏格森关于语言在时间面前的有限性的深入分析"的相似之处这个问题，其次是对两人写作策略的比较分析问题，因为他们对"语言承受的意识形态压制"有着共同的清醒认识。[51]

无论解构的力量多么令人信服，无论它在文化研究中多么富有成　187

49　*La même et l'autre*, p.172.

50　Ibid., p.178.

*　译者注：可能是因为篇幅有限或与本书主题的关系较远。

51　有关柏格森对写作的分析（尽管在此处展示的文本中，就已经可以看到柏格森的语言批判，但柏格森对写作的分析远不局限于此），更深入的内容请参见："De l'intuition," in *La pensée et le mouvant: Essais et conférences,* in English, *The Creative Mind: An Introduction to Metaphysics,* trans. M. L. Andison. 有趣的是：《新柏格森》这部著作明显是在思考柏格森与当代哲学问题的关系，却没有提到德里达，即使两位哲学家在时间概念和写作概念上有着共同的基本关注点。

效，到了 20 世纪 90 年代，文本范式（德里达、巴特）和话语分析（福柯）似乎已经完成了大部分批判性工作。为什么人们对德勒兹思想的兴趣增加，我认为是因为他的思想较少受到文本或话语框架的限制，而且正如在他之前的柏格森那样，更加适应科学和技术的发展。我们已经看到德勒兹在 1988 年如何用这些术语重新塑造柏格森思想的吸引力。[52]

但这也是有可能的：就某些人而言，他们对德勒兹的兴趣与由"隐真"这个词的双重含义造成的显著歧义有关。一方面，隐真与隐真和真实的区别相关，另一方面，它在人工智能和信息技术的话语中扮演的角色与"虚拟现实"相关。[53] 当涉及一个从德勒兹追溯到柏格森的问题时，这种歧义可能会导致严重的误解。

隐真

正如我们所见到的那样，柏格森在《物质与记忆》中将过去描述为隐真的。柏格森的意思是过去真的存在，只是在我们的意识之外。如果在过去不能在现在行动这个精确意义上说，过去涉及一种不真实的存在模式。现在是感觉-运动；它关注将运动或变化引入世界。从过去在现在无法进行有形的（materially）行动这个意义上说，过去则是隐真的存在。过去以不再行动的模式存在。"隐真"这个词可以被理解为与时间的运动相关联。"隐真"涉及过去的一种存在模式，在注意力认知的过程中，"隐真"还参与了一个"变成在场"（becoming present）或自我实现的过程。

188　　在《创造进化论》中，柏格森将绵延和生成的时间性（temporality of becoming）概念从个体模型扩展到所有生命，在个体模型中，身体是行动的中心，而意识等同于记忆。问题是柏格森称之为"转化"

52　我在这里指的是已经在本书中被引用的《柏格森主义》的后记。
53　列夫·曼诺维奇（Lev Manovich）以以下方式来定义"隐真世界"："计算机生成的 3D 交互环境……隐真世界，代表了计算机文化的一个重要趋势，始终有望成为人机界面和计算机网络的一个新标准。"参见：*The Language of New Media*, p.8 n. 4.

（transformism）的进化，进化是将有机适应理解为新形式的偶然创造。[54]
在这里，时间作为一种力、一种生产或发明的力（换句话说，一种偶然
性的力量），用以实现"积极现实"。[55] 柏格森在《物质与记忆》中对未来
进行定义时，将生命描绘成"尚未消耗的能量"。[56] 虽然它不能在现在起
作用，但过去的时间仍然在《创造进化论》中发挥着某种力量："我们的
过去通过它对现在的压力并作为一种趋势整体地向我们显现其自身。"[57]
生命的有机进化被描绘在绵延的模型上："过去给现在施加压力，并
从中汲取一种新的形式，这时的过去与之前的过去之间具有不可比较
性。"[58] 在进化的展开过程中，有一个"可能行动或隐真活动的区域，生
命体实际完成的行动就处于这个区域之中"。[59] 正如我们在这里看到的，
"隐真"这个词被用来标记一个行动中的事件的一种时间差异，这种时
间上的差异包括多个和一个之间的差异，也包括在现在变成过去的过程
中发生的过去和现在之间的差异事件。[60]

　　在这个意义上，隐真是生命本身的特征，被认为是一种动态过程：
"一个生命体是一个行动的中心。它代表了世界上偶然性的总和。"[61] 这就
是柏格森哲学中"隐真"的含义。"我们必须采用知性（understanding
［entendement］）的语言，"柏格森写道，"因为只有知性才有这样一个 189
语言。"[62] 诸如生命活力的图像、生成的火箭（fusée，这个法语单词有

54　"这就是为什么我们相信物种演化论（transformism）的语言现在将自己强加给所有哲学，就
像对物种演化论的教条式的肯定（affirmation）将自己强加给科学一样。"参见：Henri Bergson,
L'évolution créatrice, p.26. 引自这部著作的直接引文均由本书作者翻译。
55　皮尔森通常使用"时间的'积极现实'"这个表述（"positive reality" of time）。参见：
Philosophy and the Adventure of the Virtual, p.5.
56　参见：*Matière et mémoire*, p.285.
57　参见：*L'évolution créatrice*, p.5.
58　Ibid., p.27.
59　Ibid., p.145. 在这里，柏格森将这种不确定、犹豫或选择的瞬间与意识联系起来。这是与我们
在《论意识的直接材料》中看到的瞬间相类似的一个瞬间，它是关于自愿和自动之间区别的一个
问题。情感在那里起着重要的作用。
60　在这里我们发现"可能的行动"（possible actions ［actions possibles］）是不定冠词的和复数的，
区别于"已经发生的行动"（the action performed ［l'action accomplie］）（带有定冠词），已经发生
的行动得到完全实现的标志是它（已经）被指定为过去，过去在法语原文中为 accomplie。
61　*L'évolution créatrice*, p.262.
62　*L'évolution créatrice*, p.25. 我们将按照康德对知性（即其他哲学体系中的理解力或认识）与理
性的区分来思考理解力（understanding ［entendement］，该词在康德哲学中被译为"知性"）。

"火"或"火箭"之义）以及隐真这个概念，都是传达"概念"所无法
表达的内容的一种策略：*产生新（或新事物）是时间的真实力量。*[63]

德勒兹将"隐真"理论化为一种自我分化（self-differentiation）的
结构。[64]他强调有一个问题"变得紧迫"："这个纯然的'隐真'的本质是
什么？"（*B* 6）[65]德勒兹继续谈道，"作为我们出发点的隐真与作为我们
目的地的实际（actuals）之间的区别"。[66]我们注意到这里有两件重要的
事情。首先，因为隐真变成了"一个纯然的隐真"，所以隐真（virtual）
中的 v 已经改写成大写字母 V。其次，如刚刚引用的段落所说，实现的
过程并不是从隐真的多重性发展到得以实际化（actualization）的"真
实"概念的单一性（如上面引用的柏格森的段落所说，这个发展过程使
我们从一个"可能的行动"发展到"已完成的行动"[67]）。在我们引述德
勒兹的那段话中，现实化（actualization）从单数的隐真开始发展到复数
的"我们到达的诸实际（actuals）"。隐真已经成为一个概念——一种哲
学原理（philosopheme）。[68]

190　但这还不是当这个隐真概念与"虚拟现实"中的"虚拟"（即控制
论和半机械人［cyborgs］）——混为一谈时发生的最重要的误解。德勒

63　柏格森明确指出，生命活力是一种图像，因为没有任何概念可以用言语谈论时间的事件。隐
真也与趋势（tendency）的概念有关。在"Tendance"（法语单词，即英文的 tendency）这个词条
下，*Le Robert* 词典提供了曼恩·德·比朗（Maine de Biran，他曾经对柏格森产生影响）的引用，
并将这个词与统计学词汇联系起来。

64　德勒兹写道："隐真性以其自身在自我分化中实现自身这种方式存在，也以迫使自身的分离的
方式以实现其自身。自我分化是实现自身的隐真性的运动。"（*B* 51）正如我们已经看到的，隐真
的概念对黑格尔进行了反驳："在柏格森那里，由于有隐真的概念，事物首先就立即变得与自身不
同。"（*B* 53）另外，在黑格尔那里，"事物与自身不同，是因为它首先不同于它所不是的一切，以
至于差异达到了矛盾的地步"（*B* 53）。

65　引文继续说道："早在《时间和自由意志》以及其后的《物质和记忆》中，在柏格森哲学挑战
'可能性的范畴'概念（category of the possible）的那一刻，就应该赋予隐真性观念（the idea of
virtuality）以如此的重要性，这是为什么？"（*B* 6）

66　Ibid.

67　*L'évolution créatrice*, p.145.

68　在巴迪欧和德勒兹之间的"对立"（agon，上文已提及）中，巴迪欧指责德勒兹将"隐真"变
成了一个先验概念。我在这里不准备对此进行探讨，我只是说德勒兹将"隐真"变成了一个概
念（但不一定是先验概念）。从此以后，"隐真"作为一个概念出现在多个书名中，诸如：Pearson,
Philosophy and the Adventure of the Virtual；Massumi, *Parables for the Virtual*. 皮尔逊对德勒兹的有
趣辩护见：*Philosophy and the Adventure of the Virtual*, pp.70–77.

兹被认为是"网络理论的理论家"，我们通过两者之间的联系，也可以认为柏格森是"网络理论的理论家"。[69] 为什么德勒兹会被认为是"网络理论的理论家"？因为他从《反俄狄浦斯》中的欲望机器开始，阐述了一个"机器的"概念（notion of the machinic）。"关于欲望的三个错误概念，"他写道，"被称为缺乏、法则和能指（the lack, the law and the signifier）。[70] 这三个错误概念与唯心论这个错误理论实质上是一回事，它们形成了一种虔诚的潜意识概念。"德勒兹也反对拉康的"将无意识视为机械的"这个唯物论者的概念。德勒兹认为，真正的种类差异不存在于被结构上区分的象征领域和想象领域之间（realms of the Symbolic and the Imaginary），而是存在于俄狄浦斯的（或结构的）和"真实"之间，他将其描述为机械的。他问道："真正的区别难道不是在俄狄浦斯（结构的和想象的）与所有的俄狄浦斯（all the Oedipuses）一起碾压和压抑的其他事物之间吗？……而构成了'真实'本身的欲望机器超越了象征与想象并位于它们之下。"（AO 52–53）[71]

69　德勒兹和加塔利写道："概念化的人格面具（conceptual personae）的作用是展示思想的领域以及这个领域的绝对解域化（deterritorializations）和绝对再域化（reterritorializations）。"他们还将代祷者（intercessor）称为"思想的结晶或种子"。参见：Gilles Deleuze and Félix Guattari, *What Is Philosophy*? trans. H. Tomlinson and G. Burchell, p.69. 柏格森是德勒兹的关键代祷者，而奥尔可夫斯基（Dorothea Olkowski）和约翰·马克斯（John Marks）等哲学家将这一要点取名为德勒兹·柏格森——因为两人的观点如此接近，具有某种同一性。

70　Deleuze and Guattari, *Anti-Oedipus: Capitalism and Schizophrenia*, trans R. Hurley, M. Seem, and H. Lane, p.111 (translation modified). 参见法文版：*L'anti- Oedipe*, p.132. 下文将参考英文版，并给出原文，文献名缩写为 *AO*。英文原文：For us, however, the problem is one of knowing if, indeed, that is where the difference enters in. Wouldn't the real difference be between Oedipus, structural as well as imaginary, and something else that all the Oedipuses crush and repress: desiring-production— the machines of desire that no longer allow themselves to be reduced to the structure any more than to persons, and that constitute the Real in itself, beyond or beneath the Symbolic as well as the Imaginary?

71　德勒兹补充说："因为无意识本身并不比个人更结构化，它不再象征它想象或代表的东西；它在设计制造，它是机械的（machinic）。既不是想象的也不是象征的，它是真实的。"（AO 53）《反俄狄浦斯》中的机器隐喻中和了主体的问题——在拉康的精神分析框架中，通过俄狄浦斯的形象讲述了欲望的主体。随着俄狄浦斯对无意识的解读，德勒兹抱怨说，"整个欲望的生产被打败了，变得顺从了表象的要求。无意识不再是它原来的样子，不再是工厂、车间，而是变成了剧院。精神分析师是这个私人剧院的导演，而不是将生产单元组合在一起的工程师或机械师"（AO 55，我对原来的译文做了一定修改）。德勒兹在唯物论的精神病学的环境中援引了克莱朗博（Clerambault）并进行了批评。有关拉康和克莱朗博之间关系的讨论，参见：Soraya Tlatli, *La folie lyrique: Essai sur le surréalisme et la psychiatrie*.

191   欲望机器,[72] 这个理论形象适合后结构主义的所有思想参数（intellectual parameters）：反人文主义（anti-humanism）、对主体的批判、对现象学（phenomenology）的拒绝。我们记得德里达说过，只要控制论放弃（divest）了用于区分人与机器的所有形而上学术语，他就可以暂时将写作与控制论相结合。[73] 我们注意到德勒兹在阅读柏格森时省略了这些术语。换句话说，即德里达要求控制论去除的术语——灵魂或心灵（âme or esprit）、记忆、选择、生命等——这些概念属于柏格森的语言，德勒兹将在对柏格森的一种解读（这种解读摒弃了上述这些概念）的基础上，阐述他的机械学（machinic）概念（这符合德里达的要求，这将使控制论与德里达的写作理论保持一致）。"我们所说的机器"，德勒兹写道，"是一个对这样的异质性的综合。"[74] 当然，问题是机械学（可以显示德勒兹的根本差异概念的一个图示）与机械的（mechanical）的接近程度。因为这正是柏格森划清两者界限之处。正如我们所见，生命体和机器之间的区别对柏格森来说至关重要。这就需要在科学领域和哲学领域之间进行严格划分。[75]

德勒兹对机器的同情（机器在关于电影的两部著作中以有趣的方式提出对柏格森的一个友好挑战）以及两位哲学家的批判性同化（以德勒兹·柏格森的形象出现）导致了一些严重的误解。[76] 例如，一位

---

72 德勒兹对欲望机器的反复强调使得他对精神分析（弗洛伊德和拉康）的批判与柏格森的极大相似性容易被忽视。正如我们在第四章中看到的，柏格森让我们思考与真实概念相关的动态无意识（代替局部无意识）。柏格森使我们能够在没有与俄狄浦斯相关的这种障碍的情况下思考无意识。在《反俄狄浦斯》中，德勒兹和加塔利只是间接地提及柏格森以及 "他对微观世界与宏观世界的关系的宏大构想"。"柏格森带来了一场谨慎的革命，"他们补充道，"值得进一步思考。"（*AO* 95–96）关于柏格森和精神分析，还有一些有趣的研究有待完成，这个研究一方面探讨德勒兹对弗洛伊德和拉康的批判态度，另一方面探讨德勒兹与克莱朗博、皮埃尔·雅内（Pierre Janet）和里博特的密切联系。

73 Derrida, *De la grammatologie*, p.19.

74 转引自：*Mille plateaux* by Manuel De Landa, "Deleuze, Diagrams, and the Open-Ended Becoming of the World," in *Becomings*, p.36.

75 我们回想起柏格森在生命体和非生命体之间所画出的分界线，这对应于科学与哲学之间的分界线，在某种意义上，也对应于客观性和主观性之间的分界线。这些分界线在《论意识的直接材料》中被刻画得最为清楚，但在很大程度上仍存在于柏格森随后的思想中。当然，这些分界线以一种不同的方式在柏格森关于笑的著作中发挥作用。

76 柏格森批评了他所谓的关于时间的 "电影摄术的幻觉"（cinematographic illusion）。德勒兹断言，柏格森根本就没有想到现代电影表达运动和时间图像的技术能力。

评论家将柏格森和德勒兹都描述为"机器学唯物主义者"（machinic materialists）。[77] 这个标签可能会让柏格森大笑。但是，当作为一种结构 192 或过程的机械学等于为计算机这种机器以及将人与机器分开的界限确实开始瓦解时，这种误解会变得更加尖锐，其意义也许更加深远。[78]

计算机革命的一个特点是创造了新的艺术和传播媒体，这些媒体正在迅速取代电影，与此相关的"机器"暗喻已经过时了。"所有新媒体对象，无论是在计算机上从头开始创建还是从模拟媒体源转换而来，都是由数字代码组成的。"[79] 它们起源于数学形式，并受算法操作的影响。感谢代码转换技术（transcoding），所有新媒体对象可以以潜在的无限版本存在。[80]

代码转换的能力以及数字化所涉及的量化的性质已经使得试图研究它们的文化理论家所使用的模型发生改变。基于语言的符号学（Language-based semiotics）不再适用于数字化中涉及的意义单位，其中所涉及的单位或样本并不总是对应于语言符号学模型（linguistic semiotic models）所预设的意义单位。[81]

一位新媒体理论家马克·汉森（Mark Hansen）在柏格森身上找到了数字化作为具身化过程的哲学基础。保罗·维利里奥对身体在网络世界中的丧失感到绝望，[82] 而汉森却有着截然不同的看法。从他的角度来看，数字化更加重视我们身体的创造力和情感能力。汉森将柏格森视为"使知觉具身化（embodied）的理论家"，[83] 尤其在《物质与记忆》的前几 193 页中，更是如此。

77　Marks, *Gilles Deleuze*, p.50.

78　马克斯写道："人类智能可以被复制，这比我们一般认为的更有'机器人性'或更'像机器'。"见 *Gilles Deleuze*, p.53。

79　Lev Manovich, *The Language of New Media*, p.27.

80　关于代码转换技术，更多内容见：*Language of New Media*, pp.45–48.

81　曼诺维奇写道："现代符号学的关键假设是交流必需离散的单元。没有离散的单位，就没有语言……假设任何一种形式的交流都必须有一种离散的表现，符号学家将人类语言作为一种交流系统的原型（prototypical）。一种人类语言在大多数规模上都是离散的。"然而，他继续解释说："大多数符号学家开始认识到，不同意义单位的一个基于语言的模型不能应用于多种文化之间的交流。更重要的是，现代媒体的离散单元通常不是语素（morphemes）那样的意义单位。"参见：*Language of New Media*, pp.28–29.

82　Paul Virilio, *L'art du moteur* and *Cybermonde: La politique du pire*. 其中第六章详细讨论了作者对柏格森的关注。

83　Mark B. N. Hansen, *New Philosophy for New Media*, p.4.

　　在德勒兹对电影的分析中，他唤起了一个后人类研究（post-human）的去肉身化（disembodiment）的世界。汉森颠倒了德勒兹解读柏格森的方向，在柏格森的知觉理论中找到了对情感与知觉之间关系的解释，将其发展为新媒体肉身化（embodiment）理论。

　　汉森声称："数字图像揭示了所有图像技术的柏格森主义基础，即可感知图像起源于作为不确定中心的身体的选择性功能中。"[84]

　　这种阐释将我们直接带回《物质与记忆》中的知觉理论，正如我们见到的那样，柏格森将身体定义为不仅是一个行动的中心，就身体是一个不确定的中心而言，身体也是一个自由或自愿行动的中心。因此，汉森的论点是：数字图像"界定（demarcates）了身体与用于呈现可感知信息的各种装置相结合的那个过程，而这个过程赋予信息以形式或对信息产生影响"。[85] 换句话说，"信息通过具身化的经历而变得可感知"，[86] 数字图像需要图像的现实化，就像柏格森对注意性认知的解释一样，记忆图像得到现实化，这使得知觉的认知行为可以发生。我们记得在柏格森的理论中，图像记忆与身体记忆及其感觉-运动图式一起工作。根据汉森的说法，就新媒体需要一种互动的意义而言，新媒体欢迎柏格森意义上的知觉表现，而这种互动就是柏格森为了一种图像的出现而继续理论化的那种身心互动。[87]

　　汉森以一种与德勒兹大不相同的方式解读柏格森。汉森是否正在从后人类的前沿退却到旧的人文主义？我认为不是这样，因为至少在笛卡儿之后，人文主义的传统主张一直存在于理性或认知意识中。主要是这种人文主义（旧的）受到了德里达和福柯等后结构主义理论家的挑战，这是一种声称自己在世界上处于支配地位的人文主义，简而言之，这就是勒南如此疯癫地宣扬的人文主义。

　　汉森和他所引用的理论家们提出的理论有点像一种互动的具身化

84　Mark B. N. Hansen, *New Philosophy for New Media*, p.10.
85　Ibid.
86　Ibid.
87　汉森在解读柏格森时，他用认知科学领域的当代研究成果作为支撑，他引用了弗朗西斯科·瓦雷拉（Francisco Varela）的著作，这部著作强化了柏格森对情感在知觉中的重要性的分析，并通过当代临床试验分析了情感对时间意识（time consciousness）的重要性。

（an interactive embodiment），在这种具身化中，它不是一个意识主体的问题，而是一个行动主体的问题，不是一个认知的问题，而是一个情动的问题。汉森引用过吉尔伯特·西蒙栋（Gilbert Simondon）的著作，西蒙栋将情动性（affectivity）、时间和具身化与前个体（pre-individual）的视域联系起来。正如汉森所提示的那样，这将是柏格森互动本体论的延展（extension of Bergson's interactive ontology），"毫无疑问就是现实本身的普遍互动"。[88]

　　从电影到数字媒体的转变引发了哲学家对柏格森的新解读，这种解读使德勒兹的柏格森主义在方向上发生了根本改变。根据汉森的说法，"德勒兹对电影的新柏格森主义描述不断进行人类的去肉身化（disembodying）"，强化了机械的或后人类的概念。汉森则着手在德勒兹对柏格森的"改造性挪用"（transformative appropriation）那里将柏格森对"偶然性的行动能力"（contingent agency）的具体理解进行恢复和再建。与德勒兹对"人体的感觉-运动基础"发动了攻击（wages an assault）相反，汉森则试图维护柏格森对情感的具身化（affective embodiment）的基本洞察力。[89]

　　正如前面的讨论所揭示的，因为柏格森在文化意义——以及伦理和政治——上的思考将对信息革命带来的变革发挥作用，所以柏格森变得很重要。[90] 这里的关键之处不是要在这个新的"竞赛"中捍卫哪一方的立场，而是要表明柏格森现在比以往任何时候都对新的解读更开放，并与正在进行的辩论相关。要在这些问题上占据一席之地，就必须认真解读柏格森的文本。本书的写作目的就是邀请更多人严谨地解读柏格森。

　　在最近出版的《隐真的寓言》（*Parables for the Virtual*，2002 年）一书中，布赖恩·马苏米建议从柏格森主义的角度重新定位文化研究。他　195

88　Jacqueline Carroy, "Le temps intersubjectif et ses métaphores: Interaction ou endosmose? Une lecture de Bergson," *Connexions* 41, p.186.（本书作者译。）

89　*New Philosophy* 6, 7, 1, 6.

90　曼诺维奇写道："在 20 世纪 90 年代，文化快速转变为电子文化，计算机快速转变为普通文化的载体，原来的媒体快速转变为新媒体，这要求我们重新思考我们原来的范畴和模式。"参见：*Language of New Media*, p.6. 可以说在把情感置于具体化的核心（core of embodiment）的意义上，汉森对柏格森的解读开启了一种伦理学。

认为，在过去的几十年里，文化研究意味着从基本的语言学角度来分析
文化和意识形态的中介，而话语分析非常盛行，但真实的身体是不能被
思考的（be taken into account），可以思考的只是一种话语，即根据一个
预先确定的二进制网格（a grid of predetermined binaries）构建的话语。
即使是自然，也被认为是在话语中构建的。他建议，现在是与语言学模
型"分道扬镳"或者至少要意识到它的局限性的恰当时间了。[91]有太多
无法用这些术语来思考的东西：真实的身体、自然、情动、感觉。更重
要的是，由于这种文化研究进路主要关注的是对意识形态定位的分析，
所以无法解释"变化"，到了一个特定阶段之后，这种进路就无法发现
任何新的东西了。

布莱恩·马苏米着手探讨这种文化研究的含义，这种文化研究指的
是将"运动"和"感觉"重新引回人们对身体的思考中，他想将焦点重
新定向到随着变化而发生的性质差异。于是他开始了与柏格森这位哲学
先驱相关的研究项目，他确定这样做的目的就是探讨"运动过程和位置
的悖论"（paradoxes of passage and position）。[92]他朝向了一个与他所称的
"柏格森革命"相关的文化研究新领域。[93]

这场革命包括什么？首先，它"颠覆了世界"，以至于"位置不再
是以往所认定的第一位，而运动则是成问题的第二位。柏格森革命发生
后，运动是第一位的，位置次于运动并产生于运动中"。[94]这涉及一种
思维模式，在这种模式中，运动过程（passage）先于结构。这意味着
从"出现（产生）"（emergence）的角度进行思考——不仅从本体论上进
行思考，而且也从马苏米所说的"本体发生过程"（ontogenetically）的
角度进行思考。[95]对于马苏米来说，"柏格森革命"意味着参与文化生成

---

91   Brian Massumi, *Parables for the Virtual*, p.5.

92   Ibid., p.7.

93   在这一行动中，马苏米并不孤单。女性主义哲学家伊丽莎白·格罗兹（Elizabeth Grosz）也
探讨了柏格森和柏格森主义的问题：时间、进化、肉身化和涌现，所有这些问题都为她提供了
一种对身份政治（identity politics）的批判取向（critical orientation）。安·盖姆（Ann Game）在
Undoing the Social: Towards a Deconstructive Sociology 这部著作中将柏格森与女性主义哲学联系起
来。另见：Dorothea Olkowski, *Gilles Deleuze and the Ruin of Representation*.

94   Massumi, *Parables for the Virtual*, p.8.

95   Ibid.

的尝试，而不是静态地思考文化并绘制其地理图。它意味着一种思考自然、身体甚至是主体的某种模式的强烈意愿。[96]

马苏米对此毫不含糊："关于文化或社会结构的观念已经走到了尽头（dead-ended），因为他们坚持将过程的本性用括号固定起来。"他指出了以下悖论："旨在终结人（Man）的理论行动，最终使人类文化成为衡量一切事物意义的尺度的这种过程终结。"从柏格森的视角来看，马苏米发展并完善了一种基于出现（产生）过程的情感概念。"情感，"他总结道，"具有在意识形态之后重新思考后现代权力的一种力量。"

因此，文化研究通过对突现（emergence）的思考，对产生新奇的时间力量的思考得到更新和重新定位。马苏米从柏格森那里汲取了从根本上重新定位文化研究所需的清晰性和批判性力量。柏格森在这里并没有被重新想象为后结构主义的一个前身。马苏米将柏格森哲学作为一种努力方向，用于寻找一种可以摆脱后结构主义文化理论局限的方法。[97]

右栏旁注：196

96　马苏米巧妙地写出"主体-"（subject-）来表达联系中的主体（subject-in-relation），即初始或新兴的主体。他的阐述符合柏格森在《创造进化论》中陈述的**大意**，即"生命体首先是一个进化过程的发生地"。参见：*Parables for the Virtual*, p.12. 在《创造进化论》的其他地方，柏格森也将生命体视为一个连字符。

97　Ibid., pp. 3, 13, 42.

第六章　当代话题

赫尔姆（Thomas Ernest Hulme）曾宣称柏格森消除了"决定论的噩梦"。[1]也许他言过其实。在现在的西方文化中，柏格森在自己的时代诊断出的定量狂热比在以往任何时候都更加普遍。统计分析工具主导着社会科学、计算机科学及其相关领域。信息和通信技术正在改变我们的生活方式。行为主义心理学（behaviorist psychology）正在蓬勃发展，而通过医药来改变人类行为最近已成为一个盈利巨大的行业，这个行业正在改变人类的社会经验。理性选择的种种论说不仅充斥在理论经济学家的研究中，而且还对遍及全球的市场营销策略产生了影响。认知科学的研究主要关注人与计算机之间的关系，它依赖心理物理学（psychophysics）的方法，对其可能的后果，柏格森在一个多世纪前提出过挑战。对人工智能和机器人技术的研究使用了复杂的数学模式技术，以扩展自动化功能在人类经验领域的参与（例如，有关老年人提供机器人伴侣的讨论）。这些进展，加上克隆和生物医学工程实验（最近对基因组序列的破译突显了这一点），使这些区分——人类的与非人类的、生命领域的与非生命领域的、"真实"的与人工的或者说虚拟的——越来越不清晰。

198　　我们在《创造进化论》中读到："突变理论认为在经过很长一段时间后的某个瞬间，整个物种都会受到变化这个趋势的影响。"[2]总之，我们所处的历史时期正在进行的各种转变势不可当，以至于一些理论家已经转向用进化改变论的语言来描述这些变革。我们究竟以何种方式才能开始讨论这些变化？对话将涉及哪些形而上学或批判性的预设？讨论将以何种方式表述？我们已处于这样一个立场，即瓦莱里在本书开篇所提出的立场：我们的世界日新月异，而我们只有古老陈旧的观念！[3]

1　A. E. Pilkington, *Bergson and His Influence: A Reassessment*, p.218.

2　参见本书第二章。

3　参见本书第二章。

　　关于我们关心的许多问题，柏格森仍有话语权，具体说来就是一方面如何思考人类与机器的关系，另一方面如何思考人类与自然的关系。他对进化、机械装置、生命、智力和本能这些问题仍有很多话要说。关于生命体和无生命物之间的差异问题，他提供了一种设问的方式：正如上文所述，这是一个关于时间的两种语域（registers）的问题。

时间

　　我们已经看到，热力学第二定律在自然科学中提出了时间箭头的问题。在柏格森的一生中，他对该定律的含义进行了长时间的思考，这也是他的研究工作的一个重要特征。[4] 我们已经看到，玻尔兹曼在概率论数学（mathematics of probability）中重新表述了该定律，消除了时间箭头的方向性，柏格森在相对论的背景下试图保持适当的不确定性（与绵延），但这一尝试最终被爱因斯坦击败，因为爱因斯坦将时间归在第四维度即时间–空间（space-time）中。

　　近几十年来，一些科学家接受了柏格森关于时间不可逆性的立场。在 20 世纪 80 年代，诺贝尔奖得主、化学家普利高津（Ilya Prigogine）写道："当今物理学正在重新发现时间概念，这个时间概念不是以往的 199 时间概念，根据以往的时间概念，手表始终可以返回它自己的过去，而重新发现的时间概念是一个内在时间，对应活动，最后对应一个创造过程。"[5] 普利高津根据量子力学重新探索了热力学第二定律，研究了耗散结构，耗散结构似乎证实了自然界中不可逆过程的真实性，从而证实了不可逆时间。根据普利高津和斯唐热的说法，柏格森对经典物理学的批判不仅得到了当代物理学研究的证实，而且这一物理学研究现

4　关于进化问题与热力学的联系的一个具体例子，参见：Bernard Brunhes, "L'Evolutionnisme et le principe de Carnot," *Revue de Métaphysique et de Morale* 5 (1897)，pp.35–43. 这篇论文引用了同一期刊上的一篇较早的论文：L. Weber, "L'évolutionnisme et le principe de la conservation de l'énergie," *Revue de Métaphysique et de Morale*, 87. 这期也学会了 Brunhes 的文章，也有对柏格森《抑质与记忆》的评论。（V. Delbos, pp.353–389）

5　Ilya Prigogine, "Irreversibility and Space-Time Structure," in *Physics and the Ultimate Significance of Time*, ed. David R. Griffin, p.249. 普利高津接着说："这种对时间的重新发现……使我们的时代就像伽利略和牛顿之间的伟大年代一样令人兴奋，我们对未来充满希望。"

在才赶上他对不可逆时间的本体论的卓识。"虽然经典物理学定律否认时间之箭，但我们今天可以肯定，所有生物的标志是不可逆转的生成（becoming）。"[6] 用斯唐热和普利高津的话来说，当代物理学是一种"生成物理学"和一种"过程物理学"（process physics）。[7] 这些作者认为，在玻尔兹曼（通过只关注平衡状态，将其他因素视为忽略不计的因素）将热力学第二定律（携带时间之箭的熵定律）转化为可逆过程的数学形式之后，柏格森对物理学探讨不可逆时间的前景（即物理学永远不探讨不可逆时间）感到绝望。因此，他决定坚持把作为一方的科学计划与作为另一方的形而上学分开，而且他坚信只有将两者结合起来才能产生真正的知识。将近一个世纪后，普利高津将研究重点放在不平衡状态（以"耗散结构"的名称而广为人知）时，并找到它在物理世界的精确位置，从而重新开启了对不可逆过程的问题的探讨。[8] 今天，如果我们接受斯唐热和普利高津的分析结果，那么我们可以认定柏格森的时间概念已经在物理学家的争论中胜出。

这个问题当然还不是定论。一位物理学家写了一本名叫"时间的终结"的书来宣称时间的终结；[9] 它引发了热烈的讨论。一些科学家声称，如果像普利高津所做的那样探讨不可逆时间的本体论，那么结果就是陷入了哲学清谈。也许出于上文提到的"词语的匮乏"[10] 的这一原因，我们不可能跨越科学表现与科学论说之间的鸿沟而进行有效的交谈。

与柏格森思想元素相关的另一个新情况是科学史研究中出现的一个趋势，这个趋势就是研究意识形态对科学知识的发展施加的压力。因

200

6 Prigogine and Stengers, *Entre le temps et l'éternité,* p.143.（本书作者译。）

7 Ibid.

8 普利高津和斯唐热对混沌理论的发展有这样的说法："动态混沌过程使得在动力学和不可逆过程世界之间构建这座玻尔兹曼曾经无法创造的桥梁成为可能。"他们补充说："我们现在可以显示适合经典（决定论者）模型的动态系统是一个特例。""正是时间之箭，"他们继续说道，"支配着系统的进化"。（p.115）参见：*Entre le temps et l'éternité,* pp. 107, 115.（本书作者译。）这个观点，也可以参见戴维·玻姆（David Bohm）关于他所称的"隐含的秩序"（implicate order）的论述："Time, the Implicate Order and Pre-Space," in *Physics and the Ultimate Significance of Time: Bohm, Prigogine, and Process Philosophy,* ed. David Ray Griffin.

9 Julian Barbour, *The End of Time, The Next Revolution in Physics.*

10 参见我在本书第二章的讨论。普尔曼（Pullman）探讨了这种状况，即语言不足以充分表达量子力学的复杂性。参见：*The Atom in the History of Human Thought,* p. 298.

此，现在我们可以像斯唐热那样谈论科学的"生态学"（ecologies）。[11]
开展科学的文化史研究是可能的，从而探讨各种利益如何对科学实验所
采取的方向及其产生的世界观施加影响。[12]在《创造进化论》中，柏格森
将智力视为一种适应性特征，并肯定人类使用智力是以实用需求为导向
的。在这个意义上，我们可以将上文中谈及的问题称为一种柏格森的视
角。在人工智能的背景下，智力的生物学或适应性特征是现在一个具有
新含义的问题。从这个角度来看，考察促使爱因斯坦提出相对论的种种
兴趣。正如斯唐热和普利高津所说："爱因斯坦的梦想一直是实现物理
学的统一，通过发现一个独一无二的原理，让物理实在变得可以理解。
这个梦想把'生成'降级为一种障碍、一种需要由物理学揭开其神秘面
纱的幻觉。"[13]

谈到"不稳定的过程如何改变空间－时间结构"，普利高津和斯唐热
写道："这个问题是爱因斯坦和柏格森之间争论的核心。"这场辩论的结
果对柏格森来说是灾难性的：人们普遍认为，他对爱因斯坦狭义相对论
的诠释是错误的。然而…… 不稳定的动态过程的存在在一定程度上恢复
了柏格森所捍卫的"一个普遍时间"（a universal time）的观念。[14]柏格
森和爱因斯坦之间的争论到现在或许都没有结束。

决定论（混沌理论）

201

普利高津耗散结构动力学（dynamics of dissipative structures）工作
的核心是数学模型和实验程序的结构，通常被不精确地称为"混沌理
论"。[15]混沌理论研究动态系统，即随时间变化的系统。它"使我们能够
理解在简单系统中为何出现不可预测的行为"（K 81）。它与存在于微观

---

11 斯唐热谈及了一种"实践的生态学"（ecology of practices［écologie des pratiques］）。参见：
Isabelle Stengers, *Cosmopolitiques 2: L'invention de la mécanique: Pouvoir et raison*, p.7.

12 参见：Mara Beller, *Quantum Dialogue: The Making of a Revolution.*

13 *Entre le temps et l'éternité*, p.15.（本书作者译。）

14 Ibid., p.195. 也可见：Jimena Canales, "Einstein, Bergson, and the Experiment That Failed: Intellectual
Cooperation at the League of Nations."

15 我在这里的论述主要根据凯勒特（Stephen H. Kellert）在 *In the Wake of Chaos,* p.x 中对混沌理
论的描述。下文在引用时将其缩写为 *K*。

物理（或量子）水平上的系统有关，同样也与出现在普通测量规模（牛顿力学领域）和宇宙规模上的系统有关。它还与物理世界的特征和社会或文化世界的特征有关。混沌理论可以应用于"由进化变化引入的化学相互作用、群体或变化"（*K* 29）。

这些系统既简单又不寻常，因为一个明显可以忽略不计的因素最终可能会对系统的后续变化产生巨大影响。[16] 这会导致不符合通常的统计分析模式的变化，因为通常的统计分析模式逻辑上预计系统初始状态中的细小因素将对整个系统在时间中的发展过程产生轻微的影响。对于这些不稳定的系统，可预测性受到挑战。"开始时非常接近的两个系统可以在运动后相距甚远"（*K* xi）。因为混沌理论直接研究变化，所以该理论将注意力重新集中在柏格森原先感兴趣的定性问题上。[17] 该理论对时间、过程、定性分析和复杂性的重视使我们回归柏格森思想的核心特征。

混沌理论挑战可预测性，但并不一定意味着决定论的崩溃，混沌系统的不稳定性可以在更大的确定性系统中被局部地观察到。[18] 然而，在量子层面上，它"导致了对决定论本身的严重怀疑"（*K* 50）。为了使预测成为可能，混沌理论需要对动态系统的初始状态进行严格准确的说明，因为初始条件的细微差异会导致极其不同的发展（*K* 71）。在量子力学中，不可能定位一个粒子的初始状态（回想一下海森伯的测不准原理），只能定位这个粒子可能出现的大致区域。[19] 因此，当我们在亚原子尺度上处理混沌系统时，几乎不可能得出任何可预测性。"混沌动力

202

---

16 这是指"对初始状态的敏感（sensitive）依赖"，ibid.

17 正如凯勒特指出的那样，定性问题探讨的是"一个系统的长期行为的普遍特征，而不是寻求对其精确的未来状态进行数值预测"（*K* 3, 4）。它需要关注性质，而柏格森在《论意识的直接材料》中强调了性质与对绵延的体验相关。

18 凯勒特认为，混沌理论意味着非决定论（indeterminism），尤其是当它与量子力学一起（in tandem with）被理论化时。但他也承认其他理论家将混沌理论与决定论等同起来，因为在原理上，如果可以准确地知道初始条件，其余的状况也会随之而来（通过演算获得）。正如凯勒特所指出的那样，混沌理论在实践中得到研究并用与他所说的"局部决定论"（local determinisms）相关的事物。Daniel Dennett, *Darwin's Dangerous Idea: Evolution and the Meanings of Life,* discussed by Keith Ansell Pearson in *Philosophy and the Adventure of the Virtual: Bergson and the Time of Life,* pp.76–86.

19 参见我在本书第二章中对海森伯定律的探讨。

学，"凯勒特写道，"将利用量子力学系统的微小不确定性，将它们扩展成巨大的变化，扩大最小的斑点，直到在未来足够长的某段时间，几乎一切皆有可能。"（*K* 73）[20]

这对宇宙学领域的影响是重大的。正如凯勒特所说，"决定论并没有被证明是完全错误的，以至于它将变得毫无意义。这一切导致的观点是物理宇宙的历史演化从根本上是开放的。"（*K* 75）柏格森在《创造进化论》中为反驳斯宾塞而专门提出了这一要点。[21]

这并不令人感到非常惊讶，因为柏格森在法兰西学院的同事亨利·庞加莱早就创立了可用于计算混沌理论的后续发展结果的数学。[22] 就此而言，我们可以说柏格森和混沌理论在某种意义上是同时代的。

这是柏格森在 1910 年对亨利·庞加莱的评论："在他的两卷《科学与假设》和《科学的价值》中，通过展示科学知识的象征性和约定性（provisional）特征，庞加莱对科学知识进行了真正意义上的批判。"[23] 柏格森继续将庞加莱对科学的批判置于其他强调偶然性的思想家的背景中。当谈及菲利克斯·拉切·拉维森（Félix Lacher Ravaisson）时，柏 203 格森写道："他在物理定律中展示了简单的自然习惯，从而为一种将这些定律视为一种偶然性的哲学开辟了道路。这就是艾米勒·布特罗（Émile Boutroux）在他的《自然法则的偶然性》（*The Contingency of the Laws of Nature*）这部非凡著作中所提出的思想。诸如庞加莱所作的批判的结论自然会与这种哲学相吻合。"[24]

凯勒特提出了一个重要问题：如果作为混沌理论基础的基本数学工

20　这是普利高津的研究工作领域，即与（例如）具有不稳定性的和本质上随机的量子态等领域相关的领域（*K* 72）。

21　这实际上是《创造进化论》的核心论点。丹尼特开启了这场辩论的当代版本。参见：Pearson, *Philosophy and the Adventure of the Virtual*, pp.77–87.

22　"对一个系统的行为进行定性研究始于庞加莱的工作。"（*K* 4）庞加莱是一位科学哲学家，也是一位数学家，他已经根据系统对初始条件的敏感性对预测进行了问题化。

23　Bergson, *Correspondances*, p.349.（本书作者译。）

24　Bergson, *Correspondances*, p.349. 重申一次，在柏格森时代，关于科学、数学、进化、心理学和语言学新发展之间关系的讨论非常流行。见：*Revue de Métaphysique et de Morale* 5 (1897) which includes an article by Poincaré and a review (in two parts) of A. Hannequin's *L'hypothèse des atomes dans la science contemporaine* by Louis Coutrat, pp.87–113, 221–247. 也见：F. Rauh 对 *La psychologie des sentiments* 的评论，pp.200–220.

具在 19 世纪 80 年代就已经存在，那么为什么该理论的发展会延迟一段时间？正是在这里，柏格森的批判性权威才具有特殊的价值。柏格森不仅凭直觉预测了科学和数学的后续发展，还分析了一种世界观、一种认识论和意识形态框架，他将其描述为"对空间图像的痴迷"（obsession with spatial images）。[25] 他将这种世界观称为社会指令（social imperatives），并在某种程度上暗示了我们可以称之为"意识形态的分析"的这种分析，这种分析可以用以解释凯勒特所说的系统性"对线性系统的偏爱"（prejudice in favor of linear systems）（K 138）和对混沌的忽视。

有些人从技术发展的角度解释了混沌理论的迟到的发展。数字计算机使人们更容易看到混沌，因为计算机可以对动态系统进行模拟，并使数学模型可视化。然而，对于凯勒特来说，这只是一个次要因素。正如柏格森论证过对空间的痴迷是对时间"真实"概念的一种防御那样，凯勒特坚信因为科学界存在着"一种对像钟表结构（clockwork）这样规则和可预测的系统的特殊偏爱"（K 135），所以物理学家学会或者被教导去无视混沌。[26] 他展示了不仅在数学、物理和工程领域，而且在人口生物学和经济学等领域中（K 141），"科学教育如何使科学家难以看到混沌"。"混沌就像春天的水仙花一样普遍存在，"他写道，"然而，即使科学家在直视混沌的时候，他们也没有看到任何有趣之处。"（K 136）

这种对混沌的视而不见的关键之处是什么？[27] 答案是时间。"稳定的周期性行为是类似时钟结构的行为。"简而言之，凯勒特将混沌理论发展的历史延迟[28] 归因于他所谓的"决定论在形而上学上（给科学家带来）

25　Bergson, *Matière et mémoire* (Paris: PUF, 1939), p.165.（本书作者译。）

26　凯勒特写道：提出混沌理论"作为计算机革命的一个必然结果是一种防御"。他引用了 James Gleick 在 *Chaos* 中的话。参见：*In the Wake of Chaos*, p.129.

27　凯勒特继续写道："机械钟旨在显示模仿理想线性运动状况的限定循环行为。采用常规数学表达形式的精确封闭性（closed-form）的解决方案获得了'简单'的标签。"（K 144）

28　凯勒特引用了普利高津和斯唐热关于某种化学反应的论述，这种化学反应可以发生分叉并开始复杂振荡行为（complex oscillatory behavior），而且"很久以前科学家就应该发现这种化学反应了，但没有发现"。尽管科学家在 19 世纪就发现了这些系统，但他们的研究"为那个时代的文化和意识形态背景所压制"。（K 147）

的某种舒适感"（the metaphysical comforts of determinism）（*K* 147）。[29]
当然，预测意味着控制。[30]这是一个多世纪前勒南和丹纳所赞成的那种
人文主义的问题的再现。柏格森反对这种人文主义意识形态，从而提出
了时间、生命和创造性生成的哲学。"机械论的世界观，"凯勒特写道，
"作为支配大自然的计划中的一种合法意识形态，同时起到一种确保等
级社会秩序的作用。"（*K* 156）柏格森思想的批判性力量与凯勒特鉴别
出的那种意识形态框架进行竞争。这么说也许只是为了修正一下赫尔姆
那种更乐观的说法。柏格森可能没有使决定论的噩梦消失，但柏格森的
批判性思维挑战了我们以往与决定论相关的那种舒适感。

　　柏格森似乎已经预见许多重要科学发展的大方向。因此柏格森的思
想特别适合我们目前的情况，他的思想也使我们印象深刻。这本身就值 205
得让我们仔细解读他的作品。然而，更重要的是他的思想的批判性力
量，它可以引导我们有效地应对目前的这些状况。柏格森写道，要思考
绵延，即生成的不可逆时间，需要打破许多原有框架。这仍然是当代哲
学面临的一项艰巨任务。

人工智能：控制论

　　认知科学以一种决定论的模式使用混沌理论，特别是在人工智能研
究中，它是一个关于思想机械化的问题。我们似乎又一次到达一个关键
点：这个关键点就丹纳而言是其梦想的最终实现，就柏格森而言则是最
糟糕的噩梦！

29　他写道："决定论的形而上学舒适开始可以解释这种现象：科学家为什么如此轻易地认定明
显随机或'嘈杂'的实验结果不适用于科学研究，从而弃用这些实验结果。有种观念是科学应该
只寻求直接因果机制，而且用微观还原论者的非历史语言（microreductionist, ahistorical language）
来进行表达：这种观念显然会阻碍混沌理论的发展。"（*K* 144）"对线性系统的偏见，"他写道，"表
现为一种范例选择的暴政。"（*K* 136）凯勒特还谈到了性别问题的重要性，这种重要性与上述这些
问题以及科学研究机构的普遍文化相关。
30　关于在物理学、工程学和应用数学中的科学教学法的讨论，请参阅凯勒特的著作。"例如，教
科书在讨论振动时通常只讨论线性力定律，因此将所有振动行为同化为一个物体在弹簧上的理想
运动——这就是所谓的简谐运动（simple harmonic motion）……少数处理非线性力定律的人将注
意力集中在例如微扰理论（perturbation theory）的数学技术上，这些技术旨在将非线性力的运动
转换为简谐运动，或者至少将其简化为易于求解的形式。"参见：*In the Wake of Chaos*, pp.137–138.

正如我们所见，柏格森早期作品中的一个基本特征是对生命体与无生命物两者的划分。这是柏格森批判性地区分科学与"形而上学或直觉哲学"两者的基础：前者可以客观地以无时间性的方式认识无生命物质，后者则享受着时间的智慧。

尽管柏格森在《创造进化论》中将绵延延伸到本体论层面，但他始终知道"了解无生命物"和"体验生命体"两者之间的区别，这意味着时间的体验。以思维的机械化和计算机模拟为目标的认知科学，则雄心勃勃地试图使这个界限变得模糊不清。面对这些科学上的发展，柏格森的思想再一次帮助我们提出重要的问题。正如我们将看到的，它还帮助我们认识到萦绕在人工智能项目上的某种矛盾心理（ambivalence）。

人工智能领域的前提是人类的智能类似于机器。[31] 这样的研究已经在医学和工程（甚至计算机游戏）等领域产生了惊人的成果，在这些领域中，科学家可以通过编程让计算机来执行非常专业的任务，即计算机通过复杂的演算程序来获得具体的计算结果。虽然说这项研究的应用现在仍然是有限的，[32] 但它的影响无疑是巨大的。例如，列夫·曼诺维奇描述了以下经历："我在某个现实中不存在的体育游戏的虚拟现实概念模拟中与人类和计算机控制的对手对战。我所有的对手都表现为二进制对象（blobs），这些对象占用了我的显示器（用以显示虚拟现实）的一些像素；在这个分辨率中，人类和计算机控制的对手两者之间完全没有区别。"[33]

从托马斯·内格尔到保罗·维利里奥，他们都警告了人类思想的内在消亡。"这是有可能的：一个人的完整思想是一个走向死亡的概念，"内格尔写道，"这个概念不可能在科学心理学和神经生理学的进

31   John Marks, *Gilles Deleuze: Vitalism and Multiplicity,* p.53.
32   "计算机只能通过欺骗我们而显得自身具有人类的智力，欺骗的方法主要是使我们在与它们交流时只能使用我们自己的一小部分智力。"参见：Lev Manovich, *Principles of New Media*, p.1. www.Mediamatic.net/article-200.6026.html。
33   Ibid.

步中幸存。"[34] 维利里奥以更具戏剧性的语气探讨了身体与技术之间区别的崩溃。在两次科学革命之后，他写道："第三次革命是移植革命（transplant revolution），即生物技术对身体的殖民。克隆技术是生命体的戏剧。技术正在对人体进行殖民，就像它对地球进行殖民一样…… 今天，动物的身体正在面临微型机器殖民*的威胁。"[35]

这是危言耸听（alarmist）吗？可能是。但它令人停下来思考。控制论（cybernetics）渴望着人类思想的机械化。人类思想被转化为可以通过国际互联网传递的信息。在这里，它不仅可以模拟人类的智力活动，还可以模拟身体的知觉。身体本身的运转就被理解为与某种计算机程序（基因组）相关。身体经历了电子干预，并配备了假体，*或受到纳米技术的干预，这些行为模糊了有生命体和无生命物之间的界限以及人内与机器之间的界限。"有机异质性"，维利里奥写道，这不再是"装在患者活体上的外部身体"的问题，也就是说，它不再是单纯的假体问题，而是一个"外来的节奏能够使身体与机器共振（in unison）"[36] 的问题。"技术对人体的入侵"（technogreffes）[37]："技术及其微型机器进入生命体的核心部位，并侵入人体器官内部"，[38] 他将这个词用于表示"通过纳米技术实现的技术与生命的融合"。用柏格森的话来说，"技术对人体的入侵"将是喜剧角色的缩影，[39] 或者它本身意味着讽刺的结束？ 207

将心理活动机械化（或通过机械过程模拟心理活动）的尝试引起了

34　Thomas Nagel, writing on Fodor, in *Other Minds,* p.70. 他接着说，"福多通过让侏儒（homunculus）做了过多的事"，"可能掩盖了人类实际上可以做的事情的特殊性"。*Other Minds*, p.70. 译者注：侏儒意指中世纪欧洲的炼金术士所创造出的人工生命，也指这种创造人工生命的工作本身。

*　译者注：例如在动物体内植入电子监控设备以了解动物的生活习性、行动轨迹等。

35　Paul Virilio, *Politics of the Very Worst*, trans. Michael Cavaliere, ed. Sylvère Lotringer (New York: *Semiotext(e)*, 1999), pp.53–55.

*　译者注：例如假肢、种植牙等人体修复体。

36　Paul Virilio, *L'art du moteur*, pp.135–136.（本书作者译。）他以一种末世论（apocalyptically）的语气写道："我们正在走上将生命降低到极度虚无（less than nothing）的路上了。"参见：*Politics of the Very Worst*, p.54.

37　英语、法语词典中都查不到这个词，这是维利里奥为下文中的现象而新造的词。

38　*L'art du moteur*, p.135. 参见第五章。

39　在关于笑的著作中，柏格森用这样的术语来描述喜剧，即"嵌入自然的机制"。参见：Henri Bergson, *Œuvres*, p.409.

一些令人惊讶的发展。使机器像我们一样运行的努力超越了与早期计算机和人类思维模型相关的智力的合理运行。[40] 越来越多的努力的目的在于模拟发明的力量，柏格森认为这种力量是与无生命物相区分的生命体的特征。媒体技术、认知科学和人工智能技术领域的尖端（cutting edge）研究涉及数据库的构建，这种数据库的构建最终可能将常识变成计算机中的程序，如果能成功，计算机就会变得更像我们！ 这是制造一个模拟生命的机器的问题，而不是在机器模型上来构思人。

杰瑞·福多在《心灵不是那样工作的》（*The Mind Doesn't Work That Way*）中认为，心灵的计算理论（Computational Theory of Mind）是不足以解释人类思想活动的某些特征的，这些特征即[*]最简单和最普遍的全局判断，这种判断往往是由背景驱动的。打开麻省理工学院的常识计算项目（Common Sense Computing Project）的网页，我们会看到以下声明：

> 本网站的成立目的极为不寻常，但我们希望您觉得它有趣且吸引人，因为我们需要您的帮助！ 我们的目标是向计算机传授普通人都知道但认为理所当然的那些东西，因为它们一目了然。这就是被称为"赋予计算机'常识'"的问题。……几代计算机科学家一直在寻找方法将这些知识传授给计算机，但他们不是很成功。假如我们可以利用（harnessing）互联网上每个人的知识，我们认为有希望解决这个问题。[41]

208

40　例如，参见杰瑞·福多（Jerry Fodor）的《思想语言和心灵不以这种方式工作》（*The Language of Thought and The Mind Not Work That Way*），它总结了认为心灵像计算机那样工作的心灵计算理论。福多写道，从大约五十年前出现的那一刻起，认知科学"已经作为其定义项目来检验一个主要归功于图灵的理论，即认知心理过程是心理表征的一种操作，而这种操作被定义为很像句子的句法结构化（syntactically structured），所以认知心理过程很像多个句子"。从这个角度来看，心理过程被认为是计算，其中计算被定义为"一个由句法驱动的因果过程"。尽管他批评某些人工智能理论家走得太远，并强调了心灵计算理论的局限性（例如，它不能充分解释大脑做出全局判断的能力），但他在这本书中仍然认为，计算理论是"迄今为止我们获得的最好的认知理论"。参见：*Mind Doesn't Work That Way*, pp.1, 4.

*　译者注：人类很容易做出的。

41　http://commonsense.media.mit.edu.

该网站兴高采烈地宣布"每个人都有常识，所以每个人都可以参与！"它邀请我们参与，并解释说该项目的目标是"将互联网提升到一个新的水平，超越目前仅仅作为一个巨大的网页存储库的状态，而上升到一个新的状态，互联网在那里能够思考所有它包含的知识，从本质上说，是**使它成为一个有生命的实体**"。[42] 因此，该项目的目标是开发一个可以被设想为一个新型生命形式的软件！

另一个旨在为信息体验注入活力的项目是环境智能项目，在麻省理工学院媒体实验室进行。该项目的一名参与者在主页称，他从事"日常推理、情感、个性和态度的认知启发计算建模（cognition-inspired computational modeling）"。[43] 他说，他的工作目标是"建立一个能够与人建立和维持社会和心理关系的一个在心理上和社会上合理（plausible）的人工智能"。"人工智能，"他写道，"必须能保持亲密关系。"[44] 如果对柏格森来说，喜剧被定义为将机械插入生活，那么将生命体插入机械（或信息）的这种行为，柏格森将如何称呼？

我们看到，认知科学和人工智能领域的研究人员不仅对模拟线性逻辑运算感兴趣，他们还致力于探索机器如何体现情感和创造力。[45] 机器以往只能在一个狭窄的领域中解决问题，虽说解决问题的能力超越了我们人类，但这还是远远不够的，我们希望他们具有创造力，因此我们研究了创造力的计算模型。现在正在研究如何生产一个像儿童那样的机器人（a child-like robot，即机器人可以像儿童一样学习［机器学习］），这意味着这个机器人能够创造性地学习和发明。[46] 简而言之，我们希望机　209器人能够进化，而且是创造性地进化，正如柏格森所说。所以我们要研究创造性突变的机制。

然而，显而易见的是，这些人工制造人类的努力多少揭示了"成为人类是什么含义"的现实含义。我们没有将我们的反思视为理性动物，

42　http://commonsense.media.mit.edu.

43　http://web.media.mit.edu/%7Ehugo.

44　Ibid.

45　参见"情感机器"（The Emotion Machine），可通过马文·明斯基（Marvin Minsky）在主页上根据过程描述情感，并询问，如果机器可以具体实现这个过程，那又将意味着什么。

46　参见："Bringing up RoboBaby," *Wired* 2 (12 Dec. 1994). http://www.wired.com/wired/archive/2.12/cog.html.

而是在拉斯科洞穴（Lascaux cave）的墙壁上发现了运动、生命和直接经验的价值。[47] 我们准确地找到了柏格森在挑战决定论时（特别是在挑战费希纳的心理物理学时）所捍卫的价值观。这些正是柏格森赋予生命体（与无生命物存在着差异）的价值，正是柏格森赋予人类（与机器不同）的价值。虽然我现在还没有看到柏格森在这个语境中命名的价值，但柏格森恰恰诉诸性质、肉身化、出现或发明、进化、自由、直觉以及体验语境的具体特征的感觉体验，正如我们已经看到的那样，这些体验即柏格森的时间哲学的所有关键元素。

试图模拟人类的经验和行为的特征，将这项研究采用的技术手段进一步推向复杂性和非线性操作的方向，从而加强了柏格森的非决定性观点，并最终加强了他的开放本体论或过程本体论。[48] 矛盾的是，它倾向于证明柏格森对斯宾塞机械进化的挑战是正确的，即证明柏格森与时间力量相关的创造性进化概念是正确的。

那么，矛盾的是，对虚拟现实的研究让我们回到了柏格森在他最早的著作《论意识的直接材料》中提出的问题，即性质与数量之对比、情感和肉身化（of quality versus quantity, of affect and embodiment）的问题。换句话说，它们让我们回到偶然经验（contingent experience）的概念。但是，为了生产更复杂的自动机，就得使这种自动机具有这种情感体验或主观体验维度。柏格森写道，"生命体是人，个体的人。相反，机械工具是一种物体。引起观众笑声的是喜剧中将一个人暂时变形为一个物体。"[49] 儿童机器人的生产看上去是一种逆向变形。*

柏格森并没有对"插入自然的机制"或一个"社会的自动排序"的可能性视而不见。[50] 这对他来说是喜剧的精髓。但是一个世纪前对柏格森来说是典型（quintessentially）喜剧的，在维利里奥看来则是悲剧，这

210

---

47 我指的是巴塔耶对神圣罪行的分析。参见他的："Lascaux ou la naissance de l'art," in *Œuvres*, vol. 9.

48 关于过程本体论的探讨，参见：Nicholas Rescher, *Process Metaphysics: An Introduction to Process Philosophy*.

49 Bergson, "Le rire," in *Œuvres*, p.414.（本书作者译。）

* 译者注：逆向变形即将一个物体变成一个人。

50 Bergson, "Le rire," in *Œuvres*, p.409.

个过程依然正在加速。

维利里奥写道："我们将见证意外的意外、时间的意外。"[51] 他继续说："人类存在于编史时间的三个维度中——过去、现在和未来。很明显，解放现在（真实时间或世界时间）冒着让我们失去过去和未来的风险，转而支持现在化（presentification），这相当于对时间总体的截除。时间就是体积。"[52] 在对流逝的时间的这种普鲁斯特式的唤醒中，这位后现代哲学家哀叹"时间的体积"的损失，而这个概念暗示了柏格森的绵延。维利里奥将与信息革命相关的后现代异化（postmodern alienation）问题定义为速度问题，他已将其表述为时间问题。在这方面，他与瓦莱里产生了呼应。瓦莱里对现代性危机的分析是本书研究柏格森的出发点。瓦莱里将他的时代描述为"完全由科学造成的时代，处于不断的技术转变之中"。[53] 他也是把现代性危机当作一个时间加速的危机来进行分析的。[54]

本书开篇，我们沿着瓦莱里的论述，将柏格森定位在现代的辉煌和现代主义的危机两者之间。因此，在发现柏格森的思想与信息时代的后现代困境如此相关的时候，我们多少会有点惊讶。然而，问题仍然存在，人工智能对交互体验、环境智能（ambient intelligence）和有形用户界面（"有形比特"）的研究[55]——似乎将柏格森的担忧重新引入我们对自己的文化界面的研究——是否可以被视为一种对维利里奥以前提出的问题的回应，或这些还只是维利里奥有点疯狂地恳求我们面对的问题的一部分？它是代表了对他呼吁的那种以更多接触抵抗电子时代异化——挪用和征用（appropriations and expropriations）——方式的回应，还是只是通过触觉上的诱惑（haptic seductions）使维利里奥所说的"控制论

51　*Politics of the Very Worst*, p.81.

52　Ibid.

53　Valéry, *Œuvres*, 1, p.971.

54　关于这一点，参见："Le symptôme de la mer et la 'folie de l'eau' chez Valéry," *Bulletin des Études Valéryennes* 91 (June 2002).

55　http://web.media.mit.edu/~ishii.

211　社会"（cybernetic society）[56]变得更加险恶？正如石井裕（Hiroshi Ishii）所说，这触觉上的诱惑只会模糊"原子和比特（bits）*"之间的界限，从而恶化了维利里奥所谴责的那种加速和全局封闭。丹纳在柏格森时代兴高采烈地写到，科学现在可以将它的工具性触角深入人类灵魂的最深处。我们是否正处于一个（与柏格森时代）类似的时代，此时比特文化侵入，并损害了亲密关系的可能性？显然，维利里奥就是这么认为的。

　　柏格森可能不是能帮助我们建造一个更好的机器人的哲学家，尽管他的思想对此产生了出人意料而十分有趣的影响。然而，他是一位可以帮助我们对此雄心有所思考的哲学家。他对当时人文主义的意识形态（我在勒南的意义上使用这个词）的批判具体而独特，揭示了当今人文主义、反人文主义、后人文主义和生命问题是何等的复杂。柏格森对于今天的益处在于，他可以帮助我们认识自己所处的形势，并提醒我们在时间中思考意味着什么。

56　*Politics of the Very Worst*, p.80. 例如，维利里奥写道，"我们面临着一种交互性（interactivity）现象，这种现象倾向于剥夺我们的自由意志，从而使我们不可避免地沦为一种'问题与答案'式的系统。当人们吹嘘世界大脑时，他们不惜宣称人类不再是人类，而仅仅只是世界大脑（world brain）内部的神经元，这种交互性现象还助长了这种现象，这就成为一个比社会失控更严重的问题：这已经是控制论的社会（cybernetic society）。以蜜蜂群体或其他一些自我调节系统的模型为例，这与自由和民主截然相反。"麻省理工学院的帕蒂·梅斯（Pattie Maes）在委托代理（delegated agency）方面的工作意味着通过唤起蚂蚁或蜜蜂活动的系统交互性来增强该系统的智能。它是对维利里奥已经发现的问题的一个解决方案，还是说它就是问题的一部分？
*　　译者注：比特是信息量的单位，隐喻信息世界，而原子则隐喻物质世界。

结　论

> 当我们自己尝试思考时，我们就会知道思考意味着什么。
>
> ——海德格尔，《什么叫作思考》

　　威廉·詹姆斯在致柏格森的信中写道，《物质与记忆》"让我的脑海中充满了各种新的问题和假设，与此同时，我也将旧的问题和假设进行了最合适的消解（liquefaction）"。他赞赏柏格森的能力，"只需摆脱旧的范畴，否定陈旧的过时信念，从头开始（ab initio）重新表述事物，在全新的地方设置（某些概念之间的）界限！"[1]

　　我们已经考察了目前各界对柏格森的接受状况，以及促使我们回到柏格森思想的各种当代问题。在结束这项研究时，我想简单地回顾一下柏格森在我们仔细考察过的两部作品中引入的一些"新分界线"。[2]

　　　　感觉是自由的开始。（《论意识的直接材料》）

　　　　时间是能量的一种形式。（《论意识的直接材料》）

　　　　过去是一种实在。（《论意识的直接材料》）

　　　　我的知觉存在于我的身体之外。（《物质与记忆》）

　　　　知觉无非是一个发生记忆的场合。（《物质与记忆》）

　　　　同一种感觉，就凭它被重复这一点，那也是一种新的感觉了。（《论意识的直接材料》）

　　　　记忆不存在于从现在到过去的回归过程中，相反地，存在于从过去到现在的发展过程中。（《物质与记忆》）

1　引自：A. E. Pilkington, *Bergson and His Influence: A Reassessment,* p.217.

2　我将这些思想（时而是转述的思想，时而是引用他人的思想）归功于正在探讨中的这些研究，但我更乐意让这些思想轻盈移动，而不被它们引用的页码束缚。读者可以在这些著作的各自观点中找到绝大部分思想。

与主体和客体相关的多个问题应该被视为与时间相关而不是与空间相关的功能。(《物质与记忆》)

缺少什么，无甚于现在。(《物质与记忆》)

运动是性质，而不是数量。(《论意识的直接材料》)

我们只能感知过去。(《物质与记忆》)

感受（feeling）产生的唯一效果是被感受这一事实。(《物质与记忆》)

时间是发明，否则它什么也不是。(《论意识的直接材料》)

最后，下面是一些当我们在时间中思考时就不攻自破的形而上学的框框，以及柏格森针对这些形而上学错觉而提出的视角转变：

形而上学的错觉将心灵和身体分开，或看重心灵或看重身体，一方面导致实在论，另一方面导致观念论。

更正：像《物质与记忆》的副标题"关于身体和心灵之间关系的论著"那样，思考身体和心灵的一种互动的联合。正如记忆一词所暗示的那样，这种关系是一种时间关系。

***

形而上学的错觉认为知觉和记忆是纯粹知识的运转。

更正：将知觉视作为行动而不是为知识服务的，并意识到记忆是知觉的一个组成部分。

***

形而上学的错觉使我们将身体（或大脑）视为一种产生表象的工具。

214　　更正：它是行动的工具；它服务于（主体的）需求或实际兴趣以使其满足。作为表象的世界不存在于大脑中，而作为物质的大脑却存在于世界中。

＊＊＊

　　形而上学的错觉提出了表象（现象）和事物（物自身或本体）之间的对立。

　　更正：相反地，应根据部分和整体之间的关系来进行思考。

＊＊＊

　　形而上学的错觉将记忆呈现为回溯性的过程，即从现在到过去的运动。

　　更正：记忆涉及从过去到现在的一个发展过程，这是一个记忆图像通过现在的表达而成为行动的过程中实现的问题。"我们从一开始就将自己置于过去。"意识在过去中运行，而且只能在与过去的联系中运行。

＊＊＊

　　形而上学的错觉认为知觉是无私利的和沉思的。

　　更正：知觉总是有私利的，因为它服务于行动。它从"真实"的全方位感受中，做减法以萃取与它初始行动相关的感受。

　　当我们在解读柏格森的过程中陷入困境，那是因为我们已经停止了在时间中思考！

参考文献

Al-Saji, Alia. "The Memory of Another Past: Bergson, Deleuze, and a New Theory of Time." *Continental Philosophy Review* 37 (2004): 203–239.

Ambient Intelligence Group. http://interact.media.mit.edu/.

Andrew, Dudley. "Tracing Ricoeur." *diacritics* (summer 2000).

Antliff, Mark. *Inventing Bergson: Cultural Politics and the Parisian Avant-Garde.* Princeton: Princeton University Press, 1993.

Arbour, Romeo. *Bergson et les lettres françaises.* Paris: José Corti, 1955.

Bachelard, Gaston. *La formation de l'esprit scientifique: Contribution à un psychoanalyse de la connaissance.* Paris: Vrin, 1999.

———. *Formation of the Scientific Mind: A Contribution to a Psychoanalysis of Objective Knowledge.* Manchester: Clinamen Press, 2002.

———. *La philosophie du non: Essai d'une philosophie du nouvel esprit scientifique.* Paris: PUF, 1962.

Badiou, Alain. *Manifesto for Philosophy.* Translated by Norman Madarasz. Albany: State University of New York Press, 1999.

Barbour, Julian. *The End of Time: The Next Revolution in Physics.* Oxford: Oxford University Press, 2001.

Bataille, Georges. *L'érotisme.* Paris: Minuit, 1957.

———. *Erotism: Death and Sensuality.* Translated by Mary Dalwood. San Francisco: City Lights Books, 1986.

———. *L'expérience intérieure.* Paris: Gallimard, 1978.

———. *Inner Experience.* Translated by Leslie Ann Boldt. Albany: State University of New York Press, 1988.

———. "Lascaux ou la naissance de l'art." *Œuvres.* Vol. 9. Paris: Gallimard, 1979. Baudelaire, Charles. *Œuvres complètes.* Paris: Gallimard, 1961.

Beller, Mara. *Quantum Dialogue: The Making of a Revolution.* Chicago:

University of Chicago Press, 1999.

Benda, Julien. *Le bergsonisme: Philosophie de la mobilité*. Paris: Mercure de France, 1912.

———. *Sur le succès du Bergsonisme*. Paris: Mercure de France, 1929.

———. *La tradition de l'existentialisme, ou les philosophies de la vie*. Paris: Grasset, 1947.

———. *La trahison des clercs*. Paris: Grasset, 1975.

———. *Une philosophie pathétique*. Paris: Cahiers de la quinzaine, 1913.

Benjamin, Walter. *Illuminations*. Edited by Hannah Arendt. Translated by Harry Zohn. New York: Schocken, 1969.

Bergson, Henri. *Aristotle's Concept of Place*. Translated by J. K. Ryan. In *Studies in Philosophy and History of Philosophy*, 5:13–72.

———. *Correspondances*. Paris: PUF, 2002.

———. *Creative Evolution*. Authorized translation by Arthur Mitchell. London: Dover Publications, 1998.

———. *The Creative Mind: An Introduction to Metaphysics*. Translated by M. L. Andison. New York: Wisdom Library, 1946.

———. *Les deux sources de la morale et de la religion*. Edited by Arnaud Bouaniche, Frédéric Keck, and Frédéric Worms. Paris: Ellipses, 2004.

———. *Duration and Simultaneity*. Translated by L. Jacobson and M. Lewis, with an introduction by Robin Durie. Manchester: Clinamen Press, 1999.

———. *Écrits et paroles*. Textes rassemblés par R. M. Mossé-Bastide. Paris: PUF, 1957.

———. *Essai sur les données immédiates de la conscience*. Paris: PUF, 2001.

———. *L'évolution créatrice*. Paris: PUF, 1941.

———. *Laughter: An Essay on the Meaning of the Comic*. Translated by Cloudesley Brereton and Fred Rothwell. Los Angeles: Green Integer Books, 1999.

———. *Matière et mémoire: Essai sur la relation du corps à l'esprit*. Paris: PUF, 1939.

———. *Matter and Memory: Essay on the Relation between the Body and the*

Mind. Translated by N. M. Paul and W. S. Palmer. New York: Zone Books, 1990.

——. *Mélanges*. Paris: PUF, 1972.

——. *Œuvres*. Paris: PUF, 1959.

——. *Time and Free Will: An Essay on the Data of Immediate Consciousness*. Authorized Translation by F. L. Pogson. London: Dover Publications, 2001.

——. *The Two Sources of Morality and Religion*. Notre Dame: University of Notre Dame Press, 1977.

Blanchot, Maurice. "How Is Literature Possible?" In *A Blanchot Reader*, edited with an introduction by Michael Holland. Oxford: Blackwell, 1995.

——. *La part du feu*. Paris: Gallimard, 1949.

——. *The Work of Fire*. Translated by Charlotte Mandell. Stanford: Stanford University Press, 1995.

Bohm, David. "Time, the Implicate Order, and Pre-Space." In *Physics and the Ultimate Significance of Time: Bohm, Prigogine, and Process Philosophy*, edited by David Ray Griffith. Albany: State University of New York Press, 1986.

Bohr, Niels. "Conversations with Einstein." In *Albert Einstein: Philosopher-Scientist*. Cambridge: Cambridge University Press, 1949.

Botting, Fred, and Scott Wilson, eds. *The Bataille Reader*. Oxford: Blackwell, 1997. Boyle, Robert. The Works of the Honourable Robert Boyle. Vol. 4. Edited by T. Birch. London, 1744.

Breton, André. *Œuvres complètes*. Paris: Gallimard, 1988.

Broglie, Louis de. "The Concepts of Contemporary Physics and Bergson's Ideas of Time and Motion." In *Bergson and the Evolution of Physics*, edited by P. A. Y. Gunter. Knoxville: University of Tennessee Press, 1969.

Brunhes, Bernard. "L'évolutionnisme et le principe de Carnot." *Revue de Métaphysique et de Morale* 5 (1897): 35–43.

Burwick, Frederick, and Paul Douglass, eds. *The Crisis in Modernism: Bergsonism and the Vitalist Controversy*. Cambridge: Cambridge University Press, 1992.

Caldwell, William. *Pragmatism and Idealism*. London: Adam and Charles Black, 1913.

Canguilhem, George. "Machine and Organism." Translated by Mark Cohen. In *Zone 6: Incorporations*, edited by Jonathan Crary and Sanford Kwinter. New York: Zone Books, 1992.

Čapek, Milič. *Bergson and Modern Physics: A Reinterpretation and Re-evaluation*. Dordrecht: Nijhoff, 1971.

Carroy, Jacqueline. "Le temps intersubjectif: Interaction ou endosmose? Une Lecture de Bergson." *Connexions* 41 (1986).

Comte, Auguste. *Cours de philosophie positive*. Paris: J. B. Baillière et Fils, 1864.

———. *General View of Positivism*. Translated by J. H. Bridges. New York: Robert Speller and Sons, 1957.

———. *Système de politique positive*. Paris: Librairie Scientifique-Industrielle de L. Mathias, 1854.

———. *System of Positive Polity*. New York: B. Franklin, 1968.

Coutrat, Louis. "Etude critique sur L'hypothèse des atomes dans la science contemporaine de A. Hannequin." *Revue de Métaphysique et de Morale* 5 (1897): 87–113, 200–220.

Crary, Jonathan. *Suspensions of Perception: Attention, Spectacle, and Modern Culture*. Cambridge: MIT Press, 1999.

Crary, Jonathan, et al., eds. *Zone 6: Incorporations*. New York: Zone Books, 1992.

De Landa, Manuel. "Deleuze, Diagrams, and the Open-Ended Becoming of the World." In *Becomings: Explorations in Time, Memory, and Futures*, edited by Elizabeth Grosz. Ithaca: Cornell University Press, 1999.

———. *Intensive Science and Virtual Philosophy*. London: Continuum, 2001.

———. "Nonorganic Life." In *Zone 6: Incorporations*, edited by Jonathan Crary et al. New York: Zone Books, 1992.

Delbos, Victor. "Étude critique de Bergson. *Matière et mémoire*." In *Revue de Métaphysique et de Morale* 5 (1897): 353–389.

Deleuze, Gilles. *Bergsonism*. Translated by Hugh Tomlinson and Barbara Habber-jam. New York: Zone Books, 1991.

———. *Le bergsonisme*. Paris: Quadrige, 2004.

——. "Bergson's Concept of Difference." Translated by Melissa McMahon. In *The New Bergson*, edited by John Mullarkey. Manchester: Manchester University Press, 1999.

——. *Cinéma 1: L'image-mouvement*. Paris: Minuit, 1983.

——. *Cinema 1: The Movement Image*. Translated by Hugh Tomlinson and Barbara Habberjam. Minneapolis: University of Minnesota Press, 1986.

——. *Cinéma 2: L'image-temps*. Paris: Minuit, 1985.

——. *Cinema 2: The Time-Image*. Translated by Hugh Tomlinson and Robert Galeta. London: Athlone Press, 1989.

——. "La conception de la différence chez Bergson." In *Études bergsoniennes* 4 (1956): 77–112.

——. *Dialogues*. With Claire Parnet. Paris: Flammarion, 1977.

——. *Dialogues*. Translated by Hugh Tomlinson and Barbara Habberjam. London: Athlone Press, 1987.

——. *Difference and Repetition*. Translated by Paul Patton. London: Athlone Press, 1994.

——. *Différence et répétition*. Paris: PUF, 2000.

——. *The Logic of Sense*. Edited by Constantin V. Boundas. Translated by Mark Lester and Charles Stivale. New York: Columbia University Press, 1990.

——. *Logique du sens*. Paris: Minuit, 1969.

——. *Nietzsche and Philosophy*. Translated by Hugh Tomlinson. New York: Columbia University Press, 1983.

——. *Nietzsche et la philosophie*. Paris: Quadrige, 2003.

Deleuze, Gilles, and Félix Guattari. *Anti-Oedipus: Capitalism and Schizophrenia*. Translated by Robert Hurley, Mark Seem, and Helen R. Lane. Minneapolis: University of Minnesota Press, 1983.

——. *Capitalisme et schizophrénie: L'anti-Œdipe*. Paris: Minuit, 1972.

——. *Mille plateaux*. Vol. 2 of *Capitalisme et schizophrénie*. Paris: Minuit, 1980.

——. *Qu'est-ce que la philosophie?* Paris: Minuit, 1991.

——. *A Thousand Plateaus: Capitalism and Schizophrenia*. Translated by Brian

Massumi. Minneapolis: University of Minnesota Press, 1987.

———. *What Is Philosophy?* Translated by Hugh Tomlinson and Graham Burchell. New York: Columbia University Press, 1994.

Delhomme, Jeanne. *Nietzsche et Bergson.* Paris: Éditions Deuxtemps Tierce, 1992.

Dennett, Daniel. *Darwin's Dangerous Idea: Evolution and the Meanings of Life.* London: Allen Lane, 1995.

Derrida, Jacques. *De la grammatologie.* Paris: Minuit, 1967.

———. *L'écriture et la différence.* Paris: Seuil, 1967.

———. *Of Grammatology.* Translated by Gayatri Chakravorty Spivak. Baltimore: Johns Hopkins University Press, 1976.

———. *Speech and Phenomena and Other Essays on Husserl's Theory of Signs.* Evanston: Northwestern University Press, 1973.

———. *La voix et le phénomène: Introduction au problème du signe dans la phénoménolgie de Husserl.* Paris: PUF, 1967.

———. *Writing and Difference.* Translated by Alan Bass. Chicago: University of Chicago Press, 1978.

Descartes, René. *Œuvres et lettres de Descartes.* Paris: Gallimard, 1952.

Descombes, Vincent. *La denrée mentale.* Paris: Minuit, 1995.

———. *Le même et l'autre: Quarante-cinq ans de philosophie française (1933–1978).* Paris: Minuit, 1979.

———. *The Mind's Provisions: A Critique of Cognitivism.* Translated by Steven Adam Schwartz. Princeton: Princeton University Press, 2001.

———. *Modern French Philosophy.* Translated by L. Scott-Fox and J. M. Harding. Cambridge: Cambridge University Press, 1981.

de Visan, Tancrède. *Attitude du lyrisme contemporain.* Paris: Mercure de France, 1911.

Dupuy, Jean-Pierre. *Les savants croient-ils en leurs théories? Une lecture de l'histoire des sciences cognitives.* Paris: INRA, 2000.

Durie, Robin, ed. *Time and the Instant: Essays in the Physics and Philosophy of Time.* Manchester: Clinamen Press, 2000.

Fechner, Gustav. *Elements of Psychophysics*. Translated by Helmut E. Adler. New York: Holt, Rinehart and Winston, 1966. Excerpts translated by Herbert Sydney Langfeld available online at http://www.psychclassics.yorku.ca/Fechner/. Also in *The Classical Psychologist,* ed. Benjamin Rand, 562–572. Boston: Houghton Mifflin, 1912.

Fodor, Jerry. *The Language of Thought.* Cambridge: Harvard University Press, 1975.

——. *The Mind Doesn't Work That Way.* Cambridge: MIT Press, 2000.

Foucault, Michel. "Préface à la transgression." *Critique 195–196* (1963): 751–769.

——. "A Preface to Transgression." Translated by Daniel F. Bouchard and Sherry Simon. In *Aesthetics, Method, and Epistemology: Essential Works of Michel Foucault, 1954–1984*, vol. 2, edited by James O. Faubion. New York: New Press, 1998.

Fraser, J. T., F. C. Hober, and G. H. Müller, eds. *The Study of Time II. Proceedings of the Second Conference of the International Society for the Study of Time, Lake Yamanaka, Japan.* New York: Springer-Verlag, 1975.

Freedman, David H. "Bringing Up RoboBaby." http://www.wired.com/wired/archive/2.12/cog.html. *Wired* 2 (12 Dec. 1994).

Freud, Sigmund. "Monograph on Aphasia." In *On the History of the Psychoanalytic Movement: Papers on Metapsychology and Other Works*, edited by James Strachey. London: Hogarth Press and the Institute of Psychoanalysis, 1955.

——. "An Outline of Psychoanalysis." In *Totem and Taboo and Other Works,* edited by James Strachey. London: Hogarth Press and the Institute of Psychoanalysis, 1955.

——. *The Standard Edition of the Complete Psychological Works of Sigmund Freud.* London: Hogarth Press and the Institute of Psychoanalysis, 1953–1974.

——. "The Unconscious." In *On the History of the Psychoanalytic Movement: Papers on Metapsychology and Other Works*, edited by James Strachey. London: Hogarth Press and the Institute of Psychoanalysis, 1955.

Gallois, P., and G. Forzy, eds. *Bergson et les neurosciences*. Le Plessis-Robinson: Institut Synthélabo, 1997.

Game, Ann. *Undoing the Social: Towards a Deconstructive Sociology*. Milton Keynes: Open University Press, 1991.

Griffin, David Ray, ed. *Physics and the Ultimate Significance of Time: Bohm, Prigogine, and Process Philosophy*. Albany: State University of New York Press, 1986.

Grogin, R. C. *The Bergsonian Controversy in France: 1900–1914*. Calgary: University of Calgary Press, 1988.

Grosz, Elizabeth, ed. *Becomings: Explorations in Time, Memory, and Futures*. Ithaca, NY: Cornell University Press, 1999.

Guerlac, Suzanne. "Bataille in Theory: Afterimages (Lascaux)." *Diacritics* 26 (1996): 6–17.

———. *Literary Polemics: Bataille, Sartre, Valéry, Breton*. Stanford: Stanford Univer- sity Press, 1997.

———. "Le symptôme de la mer et la 'Folie de l' eau' chez Valéry." *Bulletin des Études Valéryennes* 91 (June 2002): 27–47.

———. "The 'Zig-zags of a Doctrine' : Bergson, Deleuze, and the Question of Experience." *Pli: The Warwick Journal of Philosophy* 15 (2004): 34–53.

Gunter, P. A. Y., ed. *Bergson and the Evolution of Physics*. Knoxville: University of Tennessee Press, 1969.

Hansen, Mark B. N. *New Philosophy for New Media*. Cambridge: MIT Press, 2004.

Hayes, Carleton J. H. *A Generation of Materialism, 1871–1900*. New York: Harper & Brothers, 1941.

Hegel, G. W. F. *Preface to the Phenomenology of Spirit*. Translated and edited by Yirmiyahu Yovel. Princeton: Princeton University Press, 2005.

Hénaff, Marcel. *Claude Lévi-Strauss and the Making of Structural Anthropology*. Translated by Mary Baker. Minneapolis: University of Minnesota Press, 1998.

———. *Claude Lévi-Strauss et l'anthropologie structurale*. Paris: Éditions Belfond, 1991.

Heidegger, Martin. *An Introduction to Metaphysics*. Translated by Ralph Man- heim. New Haven: Yale University Press, 1959.

———. *On Time and Being*. Translated by Joan Stambaugh. Chicago: University of Chicago Press, 2002.

———. *What Is Called Thinking?* Translated by J. Glenn Gray. New York: Harper and Row, 1968.

Heisenberg, Werner. *Physics and Philosophy: The Revolution of Modern Science.* New York: Harper and Row, 1958.

Hiroshi Ishii Website http://web.media.mit.edu/~ishii.

Jakobson, Roman. *Essais de linguistique générale.* Paris: Minuit, 1963.

Janet, Pierre. *L'automatisme psychologique: Essai de psychologie expérimentale sur les formes inférieures de l'activité humaine.* Paris: Masson, 1989.

Kallen, Horace Meyer. *William James and Henri Bergson: A Study in Contrasting Theories of Life.* Chicago: University of Chicago Press, 1914.

Kant, Immanuel. *The Critique of Judgment.* Translated by J. H. Bernard. New York: Hafner Press, 1974.

Kellert, Stephen H. *In the Wake of Chaos: Unpredictable Order in Dynamical Systems.* Chicago: University of Chicago Press, 1993.

Kittler, Friedrich A. *Gramophone, Film, Typewriter: Writing Science.* Translated by Geoffrey Winthrop-Young and Michael Wutz. Stanford: Stanford University Press, 1999.

Kuhn, Thomas. *The Structure of Scientific Revolutions.* Chicago: University of Chicago Press, 1996.

Lapoujade, David. "Intuition and Sympathy in Bergson." *Pli: The Warwick Journal of Philosophy* 15 (2004): 1–17.

Le Roy, Édouard. *A New Philosophy: Henri Bergson.* Translated by Vincent Benson. New York: Henry Holt, 1913.

———. *Une philosophie nouvelle: Henri Bergson.* Paris: Félix Alcan, 1913.

Levinas, Emmanuel. *Time and the Other.* Translated by Richard A. Cohen. Pittsburgh: Duquesne University Press, 1987.

Lévi-Strauss, Claude. *L'anthropologie structurale.* Paris: Presses Pocket, 2003.

———. *The Elementary Structures of Kinship.* Translated by Rodney Needham. Boston: Beacon Press, 1969.

———. *Structural Anthropology.* Translated by Claire Jacobson and Brooke Grundfest Schoepf. New York: Basic Books, 1963.

——. *Les structures élémentaires de la parenté*. Paris: Éditions EHESS, 2000.

——. *Tristes Tropiques*. Paris: Presses Pocket, 2001.

——. *Tristes Tropiques*. Translated by Jonathan Cape. London: Penguin Books, 1992.

Levy, Pierre. *Becoming Virtual: Reality in the Digital Age*. Translated by Robert Bononno. London: Plenum Press, 1998.

Locke, John. *An Essay Concerning Human Understanding*. New York: Prometheus Books, 1994.

Lyotard, Jean-François. *La phénoménologie*. Paris: PUF, 1954.

Manovich, Lev. *The Language of New Media*. Cambridge: MIT Press, 2001.

——. Principles of New Media 2 Website http://mediamatic.net/article-200. 6027html.

Mallarmé, Stéphane. *Œuvres complètes*. Paris: Gallimard, 1945.

Marks, John. *Gilles Deleuze: Vitalism and Multiplicity*. London: Pluto Press, 1998.

Massumi, Brian. *Parables for the Virtual: Movement, Affect, Sensation*. Durham: Duke University Press, 2002.

Merleau-Ponty, Maurice. *Éloge de la philosophie et autres essais*. Paris: Gallimard, 1960.

——. *The Incarnate Subject: Malebranche, Biran and Bergson on the Union of Body and Soul*. Translated by Paul B. Milan. Edited by Andres G. Bjelland and Patrick Burke. Amherst, NY: Humanity Books, 2002.

——. *In Praise of Philosophy*. Translated by J. Wild and J. M. Edie. Evanston: Northwestern University Press, 1963.

——. *L'union de l'âme et du corps chez Malebranche, Biran et Bergson*. Paris: Vrin, 1997.

Minsky, Marvin. *The Emotion Machine*. New York: Simon and Schuster, 2007 (forthcoming).

——. http://web.media.mit.edu/minsky.

Missa, Jean-Noël. "Critique positive du chapitre II de *Matière et mémoire*." In *Bergson et les neurosciences,* edited by Philippe Gallois and Gérard Forzy. Paris: Institut Synthélabo, 1997.

——. *L'esprit-cerveau: La philosophie de l'esprit à la lumière des neurosciences.* Le Plessis-Robinson: Institut Synthélabo, 1993.

Moore, F. C. T. *Bergson: Thinking Backwards.* Cambridge: Cambridge University Press, 1996.

Mullarkey, John. *Bergson and Philosophy.* Edinburgh: Edinburgh University Press, 1999.

——, ed. *The New Bergson.* Manchester: Manchester University Press, 1999.

Murphy, Timothy S. "Beneath Relativity: Bergson and Bohm on Absolute Time." In *The New Bergson,* edited by John Mullarkey. Manchester: Manchester University Press, 1999.

Nagel, Thomas. *Other Minds: Critical Essays, 1969—1994.* Oxford: Oxford University Press, 1995.

Newton, Isaac. *The Principia: Mathematical Principles of Natural Philosophy.* Translated by Andrew Motte. Revised by Florian Cajori. Berkeley: University of California Press, 1934. Available online at http://plato.stanford. edu/entries/ newton-stm/scholium.html.

Nietzsche, Friedrich. *On the Genealogy of Morals and Ecce Homo.* Translated by Walter Kaufmann. New York: Vintage Books, 1989.

Olkowski, Dorothea. *Gilles Deleuze and the Ruin of Representation.* Berkeley: University of California Press, 1999.

Open Mind Commonsense http://commonsense.media.mit.edu/cgi-bin/info.cgi.

Pais, Abraham. *Inward Bound: Of Matter and Forces in the Physical World.* Oxford: Oxford University Press, 1986.

Papadopoulo, Alexandre. *Un philosophe entre deux défaites (Henri Bergson entre 1870 et 1940).* Cairo: Éditions de la Revue de Caire, 1942.

Papanicolaou, Andrew C., and Pete A. Y. Gunter, eds. *Bergson and Modern Thought: Towards a Unified Science.* New York: Harwood Academic, 1987.

Paulhan, Jean. *Les fleurs de Tarbes ou la terreur dans les lettres.* Paris: Gallimard, 1941.

Pearson, Keith Ansell. *Philosophy and the Adventure of the Virtual: Bergson and the Time of Life.* London: Routledge, 2002.

Philonenko, Alexis. *Bergson ou De la philosophie comme science rigoureuse.* Paris: Editions du Cerf, 1992.

Pilkington, A. E. *Bergson and His Influence: A Reassessment.* Cambridge: Cambridge University Press, 1976.

Planck Lectures http://nobelprize.org/physics/laureates/1918/planck-lecture. html.

Poincaré, Henri. "Réponse à quelques critiques." *Revue de Métaphysique et de Morale* 5 (1897): 59–70.

——. *Science et méthode.* Paris: Ernest Flammarion, 1909.

Politzer, George. *Le bergsonisme: Une mystification philosophique.* Paris: Éditions sociales, 1947. First published under the name François Arouet as *La fin d'une parade philosophique.* Paris: Les Revues, 1929.

Poster, Mark. *Existential Marxism in Postwar France: From Sartre to Althusser.* Princeton: Princeton University Press, 1977.

Prigogine, Ilya. "Irreversibility and Space-Time Structure." In *Physics and the Ultimate Significance of Time: Bohm, Prigogine, and Process Philosophy*, edited by David R. Griffin. Albany: State University of New York Press, 1986.

Prigogine, Ilya, and Isabelle Stengers. *Entre le temps et l'éternité.* Paris: Flammarion, 1992.

——. *Order Out of Chaos.* New York: Bantam Books, 1984.

Proust, Marcel. *À la recherche du temps perdu.* Paris: Gallimard, 1954.

——. *Swann's Way.* Translated by Lydia Davis. New York: Viking, 2003.

Pullman, Bernard. *The Atom in the History of Human Thought.* Translated by Axel Reisinger. Oxford: Oxford University Press, 1998.

Quirk, Tom. *Bergson and American Culture: The Worlds of Willa Cather and Wallace Stevens.* Chapel Hill: University of North Carolina Press, 1976.

Rauh, F. "Étude critique. De l'usage scientifique des théories psychologiques. À propos de deux livres récents. II. Psychologie des sentiments, par M. Ribot." *Revue de Métaphysique et de Morale* 5 (1897): 200–220.

Renan, Ernest. *L'avenir de la science: Pensées de 1848.* Paris: Calmann-Lévy, 1890.

——. *The Future of Science.* Boston: Roberts Brothers, 1893.

Rescher, Nicholas. *Process Metaphysics: An Introduction to Process Philosophy.*

Albany: State University of New York Press, 1996.

Ribot, Théodule. *Diseases of Memory; Diseases of Personality; Diseases of the Will.* Translated by W. H. Smith and M. M. Snell. Washington: University Publications of America, 1977.

Ricoeur, Paul. *La mémoire, l'histoire, l'oubli.* Paris: Éditions du Seuil, 2000.

Rosenfield, Israel. *The Invention of Memory: A New View of the Brain.* Translated by Anne-Sophie Cismaresco. New York: Basic Books, 1998.

Russell, Bertrand. *The Philosophy of Bergson.* London: Macmillan, 1914.

Sartre, Jean-Paul. *Critique de la raison dialectique.* 2 vols. Paris: Gallimard, 1985.

——. *Critique of Dialectical Reason*, vol. 1. Edited by Jonathan Ree. Translated by Alan Sheridan. London: Verso, 2004.

——. *Critique of Dialectical Reason*, vol. 2 (unfinished). Edited by Arlette Elkaïn- Sartre. Translated by Quintin Hare. London: Verso, 1991.

——. *Imagination.* Ann Arbor: University of Michigan Press, 1962.

——. *L'imagination.* Paris: Gallimard, 2005.

——. *L'imagination.* Paris: PUF, 2003.

——. *Nausea.* Translated by Lloyd Alexander. New York: New Directions, 1969.

——. *La nausée.* Paris: Gallimard, 1938.

——. T*he Psychology of Imagination.* London: Routledge, 1995.

Shimojo Psychophysics Laboratory http://neuro/caltech.edu.

Simondon, Gilbert. "The Genesis of the Individual." In *Incorporations*, edited by Jonathan Crary et al. New York: Zone Books, 1992.

Sorell Tom. *Descartes.* Oxford: Oxford University Press, 1987.

Soulez, Philippe. *Bergson politique.* Paris: PUF, 1989.

Soulez, Philippe, and Frédéric Worms. *Bergson: Biographie.* Paris: Flammarion, 1997.

Spencer, Herbert. *First Principles.* New York: D. Appleton, 1904.

Stapp, Henry. "Einstein Time and Process Time." In *Physics and the Ultimate*

Significance of Time, edited by David R. Griffin. Albany: State University of New York Press, 1986.

Stengers, Isabelle. *L'invention de la mécanique: Pouvoir et raison*. Vol. 2 of *Cosmopolitiques*. Paris: La Découverte, 1997.

——. *La thermodynamique: La réalité physique en crise*. Vol. 3 of *Cosmopolitiques*. Paris: La Découverte, 1997.

Sulloway, Frank. *Freud the Biologist of the Mind: Beyond the Psychoanalytic Legend*. New York: Basic Books, 1979.

Syrotinski, Michael. *Defying Gravity: Jean Paulhan's Interventions in Twentieth Century French Intellectual History*. Albany: State University of New York Press, 1988.

Taine, Hippolyte. *De l'intelligence*. 2 vols. Paris: Hachette, 1870.

Thibaudet, Albert. *Le bergsonisme: Trente ans de la vie française*. Paris: Éditions de la Nouvelle Revue Française, 1923.

Tlatli, Soraya. *La folie lyrique: Essai sur le surréalisme et la psychiatrie*. Paris: Harmattan, 2004.

Turetzky, Philip. *Time (The Problems of Philosophy)*. London: Routledge, 1998.

Valéry, Paul. *Œuvres complètes*. 2 vols. Paris: Gallimard, 1987.

Varela, Francisco J. "The Reenchantment of the Concrete." In *Incorporations*, edited by Jonathan Crary et al. New York: Zone Books, 1992.

Vinson, Alain. "La fausse reconnaissance, le pressentiment et l'inquiétante étrangeté: Réflexions sur les conceptions respectives de Freud et de Bergson." *L'Enseignement Philosophique: 40e année* 6 (1990).

Virilio, Paul. *Cybermonde: La politique du pire*. Paris: Éditions Textuel, 2001.

——. *Politics of the Very Worst*. Translated by Michael Cavaliere. New York: Semiotext(e), 1999.

——. *L'art du moteur*. Paris: Galilée, 1993.

Weber, L. "L'évolutionnisme et le principe de la conservation de l'énergie." *Revue de Métaphysique et de Morale* 87.

Worms, Frédéric. *L'âme et le corps: Bergson*. Paris: Hatier, 1992.

——. *Bergson ou les deux sources de la vie*. Paris: PUF, 2004.

——. *Introduction à Matière et mémoire de Bergson.* Paris: PUF, 1997.

——. "Le rire et sa relation au mot d'esprit. Notes sur la lecture de Bergson et Freud." In *Freud et le rire*, edited by A. Willy Szafran and Adolphe Nysenholc. Paris: Editions Métailié, 1994.

——. *Le vocabulaire de Bergson.* Paris: Ellipses, 2000.

——, ed. *Annales bergsoniennes I: Bergson dans le siècle.* Paris: PUF, 2002.

——, ed. *Annales bergsoniennes II: Bergson, Deleuze, la phénoménologie.* Paris: PUF, 2004.

索 引 *

（索引页码为原书页码，即本书页边码）

The letter B stands for Henri Bergson. 字母 B 是亨利·柏格森的缩写。

action,in B's thought：行动～（即将"行动"简写为～，下文同），在柏格森思想中 :automatic vs. voluntary，and choice: 自动～对比自愿～，与选择 107–110, 113; vs. dream：～对比梦 154–155, 171;future action：未来行动 88;and indeterminacy, ～与不确定性 110; and memory, ～与记忆 136–137;perception as, 作为～的知觉 111–115; and the present as time of action, ～与作为行动时刻的现在 120–121,142,171; and recognition, ～与认知；130,152 vs. representation, ～对比表象 128–129; role of consciousness: 意识的作用 145; and space, ～与空间 146;voluntary action, 自愿运动 53–54。也参见: body, the;consciousness;perception; recognition

affect, 情动 4, 53, 54, 88, 90, 116

âme (soul): B's use of term, 灵魂：柏格森对该概念的使用 156n51;relation with the body, 灵魂与身体的关系 156,157. 另见 mind, the (l'esprit)

aphasia, studies of, 失语症研究 6,23–24;B's use of, 柏格森对失语症研究文献的使用 123,134n27,137,156

Aristotle, 亚里士多德 9n27

artificial intelligence, 人工智能 205;Ambient Intelligence Project, 环境智能项目 208;B and, 柏格森与人工智能 82;computer science, 计算机科学 206, 207–208;the post human, 后人类 209. 另见 cybernetics

associationist psychology, 联想主义心理学: 76, 81–82, 88, 129, 141, 171

attention, 注意力，注意 133, 135, 136;to life, 对生命的注意 154. 另见 recognition

Bachelard, Gaston, 加斯东·巴什拉 17, 30n50, 91n46,175n8

Badiou, Alain, 阿兰·巴迪欧 175n8, 175n9, 189–190n68

Balmer, Johann Jakob, 约翰·雅各布·巴耳末 33

Baudelaire, Charles, 夏尔·波德莱尔 52, 101, "Correspondances," "契合"（收录于"恶之花"中）50n5

Bataille, Georges 乔治·巴塔耶 4, 91n46

Benda, Julian, 朱利安·邦达 12, 28n3, 177n16, 182

Benjamin,Walter, 瓦尔特·本雅明 1, 130n23

Becquerel, Alexander Edmond, 亚历山大·艾德蒙·贝克勒尔 34

Becquerel, Henri, 亨利·贝克勒尔 33–34

Bergson, Henri (B), life and career 亨利·柏格森的生活与事业，9–10,12–13;vs. Einstein 与爱因斯坦论辩，12–13, 198, 200;popular success 巨大成功，10, 11–12;setting for 设置，14–16;and science of his day 他那个时代的科学，30, 42;special training 特殊训练，30. 另见 Europe between 1890s and 1930s; Third Republic

Bergson, Henri, thought and philosophy 亨利·柏格森的思想与哲学～：analysis of, interdisciplinary character of, 对～的跨学科特征的分析 123；challenge to traditional

* 编者注：本索引为主题词索引，部分词条涵盖了对应页码中的相关内容，可能会有部分词条与正文无法完全对应的情况，请读者知悉。

positions, ～对传统观点的挑战 88, 124, 158,165, 213–214;;criticism of, opposition to, attacks on, 对～的批评（批判）、反对与攻击（抨击）9,12–13,28–29,180,181,182;historical and scientific context, ～的历史和科学背景16–20; influence on American artists, ～对美国艺术家们的影响, 11;influences upon, ～的影响 2–3;intellectual context, ～的思想环境或背景 14–41;as pertinent today, ～与今天有关 210;reaction against metaphysical dogmatism, ~ 对形而上学独断论的反击164–166;revival of studies on, 对～的研究的复兴 13, 174–176, 195–196;role in Symbolism, ~ 在象征主义中的作用 11–12;stigma of irrationalism and phenomenology, ～的非理性主义与现象学的污名182, 183; task of, ～的课题 71;threat to positivism, ～对实证主义的威胁 28–29;view of indeterminism, importance of, ～对非决定论的观点的重要性 209;vitalist position, ～的活力论立场 165. 另见 current issues, B and

—works, general 全部著作
reception: in America, ～的接受状况：在美国 11;dissemination of thought, ～ 的思想传播 10;influence on cultural studies, 195–196 ～对文化研究的影响 ;literary influence, ～的文学影响 11–12, 74–75; philosophical influence, ～的哲学影响 76n35, 175;since 1990s, return to studies on, reasons for, 从 20 世纪 90 年代开始对～的重新研究的原因 174–176. 另见 Bergonsism(s);current issues, B and;Deleuze, Gilles;Hansen, Mark; Massumi, Brian
writing strategies, ～ 的写作策略 123;use of examples, ～对实例的应用 56,125, 129–130

—works, individual 单部著作
Creative Evolution (L'évolution créatrice),《创造进化论》～ 6–7,109n1, 161n56, 180, 188;challenge to Spencer, ～ 对斯宾塞的挑战 28, 202;and dream, ～ 与梦 155;and duration, ～ 与绵延 5n18, 163, 168n60; energy of time,81, 205;and issues today, ～与的问题 198, 205. 另见 biology; élan vital

Les deux sources de la morale et de la religion (The Two Sources of Morality and Religion):《道德与宗教的两种来源》8,13,105

Essai sur les données immédiates de la conscience (Time and Free Will):《论意识的直接材料》～ ; attack on psychometrics, ～ 对心理测量学的抨击 25;challenge to Descartes, ～ 对笛卡儿的挑战 18;critique of Kant, ～ 对康德的批判 21, 44, 72 n29, 76, 92–94, 100–104;goal of, ～ 的目标 163; significant role of, ～的重要作用 4–5; thinking about inner experience, ～思考内在经验 43, 44;title, ～的书名 43
Chapter 1, sensations and intensities (outline) 第一章 感觉与强度（概述）: dancer, and role of movement, 舞者，与运动的角色 47–50;esthetics of art and process, 艺术的美学与过程 50–52; focus on inner experience, 对内在经验的聚焦 60, 62–63 n13, 98;freedom, 自由 52–54;image of four candles, 四根蜡烛的图像 55–57;quantity vs. quality, 数量对比性质 54–57, 58–60, 95n90; concerning joy and esthetic feelings, 关于欢乐与美的感受 45–50;role of time, 时间的角色 50
Chapter 2, multiplicities of consiousness (outline) 第二章，意识的多样性（概述）: commentary on social life, 对社会生活的评论 75–76, 98;critique of language, 对语言的批判 68–70, 72–75, 98;divided self, 分裂的自我 70–72, 82, 99;homogeneity/heterogeneity, 同质性／异质性 64–66;image of shooting star, 流星的图像 67–68;kinds of consciousness and of multiplicities, 意识的种类与多样性的种类 62, 109n1; metaphor of melody, the musical phrase, 韵律隐喻，乐句 66–67;time and duration, 时间与绵延 62–63. 另见 consciousness;multiplicity, multiplicities
Chapter 3 (outline) 第三章（概述）: freedom vs. determinism, 自由对比决定论 77, 83–87, 98;matter vs. consciousness, 物质对比意识 78;principle of identity, 同一性原理 90
Conclusion 结论 : basic concepts, summary of, 对多个基本概念的总结 95–98;B's engagement with Kant, 柏格森与康德的辩论 100–104

L'évolution créatrice. 另见 Creative Evolution, infra

Matter and Memory:《物质与记忆》～ as current with the times, ～与时俱进 33, 40, 41;major ideas and content, ～的主要思想与内容 5–6,106–111, 155–156;and physics, ～与物理学 30n49, 32n53, 33;theme of memory, ～的"记忆"主题 80n38
　　Chapter 1 (outline): 第一章（概述）: action, not knowledge, 行动，而不是知识 111–112; the body, 身体 113–114;images, 图像 112, 113; memory, 记忆 118, 119–124;perception, 知觉 114–121;summary, 概述 122–123
　　Chapter 2 (outline): 第二章（概述）: attention, 注意，注意力 133–138;brain and, 大脑与 124–125;image of telegraph operator, 电报员图像 134;memory, two kinds, 两种记忆 125–128;Pure Memory, 纯粹记忆 127, 139–140;recognition, 认知 129–133
　　Chapter 3 (outline): 第三章（概述）: dream, 梦，154–155;the mind (l'esprit), 心灵（灵魂）149–154;the past, 过去 143–145; the present, 现在，当前 140–143;scheme of inverted cone, 倒锥体图式 151–154;unconsciousness, 无意识 145–149
　　Chapter 4 (outline): 第四章（概述）: division of matter, 对物质的区分 161–162;link with *Essai*, B's development of, 与《论意识的直接材料》的联系，柏格森对这种联系的进一步探讨 158–159;movement, 运动 159–160;problem of metaphysical dualism, 形而上学二元论问题 156–158, 167–168; rhythms of duration and role of memory, 绵延的节奏与记忆的作用 163–164
　　Résumé and Conclusion, 概述与记忆 168–172

Le rire: Essai sur la signification du comique (Laughter: An Essay on the Meaning of the Comic),《笑：关于喜剧的意义》7, 8, 207 n38, 208, 209–210
Time and Free Will, translation of title, 英译版书名《时间与自由意志》43. 另见 *Essai sur les données immédiates de la conscience*

Bergsonism(s), 柏格森主义；1–13, 64 n14;a selection of, 对柏格森主义的精选 212–214

biology, 生物学 111, 126, 148–149, 161
Blanchot, Maurice, 莫里斯・布朗肖 4, 74, 182
body, the: as center of action, 身体～:作为动作中心 108–111, 113–114, 120, 122, 126, 129, 144, 155, 168, 193, 214;and language, ～与语言 138;living body, 活着的身体 122; as location for the mind, ～作为心灵的栖居地 154;and memory, ～与记忆 124;memory of, ～记忆，关于～的记忆 125–126, 150;and recognition, ～与认知 129;role in perception and memory, ～在知觉与记忆中的作用 138, 155–156. 另见 action;brain; memory;mind/body dualism;perception
Bohr, Niels, and theory of atomic structure, 尼尔斯・玻尔，～与原子结构理论 29n1,30, 33,34,36 and conservation of matter, ～与物质守恒定律 39–40n81
Boltzmann, Ludwig, 路德维希・玻尔兹曼 32, 35，39，160n54，198，199
Born, Max, 马克斯・波恩 39，40
brain: B's characterization of, 大脑～: 柏格森对～的描述 108, 111–112, 114, 122, 124, 128, 132, 135, 155, 214;and memory images, ～与记忆图像 138–139;and perception, ～与知觉 114 n5, 170. 另见 aphasia
Breton, André, 安德烈・布勒东 75
Broca, Paul, 保罗・布罗卡 23–24
Broglie, Louis de, 路易・德布罗意 3,29n48,36

Čapek, Milič 米利奇・恰佩克 41
Carnot, Sadi, 萨迪・卡诺 9，31
Catholic Church, and B, 天主教与柏格森 10, 12, 28–29, 182.
chaos theory, 混沌理论～ 201–202; developments in, ～的发展 199n8; identification with determinism, ～与决定论的同一性 197, 201 n18, 202, 204
character, 性格 149; as synthesis of past states, 作为过去状态的综合 147
cinema 电影: Benjamin on, 本雅明论电影 1 n1;Deleuze's analysis of and books on, 德勒兹对电影的分析以及关于电影的多部著作 175, 193
Clausius, Rudolf, 鲁道夫・克劳修斯 31n52
computer revolution, 计算机革命 194, 207–208;new media, 新媒体 192–193. 另见 artificial intelligence;cybernetics, cyborgs;

virtual, the, virtuality

Comte, Auguste, 奥古斯特·孔德 20–23, 28

Consciousness 意识 : and duration, 意识与绵延 163–164;immediate, 直接意识 62, 63, 64–65, 145, 158; vs. a "material unconscious," 对比一个"物质的无意识"110;and the material, 意识与物质 78, 97,166–167, 169, 170;and memory, 意识与记忆 117, 122, 151, 163–164;and movement, 意识与运动 172, 188n59;and perception, 意识与知觉 117, 118, 122;role of, 意识的作用 145–146;two sorts of, 两种意识 62

cultural studies, 文化研究 195–196

Curie, Marie, 玛丽·居里 34, 39 n81

current issues, B and 当代话题，柏格森与～: artificial intelligence and humanization of machines, ～人工智能和机器的人类化 205–210;chaos theory, ～与混沌理论 201–204;and crisis of modernity, ～现代性的危机 210–211; important scientific developments, ～重大的科学进步 204–205; modern societal developments, ～现代社会发展 197–198;scientific changes and irreversible time, ～科学变化与不可逆时间 198–201

cybernetics, cyborgs, 控制论，半机器人～ 206;Deleuze and, 德勒兹与～ 190, 191; Derrida and, 德里达与～ 191

Darwin, Charles, 查尔斯·达尔文 8, 27

Deleuze, Gilles, 吉尔·德勒兹 ～ 29, 64, 91 n46; *Bergsonism.* ～的《柏格森主义》173–175, 180, 181;citing B on cinema, ～在电影话题上对柏格森的引用 68;and Derrida, ～与德里达 182, 186–187;interpretations of B as alternative to Hegel, ～对柏格森的诠释以作为黑格尔的替代选项 177–179;influence on reception of B, ～在学术界接纳柏格森方面上的影响 173–175;and Nietzsche, ～与尼采 175 n9;reception in US, ～在美国的被接纳状况 179–180; "return to B," ～"回到柏格森" 181; and the virtual, ～与虚拟 178, 189–192. 另见 cinema;Deleuze, Gilles, and Félix Guattari;duration;the virtual

Deleuze, Gilles, and Félix Guattari, *Anti-Oedipus,* 吉尔·德勒兹，与菲利克斯·加塔利，《反俄狄浦斯》190;and cyber theory, ～与网络理论 190–191;the machinic, 机器

学 190 n71

Derrida, Jacques, 雅克·德里达 ～ 4, 182, 194;critique of phenomenology, ～对现象学的批判 183–185;and cultural studies, ～与文化研究 187; and Deleuze, ～与德里达 186–187. 另见 post-structuralism;time

Descartes, René, 勒内·笛卡儿 25, 160;B's challenge to, 柏格森对勒内·笛卡儿的挑战 18

Descombes,Vincent, 樊尚·德贡布 3 n10, 4, 177, 186

determinism, as issue, 决定论～，作为议题 38–39;B's argument against and challenge to, 柏格森对～的反驳和挑战 43, 77–78, 83–87, 98,209;and freedom, ～与自由 42–43, 77, 83–87, 98, 209; logic of, ～的逻辑 86;and modern life, ～与现代生活 197, 204;and psychology, ～与心理学 42–43;and science, ～与科学 40, 77. 另见 freedom

Douglass, Paul, 保罗·道格拉斯 182

dream, 梦 76, 127, 139, 155;action and, 行动与梦 152, 154

duration, 绵延 5–7, 59, 63, 65–66, 89–92, 96–98, 103–105, 122, 149, 155 n50, 158, 161;in Deleuze, 德勒兹的绵延概念 178, 180, 181;as distinct from time, 作为与时间不同的绵延 69;and free action, 绵延与自由行动 100;heterogeneous, 异质绵延 102, 104, 104 n56;homogeneous, or spatialized time, 同质绵延，或空间化的时间 71, 106;link to consciousness, 绵延与意识的联系 118;and mathematics, 绵延与数学 2, 29;multiple durations, 多样的绵延 163–165, 168, 172; as ontological fact, 作为本体论事实的绵延 149, 150 n45;and the present, 142, 145;Pure Duration, 纯粹绵延 97, 99, 101;Real Duration, 真实绵延 2, 32, 50, 56, 60, 63, 77, 80;and scientific discoveries, 绵延与科学发现 38, 40;as temporal synthesis, 作为时间性综合的绵延 66–67;and thermodynamics, 绵延与热动力学 32. 另见 élan vital; memory; time

Durkheim, Émile, 埃米尔·涂尔干 9, 20; B's dialogue with, ～与柏格森对话 8

Einstein, Albert, 阿尔伯特·爱因斯坦 40n83, 200, ;discovery of photon, 光子的发现 36;theory of relativity, ～的相对论 30, 34;

and B, 〜与柏格森 13, 198, 200

élan vital, 生命冲力〜 7, 180;as force of time, 作为时间的〜 81, 163, 189

electrons: discovery of, 电子的发现 30, 34; theory of, 电子理论 32

Eliot, T. S., T. S. 艾略特 11

entropy, principle of, 熵的科学原理 31, 32, 37–38, 199;studies of, 对熵的研究 35

Europe between 1890s and 1930s 19 世纪 90 年代到 20 世纪 30 年代的欧洲 : changes in, 〜中的变化 16–17;crisis of the sciences, 〜的科学危机 17–20, 37–38; mechanistic model, 〜的力学模型 18–20. 另见 Comte, Auguste;determinism;humanism;posi-tivism; Renan, Ernest ;Taine, Hippolyte

evolution: in B's thought, 进化，在柏格森思想中 7, 8, 188;Spencer's theory, 斯宾塞的理论 26–28. 另见 Creative Evolution under Bergson, Henri, works, individual;Darwin,Charles;Lamarck, Jean-Baptiste

experimental physics 实验物理学〜 : B's attention to, 柏格森对〜的注意 162; B's influence on, 柏格森对〜的影响 29n48; developments in, 〜中的发展 30–32,36–37, 41, 160n54; different fields of, described, 〜的不同领域，被描述的 31–40; quantum physics, 量子物理学 32, 34, 85; spectral analysis, techniques of, 光谱分析技术 33. 另见 Boltzmann,Ludwig;Broglie, Louis de;electrons;microphysics;Prigogine, Ilya;quantum mechanics;thermodynamics;Uncertainty Principle;wave theories

experimental psychology, 实验心理学 22–24;B and, 柏格森与实验心理学 5, 76–77, 133. 另见 associationist psychology

Fechner, Gustav, 古斯塔夫·费希纳〜 23–27;and psychophysics, 〜与心理测量学 42, 57, 209

Fodor, Jerry, 杰瑞·福多 206n34,207

Foucault, Michel, 米歇尔·福柯 4,194

freedom, B's characterization of, 自由〜，柏格森对〜的描述 52–53, 92–93, 102, 105, 158;B's critique of Kant, 柏格森对康德〜的批判 92–93, 95, 98, 101;vs. determinism, 〜对比决定论 5, 42–43, 77, 81–87, 98, 209;energies of, 〜的能量 82–83;free action, 自由行动 82–83, 98, 100;free self, 只有自我 99–100;link to sensations, 〜与感觉的联系 52–54, 212;logic of, 〜的逻辑 83–85;and necessity, 〜与必然性 158, 164, 172;and pleasure and pain, 〜与欢乐和痛苦 53;and rhythms of duration, 〜与绵延的节奏 164, 172;within time, 时间中的〜 104–105; and voluntary action, 〜与自愿行动 158. 另见 determinism;memory;zone of indeterminacy

Freud, Sigmund, 西格蒙德·弗洛伊德，〜 65n15, 76n34;B's proximity to, 柏格森与〜的相似点 23n27, 110n3, 191n72; Deleuze's critique of, 德勒兹对〜的批判 191n72;rereadings of, 对〜的再解读 182, 185

Galileo, 伽利略 18

Guattari, Félix. 菲利克斯·加塔利 . 见 Deleuze, Gilles, and Félix Guattari

habit, 习惯 125, 126n20, 158;and motor memory, 习惯与运动记忆 127

Hansen, Mark, 马克·汉森, reading of B, 对柏格森的解读 192–194

Hegel, Georg Wilhelm Friedrich 格奥尔格·威廉·弗里德里希·黑格尔〜 : B as alternative to, 柏格森作为对〜的替代 177–178, 181;influence and importance of, 〜的影响与重要性 3–4, 177;as replacement of B, 〜对柏格森的替代 12, 182

Heidegger, Martin, 马丁·海德格尔 41n87, 72n29;and time, 〜与时间 2,81n39, 185

Heisenberg,Werner: 维尔纳·海森伯, Uncertainty Principle of, 〜的不确定性原理 17, 36–39, 40nn83, 85;and B, 〜和柏格森 29n48

Helmholtz, Hermann, 赫尔曼·亥姆霍兹, 31n52

Hulme,T. E., T. E. 赫尔姆 197, 204

humanism 人文主义 : critique of, 对〜的批判 211;19th-century,19 世纪的〜 22–26; of Renan, 勒南的〜 25–26;traditional claims of, 〜的传统主张 193. 另见 Comte, Auguste;mechanistic humanism;positivism;Spencer, Herbert;Taine, Hippolyte

Husserl, Edmund, phenomenology of,埃德蒙·胡塞尔的现象学〜 184–185; Derrida's critique of, 德里达对～的批判 179, 183–185;philosophical reaction against, 对～的哲学反驳 177

idealism vs. realism, 观念论对比实在论 107, 111, 169;B's deconstruction of, 柏格森对～的解构 165

image(s): B's use of term, 图像～ :柏格森对～的使用 112, 113, 117;conservation of, ～的保存 124–125;dream images, 梦的图像 127;as external, 作为外在的～ 157;memory images, 记忆图像 119, 128, 136, 144, 149, 157;virtual images, 隐真图像 140. 另见 under memory in B's thought; perception; recognition

image memory. 图像记忆 . 见 under memory in B's thought

immediate experience, 直接经验 5, 43, 47, 71;and immediate vs. reflective consciousness, ～与直接意识与反思意识的对比 62; importance of, ～的重要性 104, 161;and intensity, ～与强度 60;language as threat to, 作为～的威胁的语言 69;as pure quality, 作为纯粹性质的～ 45;and qualitative multiplicity, ～与性质多样性 54;and radical heterogeneity, ～与根本异质性 64; as refutation of humanism, 作为对人文主义的反驳的～ 98. 另见 intuition

inner experience: duration derived from 内在经验：源自～的绵延 5, 163; as focus in *Essai*, 作为《论意识的直接材料》焦点的～ 43, 44, 60, 62–63n13, 98;as important in meaning of being human, 在作为人的意义上很重要的～ 209–210;as irreversible and unrepeatable, 不可逆的和不可重复的～ 73, 78–79, 86, 89–90. 另见 immediate experience

intelligence, 智能 7;as adaptive feature, 作为有适应能力这一特征的智能 200. 另见 artificial intelligence

intensity, as quality, 强度，～作为性质 62–63 n13, 67, 79, 90 n45, 95–96;linked to time, 与时间有着联系的～ 73, 86

intuition, 直觉 63, 64, 69, 119, 120, 167;importance of, 直觉的重要性 63–64, 71

inverted cone figure, 倒锥体图示 150–154

Ishii, Hiroshi, 石井裕 211

Jakobson, Roman, 罗曼・雅各布森 138

James,William, 威廉・詹姆斯 11, 28, 212

Janet, Pierre, 皮埃尔・雅内 53n9

Jaurès, Jean, 让・饶勒斯 9

Kant, Immanuel, 伊曼努尔・康德 50, 130 n22, 133n26, 184;and practical reason, ～与实践理性 21, 92, 99n53, 100–103, 158;on representation, ～论表象 72n29, 76 n35, 93–94, 107,111, 164–165;scientific work and causality, 科学研究与因果性 38. 另见 freedom

Kellert, Stephen H., 史蒂芬・H. 凯勒特 201–205

Kelvin, Lord (William Thomson), 开尔文勋爵（威廉・汤姆森）34, 162

Kojève, Alexandre, 亚历山大・柯耶夫 3;lectures on Hegel, ～的关于黑格尔的讲座 12, 177

Lacan, Jacques, 雅克・拉康 4, 92n47, 182, 190

Lagrange, Joseph-Louis, 约瑟夫–路易・拉格朗日 19，31

Lamarck, Jean-Baptiste, 让–巴蒂斯特・拉马克 27

language, 语言 2, 76, 87, 192, critique of: 对语言的批判 68–70, 73–74, 85; and alienation, 语言与异化 2, 82, 85, 93; as inadequate, and problem for B, 就柏格森而言，语言不足以表达 80, 137, 158–159, 200 n10. 另见 Paulhan, Jean vs. immediate consciousness, 语言对比直接意识 152 memory and reading, 记忆与解读 137–138 motor schematism of, 语言的运动图示 138 and "shortage of words" in science, 语言与科学中的"词语缺乏" 40–41

Lasserre, Pierre, 皮埃尔・拉塞尔 12

Le Roy, Édouard, 爱德华・勒・罗伊 30 n50

Leibnitz, Gottfried Wilhelm, 哥特弗里德・威廉・莱布尼茨 173

Levinas, Emmanuel, 伊曼努尔・列维纳斯 182

Lévi-Strauss, Claude, 克劳德・列维－施特劳斯 177

Locke, John, 约翰・洛克 22–23 n23, 44

Lorentz, Hendrik Antoon, 亨德里克・安东・洛伦兹 32

Loschmidt, Josef, 约翰・洛施密特 32

Lovejoy, A. O., A. O. 洛夫乔伊 11

Lukács, Georg, 乔治・卢卡奇 12

Lyotard, Jean-François, 让－弗朗索瓦・利奥塔 183, 184

machine, the: Deleuze's notions of, 德勒兹的机器概念 190, 191–192;
　humanization of, ～的人性化 208–209;
metaphor of, ～的隐喻 190 n71

Mallarmé, Stéphane, 斯特凡·马拉美 52, 72, 73

Manovich, Lev, 列夫·曼诺维奇 187 n53, 192 n81, 194 n90, 205–206

Maritain, Jacques, 雅克·马里坦 12

Marx, Karl, rereadings of, 卡尔·马克思, 重读马克思 182

Massumi, Brian, *Parables for the Virtual*, 布莱恩·马苏米《隐真的寓言》194–196

mathematics: B's advanced training in, 数学: 柏格森受到过严格的数学教育 29, 30 n50;as influence, ～作为影响 2, 29, 203

material unconscious, the: in B, 物质的非意识: 在柏格森的思想中 110;in Deleuze, ～在德勒兹的思想中 190

matter: B's conception of, 物质: 柏格森的概念 108–109;critical theory of, ～的批判理论 159, 163, 164;interaction with consciousness, ～与意识的互动 78, 166–167, 169;memory as independent of, 独立于～的记忆 122–123;wave mechanical model and particle view, ～的机械波模型与粒子观 3, 36

Mauriac, François, 弗朗索瓦·莫里亚克 11

Maurras, Charles, 夏尔·莫拉斯 12

Maxwell, James Clerke, 詹姆斯·克莱克·麦克斯韦 162

mechanistic humanism, 机械论人文主义 25–27; B's philosophical answer to, 柏格森对～的哲学回复 204. 另见 Comte, Auguste; Renan, Ernst;Spencer, Herbert;Taine, Hippolyte

memory in B's thought, 柏格森思想中的记忆 5, 6, 79, 164, 167,170–172
　characterized 描述～118, 122–123, 149, 164, 213, 214
　vs. concrete memory, 对比具体记忆 142
　perception and, 知觉与～118, 119–121, 122, 133–134, 142, 214
　Pure Memory, 纯粹记忆～127, 129, 135, 138–142, 144, 151,153, 156, 171
　representation linked to, 与～有关的表象 108
　role in attention, ～在注意力中的作用 134–135, 168
　two forms of, 两种与～125–28, 150;automatic or motor, 自动或运动～125–126, 150–151;of imagination (image memory), 想象～（图像记忆）125–129, 130–132, 136–137,138, 144, 150–152, 156, 214;significance of, ～的重要性 128, 170–171
　and virtuality, ～与隐真性 139
　另见 body, the; duration; images; recognition; subjectivity

memory, Deleuze on, 德勒兹论记忆 180–181

Merleau-Ponty, Maurice, 莫里斯·梅洛-庞蒂 5 n15, 173, 183

microphysics, 微观物理学 32–33, 34

mind, the (l'esprit): action vs. dream, 心灵（灵魂）:行动对比梦 154–155;activities of, ～的活动 152;B's description, 柏格森的描述 149–150;B's use of term, 柏格森对～术语的使用 156 n51;function of, ～的功能 155. 另见 memory;mind/body dualism

mind/body dualism, 心身二元论 106, 107, 157;idealism and realism, 观念论与实在论 165, 169;and memory, ～与记忆 155;as metaphysical myth, ～作为形而上学的难解之谜 166;mind/body interaction, 心身的互动 107, 123, 128, 154, 166, 167;and present and past, ～与现在和过去 149. 另见 body, the; and under memory, in B's thought, two forms of

Minsky, Marvin, 马文·明斯基 208 n44

mobility (real movement), 运动性（真实运动）67, 68

movement, B's concept: consciousness and, 运动, 柏格森的概念: 意识与运动 172, 188 n59;dancer and, 舞者与～47–50;as independent reality, 作为独立现实的～162;as indivisible, 作为不可分的～159–160;real, 真实～67–68, 160, 162–163;thought as, 作为～的思想 140;and the virtual, ～与隐真 187

Mullarkey, John, 约翰·穆拉基 13 n44, 174–175

multiplicity, multiplicities 多样性, 多个多样性: confused, 混杂的～62, 66,69–70, 91; distinct, 清晰的～62, 68–70;as double notion, 作为双重概念的～62, 96;heterogeneous, 异质～67;internal, and concept of number, 内

在～，与数目概念 61;qualitative, 性质的～ 55, 56

Nagel,Thomas, 托马斯·内格尔 22 n23, 23 n27, 206

neurosciences: founding of, 神经科学：建立 24, neurophysiology, B's study of, 神经生理学，柏格森对神经生理学的研究 106, 123

Newton, Isaac, 伊萨克·牛顿 18–19, 33, 38; concepts derived from, and influence, 从～那里衍生出来的概念，以及影响 22, 26

Nietzsche, Friedrich: Deleuze and, 弗里德里希·尼采：德勒兹与～ 173, 175 n9; rereadings of, 对～再解读 182, 185

number, concept of, 数目，～概念 62;link to space, 与空间相关的～ 61;link to time, 与时间相关的～ 87

Pais, Abraham, 亚伯拉罕·派斯 31 n52, 39 n81

Paulhan, Jean, *Les fleurs de Tarbes*, 让·包兰，《塔布之花》74

Pearson, Keith Ansell, 基斯·安塞尔·皮尔森 13 n44, 175 n8

perception, B's theory of, 知觉，柏格森的～理论 110–111, 114, 114 n5, 115, 132, 135, 148, 164, 193, 212;as action, 作为行动的～ 111–115, 163, 214; 在行动中发挥作用的～ in action's service, 5,107–111, 130, 169;consciousness and, 意识与～ 117, 118,122;external, 外在～ 115 n7;vs. feeling, 知觉对比感受 116 n8;framing of, ～的框架 114–115;vs. memory, ～对比记忆 109, 118, 119–121,129, 142, 171, 213;and memory images, ～与记忆图像 132; Pure Perception, 纯粹知觉 109, 110, 115–117, 121, 123,128, 156–157, 166, 168–170; vs. concrete perception, 纯粹知觉对比具体知觉 122, 171. 另见 matter;recognition

phenomenology, 现象学 176–177, 182–185. 另见 Derrida, Jacques;Husserl, Edmund;Sartre, Jean-Paul

photometrics, 光度学 42, 57 n12. 另见 Fechner, Gustav physics, philosophy and science of: classical laws, 38, 113, and B's critique, 199;as influence, 2–3, 29;and time, 3, 198–199. 另见 experimental physics

Planck, Max: Constant of, 马克斯·普朗克：

～常数 34, 35;theory of energy quanta, ～的量子理论 32, 35–36

Poincaré, Henri, 亨利·庞加莱 30 n50, 33–34, 40;B on, 柏格森论～ 202–203

Politzer, George, 乔治·波利策 12

positivism (positive philosophy), 实证主义（实证主义哲学）21–26;B's breaking away from, 柏格森与～的决裂 28;defined, 得到定义的～ 20;and evolution, ～与进化 26–29. 另见 Comte, Auguste;Spencer, Herbert

post-structuralism: B and, 后实证主义：柏格森与～ 173, 174, 182, 185–186, 196;challenges to humanism, ～对人文主义的挑战 193–194;and Deleuze's second presentation of B, ～与德勒兹对柏格森哲学的重现 180, 182

Prigogine, Ilya, 伊利亚·普利高津 198–200, 204 n28

Proust, Marcel, 马塞尔·普鲁斯特 9;B's links to, 柏格森与～的联系 125; *Swann's Way*, 《在斯万家那边》（七卷本的《追忆似水年华》的第一卷）69 n24, 73 n31

psychology: behavioral, 心理学：行为 197;and human freedom, specific schools as threat, ～与人的自由，作为威胁的特定心理学派 42–43. 另见 associationist psychology; experimental psychology;Fechner, Gustav

psychometrics, theory of, 心理测量学，理论 24–25

psychophysics, psychophysicists: B's arguments against, 心理物理学，心理物理学家：柏格森对心理物理学的反驳 57–58, 78, 88, 209;described, 描述～ 42; methods used today, 今天得以使用的～方法 197. 另见 Fechner, Gustav

Pullman, Bernard, 伯纳德·普尔曼 38 n74, 40, 200 n10

quantum mechanics: discoveries, consequences, 量子力学：发现，深远影响 39, 40, 40 n83; problem of insufficient vocabulary to describe, 缺乏足够的词语去描述～的问题 40–41

radiation, radioactivity: discovery of, 放射，放射性：对放射，放射性的发现 30, 33;experiments on, ～的实验 34

Ravaisson, Félix Lacher, 菲利克斯·拉切·拉

维森 203

reading, act of, and B's theory of memory, 解读行动与柏格森的记忆理论 135, 137

recognition, B's theory of, 认知, 柏格森的～理论 124, 129–130, 134, 135,149, 152, 171, 191, 193;attentive vs. automatic, 注意性～对比自动～ 130–133

relativity, theory of, 相对论 30;B vs. Einstein, 柏格森对比爱因斯坦 12–13

Renan, Ernest, 欧内斯特·勒南 21–22, 25–26, 27

representation, 表象 109, 111, 120, 127, 141, 170

Ribot,Théodule, 泰奥杜尔·里博特 23

Russell, Bertrand, 伯特兰·罗素 12, 13, 28, 63, 182

Sartre, Jean-Paul, 让-保罗·萨特 5 n15, 176, 183; Nausea,《恶心》66 n17

Schrödinger, Erwin, 埃尔温·薛尔定谔 36

science(s) in B's day: B's concern about automatism, 柏格森时代的科学：柏格森对自动化的担忧 42;B's thought, and dialogue with, 柏格森关于～的思想以及与之的对话 160–161;crisis in, ～ 中的危机 37–38, 41 n87;and issue of certainty, ～ 与确定性问题 36–37, 38, 40 n83;and probability, ～与概率 39

sensations: affective, tied to freedom, 感觉：情感性感觉, 与自由密切联系 52–54, 212; differences in, ～ 中的差异 44–45, 49; esthetic feelings, 美感（美的感受）47–50; influence of, ～ 的影响 87–90;joy, quantity vs. quality, 快乐, 数量对比性质 45–47; kinds of sympathy, 各种同感 50n5; representative vs. affective, 表象性 ～ 与情感性 ～ 58;sensation vs. perception, 感觉对比知觉 116 n8;as unrepeatable, 不可重复的 ～ 73, 86, 89

Simmel, Georg, 格奥尔格·齐美尔 10

Simondon, Gilbert, 吉尔伯特·西蒙栋 194

Sorbonne Dispute, 索邦大学论战 8, 10 n29

Sorel, Georges, 乔治·索雷尔 10, 12

Soulez, Philippe, 菲利普·苏茱 30 n50

space: as abstraction, 空间：作为抽象 149;as barrier between consciousness and matter, ～ 作为意识与物质两者之间的障碍 166–167, 169;vs. duration, ～ 对比绵延 96–97;vs. extension, ～ 对比延展 158;and number, ～ 与数目 61;obsession with spatial images, 对空间图像的痴迷 147;psychological discourse as positioned in, 作为在～中排列的心理学话语 139;and social life, ～ 与社会生活 101–102, 104;and time, ～ 与时间 64–65, 85, 87, 89, 103;as translation of time, ～作为时间的转换 146

Spencer, Herbert, 赫伯特·斯宾塞 8;B and, 柏格森与 ～ 27–28, 202;theory of evolution, ～的进化论 26–28

Stengers, Isabelle, 伊莎贝尔·斯唐热 19, 160 n54, 199–200, 204n28

structuralism, in France, 法国的结构主义 176–177

subjectivity, 主体性 149, 161;and memory, ～与记忆 121

sympathy, notion of, 对～概念的同感 50 n53

Synthetic Philosophy (Spencer), 综合哲学（斯宾塞）26–28

Taine, Hippolyte, 伊波利特·丹纳 23, 24, 26, 205, 211

technogreffes, 技术对人体的入侵 206–207

technology: blurring of distinction between animate and inanimate realms, 技术：生命领域与非生命领域之间的区别的逐渐消失 197;how to address, 如何去探讨技术 198;technological changes in daily life, 日常生活中的技术变化 14. 另见 artificial intelligence;computer revolution;current issues, B and

thermodynamics, 热力学 30, 160 n54;first law, ～第一定律 31, 34; second law, law of entropy, ～的第二定律, ～的熵定律 31–32, and B, 198, 199;theories of and work in, ～ 理论以及～的研究工作 9, 35

Third Republic, changes and technological developments, 法兰西第三共和国, 变化与技术发展 14–16

time: Derrida on, 时间：德里达论时间 185;characterizations of, 对时间的描述 1–3; Valéry on, 瓦莱里论时间 1, 50

time, B's theory of 时间, 柏格森的时间理论

B on Kant's conception, 柏格森论康德的概念 100–103

and current issues, 时间与当前话题 198–201, 209, 210–211

general characterizations 对时间的总体描述

as "bastard concept," 作为"混账概念"的时间 65

as concrete, 作为具体物的时间 4, 80

as force and form of energy, 作为力和能量形式的时间 2, 77–80, 188–189, 212

as invention, 作为发明的时间 213

key concepts tied to, 与～紧密联系的关键概念 209

lived, as irreversible, 作为不可逆的活着的时间 19, 78–79, 198–199

past, present, future, 过去、现在、未来 142

temporal flow, 时间流 126, 144, 145

immediate future, importance of, 直接未来的重要性 143, 148–149

linked to space, 时间与空间的联系 64–65, 71 n26, 100, 146, 213

and memory, 时间与记忆 126, 139

past, the, 过去 187, 213

and the body, 过去与身体 144

immediate, 直接过去 142–143, 148, 149

importance of, 过去的重要性 147

memory and, 记忆与过去 142, 171, 214

vs. the present, 过去与现在 120–121, 142

as reality, 作为现实的过去 212 另见 unconscious

in physics, 物理学中的时间 198, 199, 204, 212

present, the 现在

as action, 作为行动的现在 120–121, 128, 142, 171

described, 描述现在 142–143, 187, 213

duration and, 绵延与现在 142, 145

and memory process, 现在与记忆过程 140–142, 144, 214

vs. the past, 现在对比过去 120–121, 142

perception of, 对现在的知觉 141–145

relationship between intensities and, 强度与时间的关系 73, 86

and sensations, 时间流动与感觉 50, 213

universal time, 普遍时间 200

另见 action;duration;memory;perception; recognition

Uncertainty Principle (Heisenberg), 不确定性原理（海森伯）17, 36–39, 40 n83, 40 n85;and B, 和柏格森 29 n48

unconscious, the: B's characterization, 无意识：柏格森的描述 110, 145, 147–148;in Deleuze, 德勒兹哲学中的无意识概念 170. 另见 Freud, Sigmund;material unconscious

Valéry, Paul: on changes in modern life and the sciences, 保罗·瓦莱里：论现代生活的变化与科学 14, 15–17, 37, 210;on time, 论时间 1, 50

Varela, Francisco, 弗朗西斯科·瓦雷拉 193 n87

Virilio, Paul, 保罗·维利里奥 1, 192, 206–207;time and modern crisis, 时间与现代危机 110–111

virtual, the virtuality, 隐真（不在场的真），隐真性 127, 139–142, 146, 181,187–188; virtual reality, 虚拟现实 190. 另见 Deleuze, Gilles

wave theories: consequences, 光的波动学说，重大意义：38–39;dual particle 波粒二象性, 3, 29 n48, 36

Weil, Eric, 艾瑞克·怀尔 3

Wernicke, Carl, 卡尔·韦尼克 24

Worms, Frédéric, 弗雷德里克·沃尔姆斯 13 n44, 23 n27, 126 n20, 127, 130 n22, 132 n24, 135, 140, 141

X-ray, discovery of, X 光，～的发现 30, 33

Zeno's paradox, 芝诺悖论 68n2, 159

zone of indeterminacy, 不确定区域 108, 113, 122

Thinking in Time: An Introduction to Henri Bergson, by Suzanne Guerlac,
originally published by Cornell University Press.
Copyright © 2006 by Cornell University
This edition is a translation authorized by the original publisher
Simplified Chinese translation copyright © 2024
by Zhejiang University Press Co., Ltd.
ALL RIGHTS RESERVED
浙江省版权局著作权合同登记图字：11—2024—305